ENZYKLOPÄDIE
DEUTSCHER
GESCHICHTE
BAND 22

ENZYKLOPÄDIE
DEUTSCHER
GESCHICHTE
BAND 22

HERAUSGEGEBEN VON
LOTHAR GALL

IN VERBINDUNG MIT
PETER BLICKLE,
ELISABETH FEHRENBACH,
JOHANNES FRIED,
KLAUS HILDEBRAND,
KARL HEINRICH KAUFHOLD,
HORST MÖLLER,
OTTO GERHARD OEXLE,
KLAUS TENFELDE

VERFASSUNGS-STAAT UND NATIONSBILDUNG 1815–1871

VON
ELISABETH FEHRENBACH

2., um einen Nachtrag erweiterte Auflage

R. OLDENBOURG VERLAG
MÜNCHEN 2007

Bibliografische Information der Deutschen Nationalbibliothek
Die Deutsche Nationalbibliothek verzeichnet diese Publikation in der Deutschen Nationalbibliografie; detaillierte bibliografische Daten sind im Internet über <http://dnb.d-nb.de> abrufbar.

© 2007 Oldenbourg Wissenschaftsverlag GmbH, München
Rosenheimer Straße 145, D-81671 München
Internet: oldenbourg.de

Das Werk einschließlich aller Abbildungen ist urheberrechtlich geschützt. Jede Verwertung außerhalb der Grenzen des Urheberrechtsgesetzes ist ohne Zustimmung des Verlages unzulässig und strafbar. Das gilt insbesondere für Vervielfältigungen, Übersetzungen, Mikroverfilmungen und die Einspeicherung und Bearbeitung in elektronischen Systemen.

Umschlaggestaltung: Dieter Vollendorf
Umschlagabbildung: Gedenkmünze zur Eröffnung des Ersten Deutschen Parlaments am 18. Mai 1848 in Frankfurt; Ullstein-Gerstenberg

Gedruckt auf säurefreiem, alterungsbeständigem Papier (chlorfrei gebleicht)
Satz: Oldenbourg:digital GmbH, Kirchheim b. München
Druck und Bindung: buch bücher dd ag, Birkach

ISBN 978-3-486-58217-8 (brosch.)

Vorwort

Die „Enzyklopädie deutscher Geschichte" soll für die Benutzer – Fachhistoriker, Studenten, Geschichtslehrer, Vertreter benachbarter Disziplinen und interessierte Laien – ein Arbeitsinstrument sein, mit dessen Hilfe sie sich rasch und zuverlässig über den gegenwärtigen Stand unserer Kenntnisse und der Forschung in den verschiedenen Bereichen der deutschen Geschichte informieren können.

Geschichte wird dabei in einem umfassenden Sinne verstanden: Der Geschichte der Gesellschaft, der Wirtschaft, des Staates in seinen inneren und äußeren Verhältnissen wird ebenso ein großes Gewicht beigemessen wie der Geschichte der Religion und der Kirche, der Kultur, der Lebenswelten und der Mentalitäten.

Dieses umfassende Verständnis von Geschichte muß immer wieder Prozesse und Tendenzen einbeziehen, die säkularer Natur sind, nationale und einzelstaatliche Grenzen übergreifen. Ihm entspricht eine eher pragmatische Bestimmung des Begriffs „deutsche Geschichte". Sie orientiert sich sehr bewußt an der jeweiligen zeitgenössischen Auffassung und Definition des Begriffs und sucht ihn von daher zugleich von programmatischen Rückprojektionen zu entlasten, die seine Verwendung in den letzten anderthalb Jahrhunderten immer wieder begleiteten. Was damit an Unschärfen und Problemen, vor allem hinsichtlich des diachronen Vergleichs, verbunden ist, steht in keinem Verhältnis zu den Schwierigkeiten, die sich bei dem Versuch einer zeitübergreifenden Festlegung ergäben, die stets nur mehr oder weniger willkürlicher Art sein könnte. Das heißt freilich nicht, daß der Begriff „deutsche Geschichte" unreflektiert gebraucht werden kann. Eine der Aufgaben der einzelnen Bände ist es vielmehr, den Bereich der Darstellung auch geographisch jeweils genau zu bestimmen.

Das Gesamtwerk wird am Ende rund hundert Bände umfassen. Sie folgen alle einem gleichen Gliederungsschema und sind mit Blick auf die Konzeption der Reihe und die Bedürfnisse des Benutzers in ihrem Umfang jeweils streng begrenzt. Das zwingt vor allem im darstellenden Teil, der den heutigen Stand unserer Kenntnisse auf knappstem Raum zusammenfaßt – ihm schließen sich die Darlegung und Erörterung der Forschungssituation und eine entsprechend gegliederte Auswahlbibliographie an –, zu starker Konzentration und zur Beschränkung auf die zentralen Vorgänge und Entwicklungen. Besonderes Gewicht ist daneben, unter Betonung des systematischen Zusammenhangs, auf die Abstimmung der einzelnen Bände untereinander, in sachlicher Hinsicht, aber auch im Hinblick auf die übergreifenden Fragestellungen, gelegt worden. Aus dem Gesamtwerk lassen sich so auch immer einzelne, den jeweiligen Benutzer besonders interessierende Serien zusammenstellen. Ungeachtet dessen aber bildet jeder Band eine in sich abgeschlossene Einheit – unter der persönlichen Verantwortung des Autors und in völliger Eigenständigkeit gegenüber den benachbarten und verwandten Bänden, auch was den Zeitpunkt des Erscheinens angeht.

Lothar Gall

Inhalt

Vorwort der Verfasserin	IX

I. Enzyklopädischer Überblick ... 1

1. Die Entstehung des „konstitutionellen Deutschland" .	1
2. Die politische Wende von 1830: Die Erprobung und Ausweitung des liberalen Konstitutionalismus	9
3. Die Nationalisierung der Verfassungsfrage	17
4. Innere Nationsbildung unter dem Problemdruck der vierziger Jahre	24
5. Der Versuch der parlamentarisch-demokratischen Nationalstaatsgründung im Revolutionsjahr 1848/49 .	39
6. Verfassungs- und Nationalpolitik zwischen Revolution und Reichsgründung	56

II. Grundprobleme und Tendenzen der Forschung ... 71

1. Konstitutionalismus und Parlamentarisierung	71
1.1 Kontroversen, Methodenprobleme und Untersuchungsfelder	71
1.2 Chancen und Hemmnisse der Parlamentarisierung	75
2. Vereins- und Parteiengeschichte	85
2.1 Von der Erforschung der Parteien zur Entdeckung des Vereinswesens	85
2.2 Parteiendifferenzierung und Parteienwandel	92
3. Nationsbildung und „Revolution von oben"	104
3.1 Grundmuster und zentrale Begriffe der Interpretation	104
3.2 Die Neubewertung der „inneren" Reichsgründung	109
4. Die Konstitutionalismus- und Nationalismusforschung 1992–2006. Nachtrag zur 2. Auflage	119

III. Quellen und Literatur 129

    A. Quellen 133
    B. Literatur. 133
        1. Epochenübergreifende Darstellungen 133
        2. Vormärz und Revolution 134
        3. Reichsgründungszeit 136
        4. Recht, Staat, Verfassung 137
        5. Vereine, Parteien, gesellschaftlicher Wandel. 144
        6. Nationalismus, Nationsbildung, nationale
           Bewegung 153
        7. Nachtrag 2007 156

Register. 161

    1. Personenregister. 161
    2. Sachregister 164

Themen und Autoren 169

Vorwort der Verfasserin

Das vorliegende Buch orientiert sich an einer zentralen Perspektive, die für den Themenbereich „Politik, Staat, Verfassung" in den Jahren 1815–1871 besonders wichtig ist: Untersucht wird der enge Zusammenhang von Verfassungsstaat und Nationsbildung. Im ersten chronologisch gegliederten Teil wird überblicksartig das Ringen um den nationalen Verfassungsstaat dargestellt; der zweite Teil ist mit systematisierendem Zugriff jenen Problemfeldern gewidmet, deren Erforschung erst den Interpretationsansatz dieses Buches ermöglicht hat. Dies gilt vor allem für die Parlamentarismus-, Vereins- und Parteienforschung, die eine Neubewertung der 1848er Revolution und der „inneren" Reichsgründung zur Folge hatte. Dabei geht es immer auch um die Frage, welche gesellschaftlichen Kräfte und Tendenzen auf den Prozeß der Nationsbildung eingewirkt haben und inwieweit dieser Prozeß die Gründung des Nationalstaates beeinflussen konnte.

Die Konzeption des Buches setzt voraus, daß die ausführliche Behandlung der Themenkomplexe „Außenpolitik" und „Deutscher Bund" zwei anderen Bänden dieser Reihe überlassen bleibt. In Kürze erscheint von Anselm Doering-Manteuffel „Die deutsche Frage und das europäische Staatssystem 1815–1871". Wolfram Siemanns Buch über den Deutschen Bund wird mit der Darstellung des politischen Systems der Restauration gleichsam die andere Seite der spannungsreichen innenpolitischen Entwicklung parallel zum vorliegenden Band hervorheben.

Zum Schluß sei allen gedankt, die mit vielen Anregungen, Gesprächen und Ratschlägen die Niederschrift des Buches erleichtert und gefördert haben. Namentlich danke ich Lothar Gall, Hans-Werner Hahn und Adolf Dieckmann für die kritische Durchsicht des Manuskripts. Für Mithilfen bei den Korrektur- und Registerarbeiten danke ich meiner Mitarbeiterin Eva Kell.

Saarbrücken, Juli 1992   Elisabeth Fehrenbach

Vorwort zur 2. Auflage

Der Zeitabstand zur Erstauflage dieses Bandes beträgt 15 Jahre. In diesem Zeitraum wurde die Verfassungsgeschichte konzeptionell erweitert, erlebte die Nationalismusforschung eine Hochkonjunktur. Der Nachtrag „Die Konstitutionalismus- und Nationalismusforschung 1992–2006" konzentriert sich daher auf neue Forschungsansätze und -ergebnisse. Auch die Bibliographie zum Nachtrag Nr. 392–461 enthält nur die im Text erwähnte und kommentierte Literatur. Ältere Titel der Bibliographie wurden aktualisiert.

Inzwischen sind die thematisch eng verwandten Bände der Reihe – Anselm Doering-Manteuffel „Die deutsche Frage und das europäische Staatensystem 1815–1871", Jürgen Müller „Der Deutsche Bund" und Lothar Gall „Von der ständischen zur bürgerlichen Gesellschaft" – erschienen und können zur Ergänzung des vorliegenden Bandes herangezogen werden.

Köln, im Januar 2007

I. Enzyklopädischer Überblick

1. Die Entstehung des „konstitutionellen Deutschland"

Die Geschichte des europäischen Konstitutionalismus beginnt mit der großen Französischen Revolution, die erstmals auf dem Kontinent das Vorbild der modernen Repräsentativverfassung schuf. Die 1789 in Versailles versammelten Abgeordneten des aufstrebenden Dritten Standes nahmen für sich in Anspruch, den Gesamtwillen des Volkes zu vertreten und die Nation zu repräsentieren. Mit dem Rückgriff auf die Naturrechtslehren und Vertragstheorien der politischen Aufklärung wurde die auf Volkssouveränität und Gewaltenteilung basierende Verfassung zur neuen herrschaftslegitimierenden Norm erhoben. Die emanzipatorische Vision einer ständelosen und nur der „volonté générale" verpflichteten Bürgernation entfaltete eine höchst wirksame Integrations- und Mobilisierungskraft. Obwohl in der zweiten Revolutionsphase das Ringen um die Konkretisierung der Freiheits- und Gleichheitspostulate zu Krieg, Bürgerkrieg und Terror führte, zählte das repräsentative Prinzip zu den liberal-demokratischen Errungenschaften von 1789, die den raschen Wechsel der Regime – konstitutionelle Monarchie, Republik, Wohlfahrtsdiktatur – überlebten. Selbst Napoleon war gezwungen, den konstitutionellen Schein zu wahren. 1814, nach der Rückkehr der Bourbonen, bekräftigte die „Charte constitutionelle", eine feierliche „Verfassungsurkunde", die nunmehr der König erließ, die Beibehaltung des Repräsentativsystems, wenn auch unter dem Vorbehalt einer starken monarchischen Exekutivgewalt.

<small>Einfluß der Französischen Revolution</small>

Zu einem bedeutenden Teil beeinflußte die französische die deutsche Verfassungsentwicklung. Auch unter den deutschen Aufklärern, die größtenteils der Beamten- und Bildungselite angehörten, waren schon vor 1789 die Menschenrechte anerkannt und die Grenzen staatlicher Macht und fürstlicher Selbstherrschaft diskutiert worden. Das Ziel war nicht der Umsturz, sondern die Reform des Ancien Régime. Doch erst unter dem Außendruck des revolutionären und napoleonischen Frankreich verbesserten sich die

Verfassungspolitik der Reformzeit

Durchsetzungschancen der Reformbürokratie in einem Ausmaß, das weit über die zeitweilige Zusammenarbeit zwischen Absolutismus und Aufklärung hinausreichte. Dabei stand allerdings die eigentliche Verfassungsfrage, das politische Mitwirkungsrecht der Bürger, nicht im Mittelpunkt der bürokratischen „Revolution von oben", der „Revolution im guten Sinne", wie sie Hardenberg nannte. Den Vorrang besaßen die Verwaltungs- und, vor allem in Preußen, die Wirtschaftsreformen. Napoleon ließ zum Zweck moralischer Eroberungen 1807 im Königreich Westfalen, das von seinem in Kassel residierenden Bruder Jérôme Bonaparte regiert wurde, eine in Paris entworfene Verfassung einführen, die jedoch ebenso wie die ihr nachgebildete bayerische Konstitution von 1808 im wesentlichen Papier blieb. Die übrigen Verfassungspläne der Reformzeit wurden vertagt. Erst 1818/20 erhielten Baden, Bayern, Württemberg und Hessen-Darmstadt, die Kernstaaten des „konstitutionellen Deutschland", eine Repräsentativverfassung nach dem Muster der französischen Charte von 1814. Preußen, das über die „inneradministrative Konstitutionalisierung" (R. KOSELLECK) und die Gewährung von „Verwaltungsfreiheiten" an Städte, Kreise und Provinzen nicht hinauskam, blieb bis 1848 ein Beamtenstaat ohne Verfassung. Die Vormacht des Deutschen Bundes, Österreich, das sich an den Reformen der Umbruchsepoche nicht beteiligt hatte, leitete mit den von Metternich rigoros durchgesetzten Karlsbader Beschlüssen die Wende zur Restauration ein, die jede weitere Verfassungsentwicklung, insbesondere die von Hardenberg und Humboldt vergeblich geforderte Einlösung der königlichen Verfassungsversprechen in Preußen, vorerst abblockte.

Durchsetzung der Verfassungsreform in den süddeutschen Staaten

Motive der Konstitutionalisierung

Maßgeblich für die Konstitutionalisierung der süddeutschen Staaten waren integrations- und finanzpolitische Beweggründe, die auch nach dem Zusammenbruch des napoleonischen Empire nichts von ihrer Dringlichkeit verloren. Die auf den Ruinen des Alten Reiches errichteten ehemaligen Rheinbundstaaten standen in vieler Hinsicht vor einer anderen Ausgangskonstellation als Reformpreußen. Während Preußen im Krieg gegen Napoleon 1806/07 hohe Territorialeinbußen erlitt, die es vor allem durch Agrar- und Gewerbereformen mit dem Ziel gesamtwirtschaftlicher Produktionssteigerung zu kompensieren versuchte, konnten sich die mit Frankreich alliierten Mittelstaaten gebietsmäßig erheblich vergrößern. Nach der „territorialen Revolution" von 1803/06 war es deshalb erforderlich, die Neuerwerbungen aus der Konkursmasse der säkularisierten geistlichen Staaten und der mediatisierten weltlichen Herrschaften mit dem Kernland zu verschmelzen und das Gewirr feudaler, kirchlicher, kommunaler und ständischer Privilegien zu beseitigen. Darüber hinaus sollte die mit den bürokratischen Mitteln geschaffene Verwaltungseinheit durch eine parlamentarisch-repräsentative Integration ergänzt werden. Die Verfassung lieferte ein zusätzliches Bindemittel, um den Reformabsolutismus zu legitimieren und das Entscheidungsmonopol der Regierung nicht etwa zu brechen, sondern abzusichern. In den ersten bayerischen Verfassungsentwürfen der Rheinbundzeit hieß es hierzu bezeichnenderweise: Beabsichtigt sei, durch zweckmäßige Institutionen einen „Nationalgeist" zu bilden, „ohne die Staatsverwaltung in ihren notwendigen Handlungen nach den Bedürfnissen der Zeit zu hemmen".

Auf die öffentliche Zustimmung und gesellschaftliche Unterstützung waren die Regierungen auch deshalb angewiesen, weil sie dringend Kredite benötigten, um die völlig zerrütteten Staatsfinanzen zu sanieren. Die Konstitutionalisierung, insbesondere in Baden und Bayern, hing eng zusammen mit der Hebelwirkung der bedrohlichen Schuldenexplosion, die durch die Kriegsfinanzierung, die kostspielige Reformpolitik und die Übernahme der Schulden annektierter Gebiete verursacht worden war. Der kreditsuchende Staat mußte sich auf neue Verschuldungsformen einlassen und die Anleihepraxis den Bedingungen der Marktwirtschaft anpassen. Kredite wurden nunmehr über Handels- und Bankhäuser vermittelt, die öffentliche Anleihen auf den neu entstehenden Kapitalmärkten placierten und in breiter Streuung Staatsobligationen zum Verkauf anboten. Mit der bank- und börsenmäßigen Organisation der Kredite und der damit verbundenen Ausweitung des Gläubigerkreises wuchs der Druck auf den bürokratischen Staat, nach dem Wegfall des herkömmlichen reichs- und landständischen Gläubigerschutzes verfassungsmäßige Garantien für die kreditfähige Bevölkerung zu schaffen.

Hinzu kam, daß mit der Einführung der Deutschen Bundesakte, die nach den Revolutionskriegen das Neuordnungswerk des Wiener Kongresses zum Abschluß brachte, eine rege Diskussion um den ominösen Artikel 13 einsetzte, wonach in allen Einzelstaaten des Bundes „eine landständische Verfassung stattfinden" sollte. Das Bestreben, die gerade erst errungene „Staatssouveränität" vor bundespolitischen Einmischungen zu bewahren, beschleunigte die süddeutschen Verfassungsarbeiten. Der repräsentative Konstitutionalismus richtete sich gegen die altständische Interpretation des Verfassungsartikels, die den Restaurationsansprüchen der Altrechtler, der

Artikel 13 der Deutschen Bundesakte

Mediatisierten und ehemals Privilegierten Vorschub leistete. Auch in Württemberg und Hessen, wo die Verfassung mit den Landständen beraten und „vereinbart" wurde, setzte die Bürokratie ihre eigene Konzeption durch. Danach sollten die Abgeordneten keine Standesinteressen, sondern die Gesamtheit des Volkes vertreten und ein weisungsfreies Mandat ausüben. Obwohl die Mandatsverteilung noch manche ständischen Relikte aufwies, richtete sich insgesamt das Wahlrecht nach Besitzkriterien.

<small>Beamteninteressen und „monarchisches Prinzip"</small>

Die Beamten-Aufklärer waren dazu bereit, die Freiheitsrechte der Bürger zu erweitern und verfassungsmäßig zu garantieren, aber eine gleichberechtigte politische Einflußnahme blieb den Landtagen verwehrt, ganz zu schweigen von einer parlamentarischen Mehrheitsherrschaft, wie sie Metternich und sein engster Berater Friedrich Gentz bereits befürchteten. Der Verzicht auf die eigene Führungsstellung lag nicht im Interesse der Beamtenschaft. So behielt das Staatsoberhaupt neben der Exekutivgewalt auch die Gesetzesinitiative, während den beiden Kammern, dem vom Adel dominierten Oberhaus und der eigentlichen Volksvertretung in der Zweiten Kammer, die Abstimmung über die Gesetzesentwürfe und das Budget oblag. Diese Kompetenzverteilung entsprach dem „monarchischen Prinzip", das Metternich 1820 im Artikel 57 der Wiener Schlußakte verankern ließ.

Da auch zahlreiche Beamte zu Abgeordneten gewählt wurden, erfüllten die Landtage weitgehend die ihnen zugedachte Funktion als Hilfsorgane der Administration. Trotzdem ging das bürokratische Kalkül der Reformer nicht auf. Die bundespolitisch verordneten Repressivmaßnahmen und die wachsenden konservativ-reaktionären Widerstände im eigenen Land erschwerten die Fortsetzung des Reformkurses. Der Versuch der süddeutschen Gesandten am Frankfurter Bundestag, durch eine enge Kooperation der Mittelstaaten das Gewicht des „Dritten Deutschland" gegen die österreichisch-preußische Vormachtstellung einzusetzen, endete mit der „Epuration" des Bundestags. Metternich erreichte, daß die konstitutionell gesinnten Befürworter der Triaspolitik aus Frankfurt abberufen wurden.

<small>Scheitern der konstitutionellen Triaspolitik</small>

Ein anderer Ausweg wurde gleichfalls versperrt. Reformwillige Beamte benutzten als Abgeordnete das parlamentarische Forum, um ihre reaktionären Widersacher zu bekämpfen und das eigene Programm zu retten. Doch die ersten stürmisch verlaufenden Landtage verstärkten die Front der Gegner und das Mißtrauen der Fürsten. Der Handlungsspielraum für vermittelnde Kompromißlösun-

1. Die Entstehung des „konstitutionellen Deutschland"

gen wurde eng. In der Stillstandszeit der 20er Jahre überwog der „gouvernementale" Beamtenparlamentarismus. Wer dennoch opponierte, mußte mit Urlaubsverweigerung und beamtenrechtlich fixierten Disziplinierungsmaßnahmen rechnen. Die adelsähnlichen Privilegien der höheren Staatsbeamten bis hin zur Nobilitierung trugen auf ihre Weise dazu bei, den „Geheimratsliberalismus" zu untergraben und den elitären Korpsgeist der staatstragenden adelig-bürgerlichen Führungsschicht zu befördern. Beamtendisziplinierung

Infolgedessen verschärfte sich das Spannungsverhältnis der im Umfeld der ersten Landtage politisierten Öffentlichkeit zum staatlichen Entwicklungsdirigismus, zur „Vielregiererei", die nicht nur aus der Sicht des Freiherrn vom Stein und des mediatisierten Adels als ein Kennzeichen des rheinbündischen „Despotismus" galt. Die während der Rheinbundzeit verstaatlichten Gemeinden und die ehemaligen Reichsstädte beklagten sich über den Verlust der „Gemeindefreiheit". Die Rückgabe der Selbstverwaltungsrechte gehörte zu den zentralen Forderungen, die schon in den ersten städtischen Petitionen und in den Anträgen der Kammeropposition mit einigem Erfolg vorgebracht wurden. Bürokratiekritik

In weiten Teilen Hessens und Württembergs unterstützten die Verfechter der kommunalen Autonomie im Sinne der traditionellen ständischen „Freiheiten" die antikonstitutionelle Fronde der Altrechtler. Der Verfassungsoktroi stieß hier auf mehr Widerstand als in Baden und Bayern, wo die von der Verfassung umworbenen Handels- und Geschäftsleute bereits zahlreicher vertreten waren. Altrechtler

In ökonomischer Hinsicht zählte das Handelsbürgertum im städtereichen Süden und Südwesten eher zu den Gewinnern der vorausgegangenen Kriegs- und Krisenjahre. Wagemutige Kaufleute, die sich den veränderten Verhältnissen und den Bedingungen der napoleonischen Kontinentalsperre flexibel anzupassen wußten, profitierten von der Verlagerung der Handelswege landeinwärts und vom Schmuggelhandel entlang des Rheins. Von West nach Ost florierte der Zwischenhandel. Im Gefolge der „Finanzrevolution" beteiligten sich die Handels- und Finanzleute am lukrativen Geschäft der Staatsfinanzierung. Bürgertum und repräsentierte Gesellschaft

Eine „Notabilisierung" des Bürgertums, wie sie in Frankreich und ansatzweise während der „Franzosenzeit" in den linksrheinischen Okkupationsgebieten stattfand, trat jedoch nicht ein. Das Handelsbürgertum blieb der zünftig-handwerklichen, an den ständischen Traditionen orientierten Stadtgesellschaft enger verbunden als die noch kleine Gruppe der großgewerblichen Verlegerkaufleute und Frühunternehmer. Die Forderung nach überregionaler Handelsfreiheit war mit der Rücksichtnahme auf lokale Zunftinteressen vereinbar. Bezeichnenderweise wurde im Süden die „allgemeine Gewerbefreiheit", wie sie in Reformpreußen eingeführt worden war, zugunsten einer behutsamen Liberalisierung der Gewerbeordnung auch weiterhin abgelehnt. Die forcierte Freisetzung der Konkurrenzwirtschaft widersprach dem frühliberalen Erwartungsmodell einer sozial harmonischen Mittelstandsgesellschaft, die im Zuge des ökonomischen Fortschritts jedem Bürger eine gesicherte, „selbständige" Existenz ermöglichen sollte.

Außerhalb der Beamtenschaft, die das Gros der Abgeordneten stellte, bildete das „Gemeindebürgertum" die Basis der repräsentierten Gesellschaft. Die Wahlordnungen sorgten dafür, daß die Städte überproportional repräsentiert waren, wegen ihrer „commerziellen Bedeutung", wie es die badische Regierung begründete. Das indirekte und meist öffentliche Wahlverfahren begünstigte die lokalen Honoratiorenkreise, jedoch dergestalt, daß der agrarisch-gewerbliche Mittelstand bis hin zum Kleinbesitz am Wahlvorgang beteiligt war.

Wahlrecht und Wählerschaft

In Bayern war die Landtagswahl eng mit der Gemeindewahl verflochten. Gleichzeitig mit der Verfassungsurkunde wurde ein Gemeindeedikt erlassen, das wieder eine gewählte Bürgervertretung zuließ. Magistrat und Gemeindebevollmächtigte bestimmten dann die Wahlmänner, die den Landtagsdeputierten kürten. In den größeren Städten – München, Augsburg, Nürnberg – wählten sie direkt den Abgeordneten. Die Erläuterung zum Gemeindeedikt stellte hierzu fest: „Ohne eine dem Geist der Zeit und der Kultur des Volkes entsprechende Gemeindeverfassung ist eine allgemeine Staatsverfassung nicht denkbar. Sie ist die Grundlage aller politischen Institutionen im Staate."

In Baden und Württemberg war jeder zur Urwahl zugelassen, der das Ortsbürgerrecht besaß. Der Anteil der Wahlberechtigten lag in Württemberg bei 14%, in Baden bei 17% der Einwohner, d.h. bei mehr als zwei Dritteln der allein stimmfähigen über 25jährigen Männer. Im Vergleich zu Frankreich mit einem Wahlanteil von 0,3% der Bevölkerung war dieser Prozentsatz sehr hoch. Die badische Wahlordnung schloß ausdrücklich „bloß Hintersassen, Gewerbsgehülfen, Bediente usw." aus. Erst beim passiven Wahlrecht wurde eine höhere Zensusschranke errichtet, in Baden bei der Wählbarkeit zum Abgeordneten, in Württemberg bei den Wahlmännern, die sich ohnehin zu zwei Dritteln aus den Höchstbesteuerten

1. Die Entstehung des „konstitutionellen Deutschland" 7

ihres Bezirks rekrutierten. In Hessen-Darmstadt fand bei geheimen und gleichen Urwahlen aller Staatsbürger sogar eine doppelte indirekte Wahl statt, so daß am Ende nur noch ein kleiner Kreis von Beamten und Höchstbesteuerten zum Abgeordneten wählbar war.

Die soziale Zusammensetzung der Wahlmännergremien, soweit sie überliefert ist, läßt wohl am besten erkennen, wer damals zu den tonangebenden Schichten der „bürgerlichen Gesellschaft" zählte. In den Stadtwahlkreisen kam die zahlenmäßig größte Gruppe aus der Handwerkerschaft, meist aus den gutsituierten Handwerksberufen wie Müller, Bäcker, Bierbrauer, Metzger, Gerber und Schmiede, seltener aus dem konkurrenzbedrohten Textilgewerbe. In Baden waren gut drei Viertel der Wahlmänner Handel- und Gewerbetreibende, von denen einige zusätzlich ein Gemeindeamt bekleideten. In Württemberg stellten die Handwerker 40–60% der Wahlmänner; hinzu kamen Kaufleute, Fabrikanten und Gastwirte. In der württembergischen Stadt Esslingen versammelten sich z. B. 1819 127 Wahlmänner; 42 waren von den Bürgern gewählt worden, 85 zählten zu den Höchstbesteuerten, darunter 25 Handwerksmeister, 23 Wirte und andere Dienstgewerbler, 14 Kaufleute, 10 Beamte, 7 Weingärtner und 5 Fabrikanten. Auch die bereits „gesetzten" Wahlmänner gehörten mehrheitlich zum „selbständigen" Mittelstand, der seit den Tagen Kants als die wichtigste Trägerschicht der projektierten bürgerlich-staatsbürgerlichen Gesellschaft angesehen wurde. Im überschaubaren Kreis „bewährter" Männer waren wohl die meisten Kandidaten den Wählern persönlich bekannt. Die Wahlbeteiligung, zu der die Bürger verpflichtet waren, war sehr hoch; sie lag in Baden bei 90%!

Es gibt manche Anzeichen dafür, daß die Verfassung populär war. Die „Karlsruher Zeitung" publizierte über mehrere Wochen hinweg Dankadressen aus einigen hundert Städten und Landgemeinden. Zum Empfang der Landtagsdeputierten bei ihrer Rückkehr vom Landtag fanden manchenorts Abgeordnetenfeste statt. Die Proklamation der württembergischen Verfassungsurkunde wurde umjubelt. In Stuttgart spannten die begeisterten Bürger dem König die Pferde aus, um ihn unter dem Beifall der Menge ins Schloß zu geleiten. Die Entwicklung zu lokaler und regionaler Interessenvertretung wurde allerdings von den Staatsbehörden mit einiger Sorge betrachtet. In Baden hielt es die Regierung für angebracht, gegen die Abgeordnetenfeste einzuschreiten, um dem Postulat der Weisungsfreiheit und Gesamtverantwortung mehr Geltung zu verschaffen.

Lokale Anfänge der Verfassungsbewegung

Lokale Anfänge der nationalen Bewegung

Die Fixierung auf lokale Belange schloß die nationale Aufbruchsstimmung nicht aus, die im Gefolge der antinapoleonischen Freiheitskriege nicht nur das Bildungsbürgertum und die akademische Jugend erfaßte. Dem burschenschaftlichen Wartburgfest von 1817 ging schon im Oktober 1814, am ersten Jahrestag der Leipziger „Völkerschlacht", ein Nationalfest voraus, an dem sich mehr als 400 meist in Süd- und Südwestdeutschland gelegene Städte und Gemeinden mit jeweils lokalen Feierlichkeiten beteiligten. Sie folgten einem in der Presse verbreiteten und von den Befreiungspatrioten Görres, Arndt und Jahn initiierten Aufruf, das „Geburtsfest teutscher Nation" zu begehen. Das Festritual erinnert an französische Vorbilder der Revolutionszeit, und seine Gestaltungselemente gingen in die nationalpolitische Festkultur des 19. Jahrhunderts ein: Festzug, Festmahl, patriotische Lieder und Reden, Freiheitseichen und Eichenlaubschmuck, Siegesfeuer und Verbrennung gegnerischer Symbole. Gepriesen wurde die „teutsche Freiheit", die Befreiung von französischer Unterdrückung und napoleonischer Tyrannis, ganz im germanisierenden Stil des kulturellen und ethnischen Nationalismus. Die Festredner betonten die den örtlichen Feiern innewohnende nationale Eintracht und Einmütigkeit sowie die Harmonie zwischen den deutschen Fürsten und dem deutschen Volk.

Die unbestimmte Sehnsucht nach einem „organischen" Miteinander blieb noch weit entfernt von konkreten nationalpolitischen Wünschen und Zielen. Die nationaldeutschen Appelle an die Öffentlichkeit gingen von Preußen aus, wo die Befreiungsideologie in nationalpädagogischer Absicht mit Fichtes „Reden an die deutsche Nation", den politischen Predigten Schleiermachers sowie den „volkstümlichen" Schriften Arndts und Jahns propagiert und durch populär gehaltene Kriegs- und Vaterlandslieder verbreitet wurde. Die ersten Organisationsversuche der nationalen Bewegung – Freiwilligencorps, die Burschenschaften, Jahns Turngesellschaften – mobilisierten vor allem die Jugend, bis weit in die Reihen der Handwerker- und Kaufmannssöhne. Es überwog die Mystik des Volkes, ein teilweise mit Fremdenhaß und Frankophobie durchsetzter Sprach- und Volkstumsnationalismus, der das idealistisch-universale Freiheitspostulat zu relativieren drohte. Die verfassungs- und nationalstaatliche Zukunftsperspektive zeichnete sich erst in vagen Umrissen ab, und sie gewann ihre Konturen eher dort, wo der einzelstaatliche Konstitutionalismus eine Entfaltungschance erhielt und die Orientierung am französischen Beispiel wirksam blieb.

2. Die politische Wende von 1830: Die Erprobung und Ausweitung des liberalen Konstitutionalismus

Mit der Zäsur von 1830, die den „Vormärz" eröffnet, beginnt die Phase des liberalen Konstitutionalismus, eine Zeit des politischen und gesellschaftlichen Aufbruchs, die trotz der Rückschläge infolge der Übermacht des von Österreich und Preußen beherrschten Deutschen Bundes über die Schubkraft der krisenhaften vierziger Jahre in die Märzrevolution von 1848 einmündet. Der Anstoß ging von der französischen Julirevolution aus, die den endgültigen Sturz der Bourbonendynastie und den Regimewechsel zur parlamentarischen Monarchie des „Bürgerkönigs" Louis Philippe erzwang. Die Pariser Ereignisse setzten das Signal für eine neue Aufstandswelle, die nach den Mittelmeerrevolutionen (Spanien, Italien, Griechenland) nunmehr von West nach Ost das Zentrum Europas durchzog und einen Teil auch der deutschen Staaten erfaßte. Insbesondere die Kämpfe um die nationale Unabhängigkeit Belgiens und Polens ermutigten die bürgerlich-liberale und zunehmend national orientierte Verfassungsbewegung, von sich aus die parlamentarische Kraftprobe mit den Regierungen zu wagen und die Konstitutionalisierung voranzutreiben. Erreicht wurde, daß Sachsen, die neben Preußen wirtschaftlich stärkste Handels- und Gewerberegion, sowie Braunschweig, Hannover und Kurhessen, die während der Rheinbundzeit zum napoleonischen Königreich Westfalen gehört hatten, in den Kreis der konstitutionellen Verfassungsstaaten eintraten. Die auch im Süden neu gewählten Parlamente entwickelten sich, unterstützt von der Presse, zum Sprachrohr der liberalen „Bewegung" und zum Widerpart der konservativ-etatistischen „Kräfte der Beharrung".

 Wie überall in Europa wurde die politische Wende von Sozialunruhen eingeleitet, die unter dem Druck eines starken Bevölkerungswachstums und der expansiven vorindustriellen Massenarmut die städtische wie ländliche Bevölkerung mobilisierten: feudalabhängige Bauern, auf das protoindustrielle Verlagssystem angewiesene Heimgewerbler, Tagelöhner, pauperisierte Zunftmeister und Gesellen vor allem des übersetzten Textilhandwerks, unzufriedene und von Modernisierungsängsten geplagte Mittelständler. Am meisten Aufsehen erregten die sächsischen Aufständischen und ihre Angriffe auch auf die Villen der reichen Textilfabrikanten, der Schloßbrand in Braunschweig, der die Flucht des Herzogs und seine

Initialzündung der französischen Julirevolution

Zweite konstitutionelle Verfassungswelle

Politische Kanalisierung der Sozialunruhen

Absetzung bewirkte, die von Studenten und Privatdozenten der Universität unterstützte Göttinger Stadtrevolution sowie die Bauernaufstände im Königreich Hannover und die hessischen Zollunruhen mit dem Sturm auf die Mauthäuser. Noch war es jedoch möglich, die diffusen sozialökonomisch motivierten Proteste der Mittel- und Unterschichten politisch zu kanalisieren und als Druckmittel für die liberalen Reform- und Verfassungsforderungen einzusetzen. Das Vertrauen auf die Wortführer des Kammerliberalismus und der Glaube an die Problemlösungskapazität der Verfassung erweiterten die Handlungschancen der parlamentarischen Opposition, die in eine vermittelnde Schlüsselstellung einrückte. Selbstbewußt und voll Stolz auf das Pionierwerk der badischen Verfassung konnte der Protagonist des vormärzlichen Liberalismus Karl von Rotteck damals noch feststellen, „daß das häßliche Schauspiel der Volksaufstände nur in unconstitutionellen Ländern stattfand ..., wogegen diejenigen, welchen schon früher durch die Liberalität ihrer Regierungen eine Repräsentation zu Teil geworden, – allernächst also die süddeutschen Staaten fast gänzlich davon freibleiben"; denn hier habe das Volk „ein gesetzliches Organ für seine Beschwerden, Klagen, Wünsche und Forderungen", das die „Hoffnung einer etwa künftigen Läuterung" aufrechterhalte.

Durchbruch der liberalen „Bewegung"

Der Petitionssturm auf die süddeutschen Landtage schien Rottecks Ansicht zu bestätigen. Allein dem 1833 einberufenen württembergischen Landtag lagen rund 400 Bürgerpetitionen vor. Das erhöhte Ansehen des Parlaments wie der Presse, die beide eng zusammenarbeiteten, manifestierte sich auf vielfältige Weise. Im Grenzland Baden und im Rhein-Main-Gebiet, wo die Initialzündung der französischen Julirevolution besonders wirksam war, fand der parlamentarische und publizistische Kampf um die Meinungsfreiheit eine massenbewegende Resonanz. Abgeordnetenfeste, Großkundgebungen wie das Hambacher Fest in der bayerischen Rheinpfalz und seine Nachfolgefeste in Baden und Hessen, Wahlkomitees, Polenkomitees und der von den Pfälzern gegründete „deutsche" Preß- und Vaterlandsverein, der sich mit seinen 116 Filialen bis hin nach Sachsen ausdehnen konnte, verschafften der liberalen Bewegung eine organisatorische und parteiähnliche Basis. Als der badische Reformlandtag die Zehntablösung, eine neue Gemeindeordnung und – als wichtigste politische Errungenschaft – ein freiheitliches Pressegesetz durchsetzte, stieß dieser Erfolg auf rege Anteilnahme in der Bevölkerung. Rottecks Heimfahrt nach Abschluß der Landtagsarbeit glich einem Triumphzug: die Städte überreichten Ehrenpokale; die

2. Die politische Wende von 1830

Landbevölkerung säumte mit Fackeln den Wegrand; die Ankunft in
Freiburg wurde von „laut schallendem Jubel" begleitet.
Wie Baden so erlebte Württemberg die ersten politisierten und   Wahlkämpfe
ansatzweise organisierten Wahlkämpfe. Nach Auskunft der Publizistik gab es Wahlvereine „fast in allen Städten des Landes". Für über
40 der 70 württembergischen Wahlbezirke lassen sich die neuen
Gremien quellenmäßig nachweisen. Ihre Mitglieder rekrutierten
sich größtenteils aus dem Wirtschaftsbürgertum. So saßen z. B. im
25köpfigen Stuttgarter Ausschuß zwölf Handwerker sowie acht
Kaufleute und Fabrikanten. Das liberale Stuttgarter Tageblatt „Der
Hochwächter", dessen Auflage innerhalb von nur zwei Monaten
von rund 500 auf 1300 Exemplare anstieg, propagierte die Vereinsgründungen, empfahl seiner Leserschaft, Kandidaten zu benennen
und in der Zeitung vorzustellen, und bot sich an, bei der Kandida-
tensuche behilflich zu sein. Mit deutlichem Seitenhieb auf die übli-
cherweise von der Regierung gelenkte Honoratiorenauslese warnte
das Blatt vor der Kandidatur von Beamten und Ortsvorstehern. Besser geeignet für ein Mandat wären „Männer aus dem Handels-
stande, selbständige und verständige Grundeigentümer" sowie Vertreter aus dem „seiner Natur nach freiesten Stand der Advokaten".
Die Redaktion des „Hochwächter" avancierte gleichsam zum „Wahl-
büro der liberalen ‚Partei'" (H. BRANDT). Förderlich für die Kandi-   Honoratioren-
datennominierung waren neben der Presse Vereinsaktivitäten, ge-   politik und Vereins-
sellschaftliche und familiäre Beziehungen, öffentlichkeitsnahe Be-   aktivitäten
rufe und – nach wie vor – das Ansehen der Person und die lokale
Interessenbindung. Ein prominenter liberaler Abgeordneter wie beispielsweise Albert Schott, ein erfolgreicher Anwalt, war selbstverständlich Mitglied der Stuttgarter Casinogesellschaft. Bereits in den
20er Jahren hatte er im Rahmen der philhellenischen Bewegung
einen Griechenverein gegründet und 1824 den Stuttgarter Liederkranz ins Leben gerufen. 1825 zählte er zu den Initiatoren des ersten
Schillerfestes, und 1831 trat er an die Spitze des Stuttgarter Polenkomitees. Seit seiner Studienzeit pflegte er die auch politisch nütz-
lichen Kontakte zu badischen Gesinnungsfreunden. Seine Tochter
war mit Friedrich Römer verheiratet, der neben Schott, Uhland und
Pfizer im württembergischen Landtag von 1833 zur Spitzenfigur der
Kammeropposition aufstieg und 1848 zum Märzminister ernannt
wurde. Schott, der als Altrechtler wie Uhland schon an den Stände-
verhandlungen von 1819 teilgenommen hatte, vertrat in der Folgezeit mehr und mehr die in Süddeutschland dominierende und von
den beiden Freiburger Professoren Rotteck und Welcker angeführte

"französische" Richtung des normativ-vernunftrechtlichen Liberalismus. Im Landtag von 1833 verfaßte Schott die populäre, mit viel Applaus bedachte Pressemotion. Jüngere Liberale wie Römer zählten ohnehin, wie es der konservative württembergische Innenminister Schlayer überspitzt formulierte, zu den Anhängern der „bodenlosen Theorie der Volks-Souveraineté".

Konstitutionelle Theorie und konstitutionelle Praxis

Anders als in Frankreich wurden jedoch die Grenzen des konstitutionellen Systems noch nicht überschritten. Im Banne des dualistischen Verfassungsverständnisses, das die parlamentarische Kontroll- und Legislativkompetenz streng von der exekutiven Regierungsgewalt trennte, neigten Dogmatiker wie Rotteck oder auch Liberale altrechtlicher Herkunft dazu, die Volksvertretung auf eine prinzipielle Opposition einzuschwören. Dahinter stand nicht nur die frühliberale Machtskepsis, die der großbürgerliche französische Liberalismus längst überwunden hatte, sondern auch die Hoffnung auf eine Wiederkehr staatlicher Reformpolitik unter dem Zwang der einmütig-oppositionellen Kammermehrheit. Den Erfahrungshorizont steckte ein kleines Land wie Baden ab, wo der soeben auf den Thron gelangte Großherzog Leopold, der „Bürgerfreund", wie er in Anspielung auf Louis Philippe genannt wurde, nach Eintreffen der Nachrichten aus Paris das wienhörige Kabinett seines unpopulären Vorgängers entließ. Die Pressezensur wurde gelockert, die Neuwahl des Parlaments angekündigt, und mit dem liberal gesinnten Innenminister Ludwig Winter sowie dem ehemaligen Rheinbundminister Reitzenstein trat eine neue Regierung an, die von sich aus zur Zusammenarbeit mit dem Landtag bereit war. Die Bundes- und Außenpolitik lag allerdings bezeichnenderweise weiterhin in konservativen Händen. Die eigentliche Machtfrage wurde nicht in Karlsruhe, sondern am Frankfurter Bundestag entschieden. Trotzdem blieb die Erprobung des Konstitutionalismus politisch nicht folgenlos.

Der Versuch, die Lage durch den Thron- und Ministerwechsel zu entschärfen, ließ sich auch andernorts beobachten. In Bayern erreichte die Landtagsopposition den Sturz des reaktionären Innenministers Schenk. Im Königreich Hannover, das in Personalunion mit England verbunden war, verfügte London die Entlassung des leitenden Ministers Graf Münster, der als Repräsentant des altständischen Feudalregimes galt. In Braunschweig erklärte der altständische Landtagsausschuß den Herzog für regierungsunfähig und übertrug die Regentschaft dem Bruder des Fürsten. In Sachsen setzte der König den reformwilligen Erbprinzen zum Mitregenten ein und berief Lindenau an die Spitze einer Regierung, die den konstitutionellen Neubeginn mit der längst überfälligen Agrar- und Kommunalreform einleitete. In Hessen-Kassel wurde der greise, durch Intrigen und Maitressenaffären diskreditierte Kurfürst zur De-facto-Abdankung gedrängt. Außerhalb Preußens und Österreichs kam das politische Leben in Bewegung.

In der Praxis ließ sich das starre Dualismuskonzept nicht durchhalten. Mit der Inanspruchnahme des Budgetrechts und der Ministerkontrolle, mit Hilfe der Fraktionsbildung und dem außerparlamentarischen Rückhalt der Petitions- und Vereinsbewegung zeichneten sich systemöffnende Tendenzen ab, die den „informellen" Parlamentarismus und die Ansätze zur Parteibildung im Revolutionsjahr 1848 vorbereiteten. Die süddeutschen Verfassungskämpfe liefern hierfür ebenso ein Beispiel wie die kurhessische Verfassung von 1831, an deren Ausarbeitung der liberale Marburger Staatsrechtler Sylvester Jordan maßgeblich beteiligt war.

Die wichtigste Einflußmöglichkeit auf die Regierung bot das Budgetrecht. Die badische Kammeropposition riskierte den Budgetkonflikt, um das liberale Pressegesetz durchzusetzen, das eindeutig gegen Bundesrecht verstieß. Mit dem widerstrebenden, weil außenpolitisch zur Vorsicht gezwungenen Innenminister kam ein Kompromiß zustande: Die Zensur galt weiterhin für Schriften, die den Deutschen Bund oder andere Bundesstaaten betrafen.

Süddeutsche Verfassungskämpfe

Als der württembergische König die Auflösung des erst im Januar 1833 einberufenen Landtags androhte, um die Behandlung bundespolitischer Themen wie Pressezensur und Vereinsverbot zu verhindern, weigerten sich die liberalen Abgeordneten, in die Etatberatungen einzutreten, ein erfolgreicher Gegenzug, denn auf die Bewilligung des Haushalts war die Regierung angewiesen. Vor den Ausschußwahlen kam es zu fraktionsähnlichen Absprachen mit dem Ergebnis, daß die Liberalen in den beiden wichtigsten Kommissionen für Finanzen und Staatsrecht die Mehrheit der Mitglieder stellten. Der Etat wurde erst im Herbst auf die Tagesordnung gesetzt und mit dem mehrheitlich gebilligten Antrag verabschiedet, die Ministergehälter zu kürzen. Ohne die Rückendeckung des Bundes, die dem ausgeprägten württembergischen Souveränitätsbewußtsein nur teilweise willkommen war, wäre es wohl kaum möglich gewesen, den Landtag schließlich doch aufzulösen und seine Beschlüsse zu mißachten. Innenminister Schlayer sah den Ausweg aus dem Dilemma darin, daß die Regierung ihrerseits als Partei agitieren und „auf die Majorität der Stände als auf ihre Grundlage (!) sich stützen müsse". Schlayer zog damit eine Konsequenz, die zugleich den Umkehrschluß zuließ, daß ein Ministerium ohne das Vertrauen der Kammer „die Schuld in sich selbst suchen und abtreten muß", wie er es 1836 im festen Vertrauen auf den eigenen politischen Sieg formulierte.

Zu ähnlichen Schlußfolgerungen, die auf die parlamentarische Regierungsweise hinausliefen, kamen die pfälzischen und fränkischen Liberalen, die in der bayerischen Kammer von 1831 den Ton angaben. Die Opposition richtete sich gegen das orthodox-katholische Regime Schenks, der nach dem liberalen Wahlerfolg die Pressezensur wieder verschärfte und vorübergehend die Landesuniversität schließen ließ. In den Auseinandersetzungen über den Staatshaushalt folgte die Kammermehrheit den Anträgen des Finanzausschusses, dem der prominente pfälzische Advokat Friedrich Schüler vorsaß. Sie beanstandete die Verschwendung von Steuergeldern für die Luxusbauten Ludwigs I. und beschloß die Kürzung sowohl der königlichen Zivilliste als auch des Militäretats. Darüber hinaus erwog die Kammer die juristische Anklage des für die Finanz- und Innenpolitik verantwortlichen Ministers. In den Diskussionen hierüber beriefen sich die Pfälzer auf die Fortentwicklung des französischen Konstitutionalismus. Schüler forderte, daß die Regierungspolitik über die formaljuristische Rechtmäßigkeit hinaus auch inhaltlich mit der Kammermajorität übereinstimmen müsse, weil die parlamentarische Vertretung der Staatsbürger den eigentlichen „Gerichtshof" darstelle. Und sein fränkischer Mitstreiter Closen verwies im Falle Schenks nachdrücklich und mit Bezug auf die Verfassungslehren Benjamin Constants auf das „Wesen der politischen Verantwortlichkeit". Der König entließ Schenk, aber er demonstrierte zugleich seine eigene Macht: Auch in Bayern wurde der „stürmische" Landtag kurzerhand aufgelöst.

Hambacher Fest   In der Pfalz mit ihrer Sondertradition des „rheinischen", d. h. des französischen Rechts, dessen Errungenschaften wie überall in den linksrheinischen, bis 1814 von Frankreich okkupierten Gebieten erfolgreich verteidigt worden waren, provozierte die Schließung des Landtags die Entstehung einer außerparlamentarischen Oppositionsbewegung mit breitem bürgerlich-kleinbürgerlichen Massenanhang. Auf dem Zweibrücker „Schülerfest" zu Ehren des populären Abgeordneten Friedrich Schüler wurde Ende Januar 1832 unter Anführung der beiden Journalisten Wirth und Siebenpfeiffer die Gründung des Preß- und Vaterlandsvereins beschlossen. Vier Monate später fand das Hambacher Fest mit seinen 20000–30000 Teilneh-

2. Die politische Wende von 1830

mern statt, eine Gegendemonstration zur offiziellen bayerischen Verfassungsfeier mit radikal-oppositionellem Charakter, die freilich das Eingreifen des Frankfurter Bundestages zur Folge hatte.

Was an Verfassungsfortschritten unter den schwierigen Bedingungen der ständig drohenden Bundesintervention erreichbar war, zeigt am besten die kurhessische Verfassung von 1831. Sylvester Jordan, der Vorsitzende des Verfassungsausschusses, glaubte anfangs sogar, daß Kurhessens Beispiel „für den Sieg des constitutionellen Systems in Deutschland völlig entscheidend" sei – eine illusionäre Hoffnung, die bei Lage der Dinge scheitern mußte. An den Grenzen des kleinen Landes, das wegen seiner geographischen Lage für die militärstrategischen und zollpolitischen Interessen Preußens von Bedeutung war, marschierten nach Ausbruch der Sozialunruhen Bundestruppen auf. Außerdem wurde die prokonstitutionelle und antiabsolutistische Oppositionsbewegung gegen das kurfürstliche Willkürregime nicht nur vom liberalen Bürgertum, sondern auch von Teilen des feudalständischen Adels und des bürokratisch-militärischen Establishments unterstützt; d.h.: ihre heterogene Zusammensetzung verlangte von allen Seiten viel Bereitschaft zum Interessenausgleich. Ähnlich wie Dahlmann, der im Königreich Hannover an den Vorarbeiten zur Verfassungsurkunde beteiligt war, neigte auch Jordan dem nord- und mitteldeutschen „Kompromißliberalismus" zu, der, moderater als die naturrechtlich-aufklärerische Rotteck-Richtung, eher am englischen Vorbild orientiert war und für die evolutionäre Umbildung der „gegebenen Zustände" eintrat. „Jordans Ideal war der Rechtsstaat, sein Credo ein organisches, relativ gleichgewichtiges Miteinander, die institutionalisierte Harmonie von Fürst und Volk, wobei allenfalls durchschimmerte, daß im Konflikt, der (als durchaus vermeidbar betrachteten) äußersten Zuspitzung, die Letztentscheidung dem im Volk verankerten Rechtsempfinden anheimzugeben sei" (H. SEIER).

Immerhin bleibt es bemerkenswert, welche Teilerfolge dennoch erzielt wurden. Die kurhessische Verfassung führte das Einkammersystem ein; sie übertrug der Volksvertretung auch das Gesetzesinitiativrecht und ein weitgehendes Budgetrecht sowie die Befugnis, ja sogar die Pflicht, über die Ministeranklage hinaus jeden Beamten, der die Verfassung verletzte, vor Gericht zu stellen. Der Katalog der „Untertanenrechte" – eine Bezeichnung, die freilich wie in den süddeutschen Verfassungstexten den Konzessionscharakter der Grund- und Freiheitsrechte betonte – wurde erweitert und präzisiert, besonders in bezug auf die Meinungsfreiheit, das Beschwerderecht und

Möglichkeiten und Grenzen des liberal-konstitutionellen Systems

den Rechtsschutz. Mit der verfassungsmäßigen Institutionalisierung der Bürgergarde wurde die zivile Miliz neben dem Militär anerkannt. Alle Staatsdiener „sowohl des Militär- als Civil-Standes" hatten den Verfassungseid abzulegen, zudem jeder Kurhesse, insofern er über 18 Jahre alt war. Die erste öffentliche Vereidigung fand in festlichem Rahmen statt. Das Ereignis wurde bis ins letzte Dorf umjubelt, betanzt und besungen. Die Bürger veranstalteten „Verfassungsbälle".

Andererseits respektierte auch die kurhessische Verfassung das „monarchische Prinzip". Der Fürst blieb das „Oberhaupt des Staates" und vereinigte „in sich alle Rechte der Staatsgewalt". Mit Hilfe wiederholter Landtagsauflösungen und des von der Verfassung garantierten Notverordnungsrechts der Krone konnte sich im weiteren Verlauf der 30er Jahre das reaktionäre Regime Hassenpflugs etablieren. Ein Ministeranklageprozeß endete mit dem Freispruch Hassenpflugs vor dem Kasseler Oberappellationsgericht. Jordan hingegen mußte erfahren, daß alle Rechtsstaatssicherungen im Grundrechtsteil der Verfassung, der am deutlichsten seine eigene Handschrift trug, ihn nicht davor bewahren konnten, in einem Hochverratsprozeß zu mehrjähriger Festungshaft verurteilt zu werden.

In dem von Rotteck und Welcker herausgegebenen „Staatslexikon" zog Jordan schon Mitte der 30er Jahre eine negative Bilanz der kurhessischen Verfassungsentwicklung. Sie habe sich nicht „von dem antikonstitutionellen Elemente loszuwinden vermocht, welches vielmehr die ganze Verfassung durchdringt und sich allenthalben klettenartig an das Konstitutionelle anschließt, diesem die Kraft zur freien und selbständigen Fortbildung entziehend". Nur dann sei eine solche Fortbildung möglich, wenn die Bundeseinwirkung von außen unterbleibe und wenn es dazu komme, „daß kein Ministerium sich halten kann, welches die Majorität der Deputiertenkammer gegen sich hat".

Zunehmende nationale Orientierung

Ein konkretes politisches Konzept zur Überwindung des konstitutionellen Dualismus und zur Lösung des Problems, auf welche Weise denn Regierung und Kammermehrheit zusammenfinden sollten, hatte auch Jordan wie die meisten Vormärzliberalen nicht anzubieten. Die von Thiers prägnant formulierte Devise der parlamentarischen Juli-Monarchie „Le roi règne, mais il ne gouverne pas" ließ sich schwerlich auf die deutschen, von der Bundespolitik abhängigen Verhältnisse übertragen. Aus der Sicht derer, die ihre Hoffnung auf den nationalen Verfassungsstaat setzten, schien spätestens 1840 die Zeit des einzelstaatlichen Konstitutionalismus abgelaufen.

Schon 1832 spottete Siebenpfeiffer auf dem Hambacher Fest über die „Konstitutiönchen", und 1840 schrieb Uhland an Welcker zum Tode Rottecks, obgleich er dessen Verdienste beim Zustandekommen der „Repräsentativverfassungen der mittleren deutschen Staaten" würdigte: „Aber wir stehen an der Grenze einer lebendigen Wirksamkeit auf diesem Wege ...; und eben in dem Absterben des kleinstaatlichen Verfassungswesens scheint mir die Notwendigkeit einer großartigen Entwicklung gesetzt zu sein."

3. Die Nationalisierung der Verfassungsfrage

Seit dem Umbruch der Französischen Revolution gab es die verheißungsvolle Zukunftsvision des Nationalstaats, der mit dem demokratischen Verfassungsstaat und der egalitären bürgerlichen Gesellschaft identifiziert wurde. Bei aller Ausstrahlungskraft, die dieses Programm der „nation une et indivisible" schon 1789 auch jenseits der Grenzen Frankreichs besaß, war es auf die bunte Vielfalt deutscher Territorien und die föderale Grundstruktur des Reiches, wenn überhaupt, so nur in gebrochener Form übertragbar. Leitidee „Nation" in der Französischen Revolution

Schon der preußisch-deutsche Patriotismus der Befreiungskriege rezipierte auf seine Weise den neuen Staatsnationalismus, der sich mit dem spezifisch deutschen und stark bildungsbürgerlich geprägten Glauben an die „Kulturnation", an die einheitsstiftende Kraft der Sprache, des Volkstums und der gemeinsamen historischen Erfahrungen, vermischte. Wie einst im reichspatriotisch verklärten Mittelalter und ganz im Gegensatz zum territorial zersplitterten Alten Reich, das 1806 ruhmlos „erloschen" war, sollte auch Deutschland wieder zu einem mächtigen „Staat" werden, sollte das deutsche Volk, das „Urvolk", wie es Fichte, angeregt durch Herder, nannte, seine politische Eigenständigkeit und Selbstbestimmung zurückgewinnen und sich von der napoleonischen Fremdherrschaft befreien. Dies setzte einerseits die werbende „Idee einer verfassungsmäßigen Regierung in Einstimmung mit dem Volke" (Görres) voraus. Das frankophobe, gegen den äußeren Feind gerichtete Pathos der Vaterlandsverteidigung schwächte andererseits die innenpolitische, die antiabsolutistische und antiaristokratische Stoßrichtung der nationalen Agitation, ganz abgesehen davon, daß schon Napoleon die „Ideen von 1789" obrigkeitlich gezähmt hatte. Die diversen Verfassungsversprechen bis hin zur russisch-preußischen Proklamation von Kalisch, die zu Kriegsbeginn die „Wiedergeburt ei-

Marginalien: Befreiungskriegs-Nationalismus; Diskussion der deutschen Verfassungsfrage 1808–1815

nes ehrwürdigen Reiches" und eine Verfassung „aus dem ureigenen Geiste des deutschen Volkes" verhieß, boten kein konkretes politisches Programm. Bis zur Entscheidung auf dem Wiener Kongreß blieb es ganz ungewiß, ob eine einzelstaatliche oder gesamtdeutsche, eine ständische oder repräsentative Verfassung gemeint war, ob eine staatenbündische, eine bundesstaatliche oder gar die einheitsstaatliche Lösung der deutschen Frage bevorstand. Eine kleine Minderheit der Intelligenz und insbesondere Teile der akademischen Jugend auf dem radikalen Flügel der Turner und Burschenschaften träumten bereits von der deutschen Republik. Doch häufig war die Absolutismuskritik immer noch ständisch motiviert. So verdankte nicht von ungefähr der Verfassungsartikel 13 der Bundesakte seine Entstehung der engen Zusammenarbeit Steins mit dem mediatisierten süddeutschen Adel, d.h. nicht dem Willen zur Zukunft, sondern eher dem vergangenheitsorientierten Ziel, mit Hilfe einer bundespolitisch verordneten Verfassung die „despotische" Macht der Rheinbundfürsten zu brechen. Weder das multinationale Habsburgerreich noch die neuen „Mittelstaatsnationen" waren gewillt, die Hegemonialbestrebungen Preußens, das die zentralisierende Bundesstaatslösung favorisierte, zu unterstützen. So kam schließlich nur der lockere Staatenbund zustande, der sich überdies zum Instrument der Restaurations- und Interventionspolitik Metternichs entwickelte.

Mythos der „Freiheitskriege"

Wie schon die Nationalfeiern zur Erinnerung an die Leipziger „Völkerschlacht" mit dem Höhepunkt des studentischen Wartburgfestes von 1817 bewiesen, entfalteten die „Freiheitskriege" in der Krisen- und Umbruchszeit nach der Jahrhundertwende einen eigenen Mythos, der kollektive Emotionen auszulösen vermochte. Die virulent politischen, wenn auch inhaltlich noch gar nicht festgelegten, aber gerade deshalb besonders emphatischen Losungsworte wie Einheit, Freiheit, Nation, Volkstum und Vaterland, mit denen sich jeder identifizieren konnte, weckten – ganz ähnlich wie im revolutionären Frankreich von 1789 – „die große Hoffnung", die chiliastisch aufgeladene, säkularisierte Erwartung auf eine bessere, ja menschheitsbeglückende Zukunft. Dabei blieb das Vertrauen in die Reformfähigkeit der Regierungen trotz der Enttäuschungen über die Wiener und Karlsbader Beschlüsse und der daraufhin einsetzenden Demagogenverfolgungen vergleichsweise unerschüttert. Auch

Burschenschaften und Wartburgfest

der Verbalradikalismus der Burschenschaften, der sich in den national-oppositionellen Reden des Wartburgfestes und in der symbolträchtigen Verbrennung feudalabsolutistischer Schriften und Herr-

3. Die Nationalisierung der Verfassungsfrage 19

schaftszeichen niederschlug, änderte wenig daran, daß weiterhin die „Harmonie" zwischen den deutschen Fürsten und dem deutschen Volk und die „organische" Einheit der Nation ersehnt wurden. Ein Gewaltakt wie die Ermordung Kotzebues durch den Burschenschaftler Karl Sand – nach Metternichs Ansicht ein Alarmzeichen, das er zur Durchsetzung der Karlsbader Beschlüsse benutzte – blieb die Ausnahme, auch wenn der Täter nach seiner Hinrichtung wie ein Märtyrer der neuen politischen Religion des Nationalismus verehrt wurde.

Erst nach der französischen Julirevolution und zu Beginn des Vormärz verknüpften sich die nationalstaatlichen Wünsche und Ziele aufs engste mit den liberalen und demokratischen Verfassungsforderungen. Der Schauplatz der Diskussion verlagerte sich von Preußen in das „konstitutionelle Deutschland". Tonangebend waren nunmehr die liberalen Wortführer der Kammeropposition und die radikal-oppositionellen Journalisten, die sich vor allem in der linksrheinischen Pfalz unter dem Schutz des rheinischen Rechts besonders leidenschaftlich für die politisch-staatliche „Nationaleinheit" engagierten. „Denn dieselbe", so lautete die Begründung Wirths, „ist eben das einzige Mittel zur Freiheit und Wohlfahrt der einzelnen Provinzen." Anders als 1813/15 und in kritischer Distanz zur Befreiungsideologie, zu „den verrosteten Ideen der Deutschtümelei", wie es Siebenpfeiffer ausdrückte, überwog nun eindeutig das verfassungs- und gesellschaftspolitisch motivierte Nationsverständnis, das den Nationalstaat nicht als Ziel an sich, sondern als „Mittel" zur Durchsetzung der staatsbürgerlichen Freiheits- und Gleichheitsrechte erstrebte. *Konstitutionell-nationale Zielsetzungen im süddeutschen Vormärzliberalismus*

Umstritten blieb die schwierige Frage, welcher Weg zur „bestmöglichen Förderung deutscher Nationaleinheit und staatsbürgerlicher Freiheit", wie Welcker in seiner berühmten Motion von 1831 die national-konstitutionelle Zielsetzung umschrieb, einzuschlagen sei. Zur Debatte standen drei Konzepte: 1. die Bundesreform, 2. die parteiähnliche Organisation der Oppositionsbewegung sowie 3. die propreußische Lösung. *Strategiekonzepte*

Die ersten Reforminitiativen, die im badischen und kurhessischen Landtag diskutiert wurden, orientierten sich noch an der Bundesverfassung. Sylvester Jordan, der Wortführer der kurhessischen Liberalen, berief sich auf die uneingelösten Freiheitsversprechen der Bundesakte: auf den Verfassungsartikel 13, auf Artikel 18 über die Pressefreiheit und Artikel 19 über die Freiheit von Handel und Verkehr. Die hessische Regierung, so forderte er in mehreren Anträ-

Vorreiterrolle des konstitutionellen Deutschland?

gen, solle sich mit den übrigen Verfassungsstaaten im Sinne der konstitutionellen Trias zu einer gemeinsamen Bundespolitik vereinigen und die Bundestagsgesandten beauftragen, „nach rein konstitutionellen Prinzipien zu stimmen". Die Minister wären für diese Instruktionen den Ständen verantwortlich; infolgedessen sei der Ständeversammlung die Einsicht in die geheimen Bundestagsprotokolle zu gewähren. Die Folgen der Reaktion hätten vor allem die Mittel- und Kleinstaaten zu fürchten. Nur ihre feste Vereinigung könne ihre Selbständigkeit retten. Damit appellierte Jordan zugleich an die föderalistisch-partikularstaatlichen Interessen.

Etwa um die gleiche Zeit, am 15. Oktober 1831, stellte Welcker im Karlsruher Landtag den bundesweit vielbeachteten Antrag, die badische Regierung möge auf „die Vervollkommnung der organischen Entwicklung des deutschen Bundes" und die Errichtung eines deutschen Parlaments hinwirken. Schon im November 1830 hatte Welcker der Frankfurter Bundesversammlung eine Petition eingereicht, die für ganz Deutschland die Presse- und Meinungsfreiheit als „ältestes und heiligstes Recht der Menschheit" forderte. Wie in der benachbarten Rheinpfalz, so hoffte man in Baden vor allem auf die Macht und Einmütigkeit der öffentlichen Meinung. „Die periodische Presse", meinte Wirth, „wird unüberwindlich, wenn sie, der treue Widerhall der Gesinnung der Nation, im Volke auch eine feste Stütze findet." Eine Repräsentativverfassung ohne Pressefreiheit sei eine Lüge, erklärte Welcker in den Kammerverhandlungen über das badische Pressegesetz.

Auch Welcker griff zunächst auf die Triasidee der frühen zwanziger Jahre zurück, um einen gangbaren Weg aufzuzeigen, der über die Vorreiterrolle des „konstitutionellen Deutschland" zur „Nationaleinheit" führen sollte. Gemeinsam mit Rotteck unterstützte er den Vorschlag des Freiburger Hofgerichtsrats Merk, das „Auskunftsmittel" der alten Reichsverfassung, die itio in partes in Religionsangelegenheiten, auf die Bundesbeschlüsse anzuwenden. Die getrennte Abstimmung, so Welcker, sei „noch zehnmal mehr notwendig in Verfassungsangelegenheiten, da wo konstitutionelle Staaten gegen absolute Monarchien stehen". Das Konzept der itio in partes lief auf eine „ideologische Blockbildung" innerhalb des Bundes hinaus, ein Pendant zur außenpolitischen Entwicklung, die sich im Bündnis der liberalen Westmächte gegen die drei konservativen Ostmächte abzuzeichnen schien. Dahinter stand zugleich die kurz nach der Julirevolution weit verbreitete Hoffnung auf die internationale Solidarität der liberalen und nationalen Bewegungskräfte.

3. Die Nationalisierung der Verfassungsfrage

Der eigentliche, auf eine durchgreifende Bundesreform abzielende Kerngedanke der Welckerschen Motion, die Errichtung einer „Volkskammer" neben dem Gesandtenkongreß des Frankfurter Bundestags, kam in den Landtagsverhandlungen auf Anraten Rottecks nicht zur Sprache. Weder die vorsichtigen badischen Minister noch Rotteck und Welcker wollten eine aussichtslose Konfrontation mit den übermächtigen Gegnern am Bund riskieren. Die Motionsbegründung wurde jedoch als Separatdruck veröffentlicht, und sie löste in der Publizistik sofort ein begeistertes Echo aus. Der Ruf nach „Deutschlands Einheit durch Nationalrepräsentation", schrieb Rotteck 1832, anläßlich einer soeben unter diesem Titel erschienenen Schrift des hessen-darmstädtischen Demokraten Wilhelm Schulz, durchdringe „gewaltiger und allgemeiner denn je die deutschen Gaue". Das radikale Aufbegehren, so fügte er in Anspielung auf die inzwischen erfolgten harten Gegenmaßnahmen des Bundes hinzu, sei „nimmer mehr durch Schreckensedikte, sondern nur durch Rechtsgewährung zu beschwichtigen". Rotteck selbst hielt bei aller prinzipiellen Übereinstimmung mit Schulz daran fest, daß ein „engerer Bund der konstitutionellen Regierungen", der zugleich „(mittelbar oder unmittelbar) der Volksrepräsentation unterworfen" sei, das einzige Mittel darstelle, das „nicht Heilung, doch Unglücks-Verminderung" bringen könne. Es sei bei Lage der Dinge „keine vernünftige Hoffnung vorhanden, daß die gewünschte Radikalheilung, nämlich die Herstellung einer die Nationalinteressen befriedigenden Einheit und einer der Rechtsforderung genügenden Freiheit, mit Zustimmung der wirklichen Machthaber zustande komme". „Ohne diese Zustimmung aber", so lautete die eindringliche Warnung an die Adresse der pfälzischen und rheinhessischen Radikalen, „gibt's nur den schaudervollen, mit Schrecknissen erfüllten, an gähnenden Abgründen hinlaufenden Weg einer von innen und außen entbrennenden Revolution."

„Deutschlands Einheit durch Nationalrepräsentation"

Doch auch das Alternativkonzept der Hambacher Bewegung, die sich nach der vorzeitigen Schließung des bayerischen Landtags seit Januar 1832 im deutschen Preß- und Vaterlandsverein organisierte, stand noch der „legalen" Opposition näher als dem revolutionären Kampf, wenngleich es vom wenig erfolgversprechenden Kurs der schrittweisen Bundesreform endgültig abrückte. Trotz der lauten republikanischen Festreden auf der Hambacher Massenkundgebung wurde in der anschließenden Strategiekonferenz im Hause des Abgeordneten Schoppmann das Aktionsprogramm der Heidelberger Studentensprecher abgelehnt. Bezeichnenderweise

Organisationspläne der Hambacher Bewegung

fand der Putschversuch des Frankfurter Wachensturms, zu dem sich im Frühjahr 1833 einige radikalisierte Burschenschafter um Brüggemann und Rauschenplatt hinreißen ließen, ohne jede Verbindung zum Preßverein statt. Die große Mehrheit der Hambacher bestritt sich selbst die „Kompetenz" zur direkten Aktion und zur Bildung einer provisorischen Volksvertretung. Sie entschied sich weiterhin für das „umfassende Strategiekonzept der organisierten Opposition" (C. FOERSTER). Siebenpfeiffer und Wirth plädierten für eine straffere Organisation und Ausbreitung des Preßvereins, ein zukunftsweisender Vorschlag, der allerdings erst in den vierziger Jahren einer Verwirklichung näher gebracht werden konnte, als die Demokraten beim Auf- und Ausbau des Vereinswesens die Führungsrolle übernahmen.

Nationalismus auf dem Hambacher Fest

Die Mobilisierung einer Massenbewegung mit einem breiten sozialen Spektrum brachte es freilich mit sich, daß die Verfassungsfrage zugunsten der populären und integrierenden nationalen Einheitsparole in den Hintergrund trat. „Wie ein electrischer Funke", so beschrieb Wirth den emotionalen Charakter des Hambacher Volksfestes, „wirkte das Zauberwort der Einheit Deutschlands auf alle Gaue unseres Landes. Das Volk war in kurzer Zeit wie umgewandelt. Nur eine Idee, nur eine Sympathie bewegte alles: ‚die Wiedergeburt des Vaterlandes'." Insofern behielt der liberaldemokratische Nationalismus – wie in Frankreich! – ambivalente Züge. Einerseits beschworen die Festredner den „Völkerbund" und die „Volkshoheit"aller Nationen. Andererseits appellierten sie ganz unbefangen an das Macht- und Superioritätsbewußtsein der deutschen Nation. Bei aller ideologischen Verbundenheit zu Frankreich, dem „Stützpunkt der konstitutionellen Freiheit auf dem Festland", meldete vor allem Wirth zugleich die nationalen Vorbehalte an: Für die Anlehnung an den westlichen Nachbarn, der immer wieder den Ruf nach der Rheingrenze erhob, sollte kein Preis bezahlt werden, der mit der Integrität und Unabhängigkeit Deutschlands unvereinbar war. Wirth beanspruchte für „das große, reiche, mächtige Deutschland ... die erste Stelle ... in der Gesellschaft der europäischen Staaten". Siebenpfeiffer forderte zwar die Festversammlung auf, nur auf das „heilige Gesetz deutscher Freiheit zu schwören", aber dann ließ auch er sich von der allgemeinen Gefühlserregung zu den pathetischen Worten verleiten: „Auf ein Ziel nur lasset uns blicken, auf das leuchtende Ziel deutscher Nationaleinheit, deutscher Größe, deutscher Macht."

Die machtpolitischen Aspekte, die sehr rasch auch im außenpo-

3. Die Nationalisierung der Verfassungsfrage

litischen Bereich die „ideologische Blockbildung" wieder überlagerten, erschwerten zusätzlich das Prioritätenproblem, das die Verbindung von Konstitutionalismus und Nationalidee ohnehin aufwarf. Rotteck und seine Gesinnungsfreunde hatten diese Gefahr vor Augen, wenn sie die Losung ausgaben: „Lieber Freiheit ohne Einheit, als Einheit ohne Freiheit ... unter den Flügeln des preußischen und österreichischen Adlers."

Dennoch lag es nahe, daß sich bei der Suche nach einem „Protektor" für das „schwache Süddeutschland" die Blicke erneut auf Preußen richteten, jene Macht, die im Vorfeld der Zollvereinsgründung von 1834 für die Schaffung eines nationalen Wirtschaftsraumes einzutreten schien, aber auch ein Land, auf dem, wie es Siebenpfeiffer formulierte, „die Nacht des Absolutismus schwer lastet". Die meisten Liberalen versuchten der Rotteckschen Alternative „Einheit oder Freiheit" auszuweichen. Mit Heinrich von Gagern, dem Stimmführer der hessen-darmstädtischen Liberalen, begrüßten sie anfangs die nationalen Impulse, die seit 1828 von der Erweiterung des preußischen Zollsystems ausgingen. Obwohl Preußen in der für seine künftige deutsche Politik entscheidenden Frage der Repräsentativverfassung immer noch zaudere, meinte Gagern, sei es „töricht in Deutschland auf etwas anderes zu rechnen". Die Freiheit „werde sich schon Bahn brechen, wenn nur die Einheit da ist". Es erregte dann einiges Aufsehen, als der Württemberger Paul Pfizer 1831/32 seinen „Briefwechsel zweier Deutschen" veröffentlichte, in dem der eine der Briefpartner gegen die erheblichen Bedenken des anderen, der als Triasanhänger auftrat, dezidiert propreußisch argumentierte – bis hin zu der Konsequenz: Er wolle „lieber den gewalttätigsten Despoten zum Beherrscher Deutschlands" gemacht sehen, „als die trefflichsten Verfassungen ohne nationalen Zusammenhang der einzelnen kleinen Staaten". Um Deutschland zu einer selbständigen Macht zu erheben, müsse eine „Periode der Zentralisation" vorausgehen. Für die Zollunion und die Schaffung der Handelsfreiheit trat zwar auch sein Gegenüber, der Anwalt der trialistischen Bundespolitik, ein, vorausgesetzt jedoch, daß die Sicherheit der konstitutionellen Rechte nicht beeinträchtigt werde.

Preußen als „Protektor"?

Als Preußen nach dem Hambacher Fest die reaktionären Bundesbeschlüsse unterstützte (Einschränkung des Petitions- und Budgetrechts sowie der Rede- und Berichtsfreiheit der Landstände, Verschärfung der Zensur, Aufhebung des badischen Pressegesetzes, Vereins- und Versammlungsverbot), wuchs die Schar der Zollvereinsgegner. Prominente badische und württembergische Liberale,

Zollvereinsdebatte: Freiheit vor Einheit

darunter Pfizer, lehnten den Zollvereinsbeitritt ihrer Länder ab. Rotteck begründete seine Bedenken mit den Worten: Er hätte dem Zollverein zugestimmt, „wenn die Bedingungen dieses Vereins oder Vertrags anders beschaffen wären, wenn sie der echt vaterländischen Idee eines auf Freiheit basierten deutschen Zollvereins entsprächen, und wenn sie dem wahren Nationalwohl oder dem allgemeinen Interesse die nötigen Garantien darböten". Eine deutsche Handelseinheit, die vom absolutistischen Preußen angeführt werde, sei so nicht akzeptabel. „Laßt uns diese vorgespielte Einheit verschmähen und der Nation zeigen, daß unser Sinn und unser Streben nach etwas Höherem und Edlerem, als daraufhin geht, von Preußen ins Schlepptau genommen zu werden, und daß wir die Hoffnung nicht verloren haben, jenes höhere Ziel einst noch zu erreichen." Die Entscheidung war klar: Freiheit vor Einheit.

Die Aufbruchsstimmung zu Beginn der dreißiger Jahre brach unter dem Druck der vereinten Reaktion des Bundes und der einzelstaatlichen Regierungen wieder zusammen. Erst unter den veränderten Bedingungen der vierziger Jahre war der Prozeß der inneren Nationsbildung nicht mehr aufzuhalten.

4. Innere Nationsbildung unter dem Problemdruck der vierziger Jahre

Zäsur der 40er Jahre
Das Jahr 1840 markiert den Beginn einer neuen Phase der konstitutionellen und nationalen Entwicklung. Zwei aktuelle Anlässe trafen zusammen: Während der Regierungsantritt Friedrich Wilhelms IV. endlich auch in Preußen eine Verfassungsdiskussion auf breiter Front mit Spitze gegen die „Beamtenallgewalt" auslöste, mobilisierte die außenpolitische Doppelkrise, die Bedrohung der Rheingrenze durch Frankreich und die deutsch-dänische Rivalität um Schleswig-Holstein, eine nationale Massenbewegung. Gleichzeitig verstärkte die Dynamik der wirtschaftlichen Entwicklung, die mit dem Eisenbahnbau in die Anlaufphase der Industriellen Revolution eintrat, den Problemdruck, der auf politische Veränderungen drängte. Die Selbstorganisation der Gesellschaft mit dem Anspruch auf autonome politische Mitbestimmung erreichte den Wirkungsgrad einer inneren Nationsbildung, die 1848 die Schubkraft und den Anfangserfolg der Märzrevolution ermöglichte.

Preußen bietet das beste Beispiel für die politische Unruhe, von der in dieser Zeit nahezu alle Gruppenbildungen erfaßt wurden. Die

Rheinkrise belebte den Gedanken einer nationalen Führungsrolle Preußens, der bis in die Reihen der konservativen Führungselite an Attraktivität gewann. Die populären Dichter der Rheinliedbewegung erfreuten sich der Gunst Friedrich Wilhelms IV., der sogar „Tendenzpoeten" wie Freiligrath eine Zeitlang (bis 1844) für die in seinen Liedern bezeugte „Nationalgesinnung" mit einem Ehrengehalt auszeichnete. Arndt und Jahn, die beiden Symbolfiguren der Befreiungskriege, wurden rehabilitiert.

Politisierung in Preußen

Ohne eine Lösung der preußischen Verfassungsfrage war jedoch die Wendung zur nationalen Politik kaum noch glaubwürdig. Das 1823 errichtete System ständischer Provinziallandtage, das den Rittergutsbesitzern mit zumeist der Hälfte der Abgeordnetensitze die Vorzugsstellung zuerkannte, hatte sich im Zuge des ökonomischen Wandels und der neuen finanziellen Herausforderungen an die Wirtschaftspolitik endgültig überholt. Es blockierte vor allem die Staatsanleihen zur Finanzierung des Eisenbahnbaus, die nach dem Staatsschuldengesetz von 1820 nur mit der Zustimmung gesamtpreußischer „Reichsstände" aufgenommen werden konnten. Das finanzpolitische Dilemma stand am Ursprung der Reformmaßnahmen Friedrich Wilhelms IV., die auf eine Weiterentwicklung der ständischen Verfassung hinausliefen. Doch die halben Zugeständnisse der Regierung – die Milderung der Zensur, die Einberufung vereinigter landständischer Ausschüsse, die verbesserte Publizität der Landtagsverhandlungen und schließlich der „Vereinigte Landtag" von 1847 – konnten die hochgespannten Erwartungen, die den Thronwechsel begleitet hatten, nicht mehr zufriedenstellen. Notwendig sei, hieß es 1841 in der liberalen, an die Reformzeit erinnernden Programmschrift des Königsberger Arztes Johann Jacoby, die sofort als Flugschrift kursierte und reißenden Absatz fand: „die gesetzmäßige Teilnahme der selbständigen Bürger an den Angelegenheiten des Staates". Die ostpreußischen Liberalen, unterstützt von der Adelsopposition, traten an die Spitze einer Verfassungsbewegung, die auf andere Provinzen (Rheinland, Westfalen, Schlesien) übergriff und zum Entsetzen der Regierung „süddeutsche Usancen" nachahmte: Petitionen, Adressen, Abgeordnetenfeste, Bürger- und Stadtverordnetenversammlungen, Vereinsgründungen nach dem Muster der Königsberger „Bürgergesellschaft". Die bald wieder einsetzende staatliche Oppositionsbekämpfung konnte wenig dagegen ausrichten. Nichts stärkte wirksamer die Popularität Jacobys als seine Verfolgung durch Polizei und Prozesse.

Das Fehlen von Parlamentarismus und Repräsentation trug mit

dazu bei, daß sich die politische Opposition in Preußen richtungsmäßig stark auffächerte. Gerade die kritische Intelligenz, die zu den ständischen Interessenvertretungen der Provinziallandtage kaum Zugang hatte, trug ihre Kontroversen in literarischen, philosophischen sowie kirchlich-theologischen Zirkeln und „Schulen" aus, die sich nicht selten auch untereinander befehdeten und den stark weltanschaulich geprägten „Parteikampf" schürten. Die Schriftsteller des „Jungen Deutschland" und die nationaldemokratischen Oppositionslyriker fanden in Literatur und Dichtung ein Medium für ihr politisches Engagement. Die Linkshegelianer mit ihren verschiedenen religions- und gesellschaftskritischen Richtungen bis hin zu sozialistischen und kommunistischen Strömungen bildeten den Mittelpunkt des „intellektuellen Radikalismus". Bis 1843, bis zur erneuten Verschärfung der Zensur, konnten Publikationsorgane erscheinen wie die von Karl Marx redigierte „Rheinische Zeitung" oder die „Halleschen (später: Deutschen) Jahrbücher" Arnold Ruges, die sich von der „Ohnmacht eines halben Liberalismus" süddeutscher Provenienz absetzten.

Preußen als Mittelpunkt des intellektuellen Radikalismus

Neben den literarisch-philosophischen Gruppen und Schulen boten die Kirchen ein Forum für politische Diskussionen. Das Eindringen der Richtungskämpfe in den kirchlichen Bereich zeigt, welche Bedeutung dem kirchlich-religiösen Leben noch immer zukam. Die Anhänger des „liberalen Protestantismus" opponierten gegen die streng kirchliche Orthodoxie, die neupietistische Erweckungsbewegung und die konservative Ideologie des „christlichen Staates". Mit der Forderung nach einer „konstitutionellen Kirchenverfassung" verteidigten sie Synoden, Presbyterien und freie Gemeinden. Weiter links formierten sich die dissidierenden religiösen Bewegungen der protestantischen Lichtfreunde und der Deutschkatholiken, die sich für die „Gemeindedemokratie" und eine deutsche Nationalkirche einsetzten. Die wachsende Ungeduld der preußischen Linken spiegelt sich in den Worten, mit denen der jungdeutsche Schriftsteller und Junghegelianer Robert Prutz gegen den Ersatz der politischen durch die religiöse Opposition polemisierte: „Wir diskutieren über die Dreieinigkeit, erörtern die Glaubwürdigkeit des Evangelisten Lukas und schreiben dicke Bücher darüber, ob der Weg in den Himmel links geht oder rechts... Politisch streiten wir, auch indem wir lichtfreundliche und pietistische und deutschkatholische Versammlungen halten: Warum nicht auch die Politik treiben als Politik?"

Richtungskämpfe in der preußisch-protestantischen Kirche

Von weitreichender Bedeutung war die Opposition der katholischen Kirche gegen den preußischen Staat. Im Kölner Kirchenkon-

4. Innere Nationsbildung

flikt über die Mischehenfrage, der 1837 auf seinem Höhepunkt zur Verhaftung des Kölner Erzbischofs führte, erreichten die ultramontan-konservativen Kräfte, unterstützt vom Münchner Görres-Kreis, unter Einsatz von Presse und Publizistik einen großen Mobilitätserfolg und die Solidarisierung der deutschen Katholiken. Die Beilegung des Konflikts durch Friedrich Wilhelm IV. änderte nichts mehr daran, daß sich katholische Abgeordnete in Preußen wie in den süddeutschen Staaten weiterhin für die „Kirchenfreiheit" engagierten. In der Folgezeit befestigte das aufblühende kirchliche Vereinswesen den Zusammenhalt des politischen Katholizismus. Die Erneuerung der Volksfrömmigkeit, wie sie 1844 auf der Massenwallfahrt zum „Heiligen Rock" in Trier besonders eindrucksvoll zum Ausdruck kam, stärkte den „Ultramontanismus", der sich ungeachtet der von dem Breslauer Kaplan Johannes Ronge gegründeten Protestbewegung der Deutschkatholiken nun mehrheitlich durchsetzen konnte.

<small>Kölner Kirchenstreit und politischer Katholizismus</small>

Die Konkurrenz der „Katholiken" und der „Radikalen" blieb nicht ohne Auswirkung auf die politische Haltung insbesondere der rheinischen Liberalen, die sich mehr und mehr als großbürgerliche Interessenvertretung profilierten. In enger Verbindung mit den Handelskammern trat auf dem rheinischen Provinziallandtag jene Gruppe von Kaufleuten und Frühunternehmern hervor, die erstmals eine sehr enge Verbindung zwischen Politik und Wirtschaft herstellte: der Krefelder Kaufmann Hermann von Beckerath, die Kölner Bankiers Ludolf Camphausen und Gustav Mevissen, der Aachener Textilkaufmann David Hansemann. Pragmatisch und zu Kompromissen bereit, akzeptierten sie die ständische Gliederung der Landtagsvertretung anstelle der „Kopfzahlrepräsentation", vorausgesetzt, daß sie, wie es Hansemann 1845 vor dem Düsseldorfer Landtag erklärte, „im richtigen Verhältnis der Fähigkeit und Kraft der verschiedenen Stände" stattfinde, denn nur dann, d.h. im Bündnis mit dem sozial und wirtschaftlich erstarkenden Besitzbürgertum, könne die Monarchie ihre „Macht steigern und den Umsturz verhindern". Noch deutlicher wurde der Historiker Heinrich von Sybel, der bis 1846 als Dozent an der Bonner Universität lehrte, in seiner Schrift: „Die Parteien im Rheinlande". Sybel beobachtete einen doppelten Konkurrenzdruck: zum einen habe die katholische Partei „in den mittleren Kreisen des Bürgerstandes" Fuß gefaßt; zum anderen bestehe die Gefahr, daß die Liberalen durch die Distanzierung „von demokratischer Begeisterung oder kosmopolitischer Speculation" ihren emanzipatorischen Anspruch an „Demokraten"

<small>Profilierung des großbürgerlichen rheinischen Liberalismus</small>

und „Sozialisten" verlieren könnten. Die Chance bestand aus Sybels Sicht für die Liberalen darin, sich der preußischen Reformregierung als Bündnispartner zu empfehlen und die Rolle der ministeriellen „Partei" zu übernehmen.

Der Immobilismus der Bürokratie und vor allem der Widerstand des Königs durchkreuzten solche Pläne. Die Rheinländer neigten zwar zur Kooperation und Vereinbarungspolitik, aber sie lehnten dann doch mit der Mehrheit der Abgeordneten auf dem „Vereinigten Landtag" von 1847 die Finanzvorlagen der Regierung, einschließlich der Ostbahnanleihe, ab, um weitere konstitutionelle Zugeständnisse, so vor allem die Periodizität des Landtags und die Erweiterung seiner Befugnisse, zu erzwingen. Der Anstoß zur gesamtdeutschen Koordination der oppositionellen Kräfte ging vor allem vom südwestdeutschen Liberalismus aus. Noch während des „Vereinigten Landtags" erhielten Beckerath, Hansemann und Camphausen von Gervinus aus Heidelberg das Angebot, die soeben gegründete „Deutsche Zeitung" zum „Organ der preußischen konstitutionellen Opposition" zu machen. Schon seit längerem war es üblich geworden, die einzelstaatlichen Verfassungskämpfe länderübergreifend publik zu machen, soweit dies die Zensur zuließ. So berichtete die badische Presse ausführlich über die Verfolgungen und „Justizverbrechen" unter dem du Thilschen „System" in Hessen-Darmstadt. Eine mehrfach aufgelegte Dokumentarveröffentlichung schilderte den Fall des im Gefängnis zum Selbstmord getriebenen Pfarrers Weidig, der gemeinsam mit Georg Büchner, dem die Flucht ins Exil gelang, 1834 die sozialkritische Flugschrift „Der Hessische Landbote" verfaßt hatte. 1837 erregte der Protest der Göttinger Sieben gegen den Verfassungsbruch in Hannover die gesamte politische Öffentlichkeit Deutschlands. Friedrich Wilhelm IV. verdankte sein nationales Ansehen nicht zuletzt seiner Bereitschaft, drei der amtsenthobenen Göttinger Professoren, nämlich Dahlmann nach Bonn und die beiden Brüder Grimm nach Berlin zu berufen.

Neben der Presse sorgten die verbesserten Reisemöglichkeiten für eine Verdichtung des Kommunikationsnetzes. Die Koryphäen des süd- und norddeutschen Liberalismus lernten sich persönlich kennen, z. B. auf Rundreisen, die Welcker bis nach Hamburg und Berlin führten, wo ihm zu Ehren Kundgebungen stattfanden. Zum wichtigsten Treffpunkt entwickelte sich der Hallgarten-Kreis um den badischen Abgeordneten Adam von Itzstein, ein Führungszirkel der südwestdeutschen Liberalen, zu dem Robert Blum aus Sach-

Verstärkte Politisierung in den Verfassungsstaaten

sen ebenso eingeladen wurde wie Johann Jacoby aus dem fernen Königsberg.

Mit der massenhaften Ausdehnung des Vereinswesens erweiterte sich zugleich die organisierte soziale Basis der liberalen und nationalen Bewegung. In den zahlreichen Sänger- und Turnvereinen war auch und vor allem das mittlere und kleine Bürgertum vertreten. Handwerker und kleine Kaufleute stellten das Gros der Mitglieder. Dem Vorsitzenden des Schwäbischen Sängerbundes erschien deshalb der Gesang „als Band, das alle Klassen des Volkes umschlang". Und der Herausgeber der „Rheinischen Turnhalle" meinte, daß die Turnvereine „den Kern des Volkes in sich haben" und „in ihrem Wesen das Bürgertum repräsentieren"; sie hätten sich „bedeutungsvoll zwischen Aristokratie und Proletariat gestellt", aber „weder nach oben oder nach unten abgeschlossen". „Wachsen sie," fügte er optimistisch hinzu, „so verkleinern sich die beiden Schichten, welche außerhalb (von) ihnen liegen, und das Resultat dieses Prozesses wird notwendig ein einiges starkes Staatsbürgertum sein." Mit dem Durchbruch des Nationalismus zum Massenphänomen schien sich die so oft beschworene gemeinbürgerliche Zukunftsperspektive zu erfüllen.

<small>Nationale Massenbewegung der Turner und Sänger</small>

Die großen Turnfeste und die „allgemein-deutschen" Sängerfeste erweckten den Eindruck geschlossener Reihen. Mit über tausend aktiven Teilnehmern, die mit den neuen Verkehrsmitteln der Eisenbahn und der Dampfschiffahrt – dank der Ausgabe von Freibillets meist kostenlos – anreisten, demonstrierten solche Treffen sinnfällig die Überwindung des Lokalismus und des territorialstaatlichen Partikularismus. Die Nation rückte nicht nur im übertragenen Sinne enger zusammen. 1847 zählte die Sängerbewegung mit Schwerpunkt im deutschen Südwesten ca. 1100 Vereine und mindestens 100 000 aktive Mitglieder; die Turnbewegung umfaßte etwa 300 Vereine mit 80 000–90 000 Turnern. Auch wenn das Bedürfnis nach Geselligkeit und Unterhaltung eine große Rolle spielte, so sorgten doch vor allem die Turner und Sänger für die Verbreitung der nationalen Freiheitslieder der politischen Lyrik. Beim Besuch Welckers in Hamburg begrüßte ihn z. B. die dortige Liedertafel mit dem Deutschlandlied Hoffmanns von Fallersleben, dessen Text dem prominenten Gast anschließend im schwarz-rot-goldenen Umschlag feierlich überreicht wurde. Das besonders beliebte Schleswig-Holstein-Lied riß auf dem Sängerfest in Würzburg, dem Pressebericht zufolge, das Publikum zur Begeisterung hin: „Als die Schleswiger ihr: ‚Wanke nicht, mein Vaterland!', dessen Verfasser, Hr. Chemnitz, hier anwesend ist, vollendet hatten, donnerten die Kanonen, erhob sich ein ungeheurer Beifallssturm, die Hüte wurden geschwenkt, und man sah es deutlich, aus Aller Herzen sprach die Sympathie für die teueren Brüder im Norden!"

Überlokale Zusammenschlüsse im Berufsvereins- und Interessenverbandswesen

Wie die Sänger- und Turnbewegung, so folgten die diversen Berufsvereine und das in den vierziger Jahren aufblühende Interessenverbandswesen dem Trend zum überlokalen und teilweise zum länderübergreifenden „nationalen" Zusammenschluß. Schon früh organisierten sich einzelne Berufsgruppen der Akademiker, so 1822 der „Verein deutscher Naturforscher und Ärzte" oder 1838 der „Verein Deutscher Philologen und Schulmänner". Gesamtdeutsche Gelehrtentreffen wie die in der Öffentlichkeit vielbeachteten „Germanistentage" von 1846 und 1847 widmeten sich nationalpolitischen Anliegen, auch und vor allem der Schleswig-Holstein-Frage. In Leipzig fand 1845 ein deutsches Schriftstellertreffen statt.

Für die Entwicklung zu Berufs- und Fachverbänden auf Länderebene bietet Württemberg ein gutes Beispiel. Bereits 1830 organisierten sich ca. 250 Kaufleute und Fabrikanten im württembergischen Gewerbeverein; 1831 folgten die Ärzte, 1839 die Volks- und Realschullehrer, im gleichen Jahr die Forstwirte, 1841 die „Manufacturiers", 1842 die Architekten und 1844 die Rechtsanwälte.

Der Zollverein und die „national-ökonomischen" Integrationsbestrebungen förderten die Entwicklung des Interessenverbandswesens. Wie im Südwesten so gründeten im Rheinland und in Sachsen Frühunternehmer der Textil- und Montanindustrie „Fabrikantenvereine". Daneben bildeten sich zum Zweck zollpolitischer Einflußnahme die ersten Branchenverbände der Rübenzuckerproduzenten und der Baumwollfabrikanten. Auch die schon bestehenden staatsnahen Gewerbe- und Industrievereine, insbesondere die rheinischen Handelskammern, ergriffen mehr und mehr eigene Initiativen. Zwar scheiterte der Versuch, nach dem schon legendären Vorbild des 1819 von List inaugurierten, kurzlebigen „Deutschen Handels- und Gewerbevereins" einen „Allgemeinen Deutschen Industrieverein" ins Leben zu rufen; aber dies gelang dann um so erfolgreicher der Schutzzollbewegung im Revolutionsjahr 1848 mit der Gründung des „Allgemeinen Vereins zum Schutze vaterländischer Arbeit", der dem Volkswirtschaftlichen Ausschuß der Frankfurter Nationalversammlung nicht weniger als 3700 Petitionen mit fast 400 000 Unterschriften einreichte. Die Indienstnahme der „vaterländischen" Schutzzollidee liefert auf ihre Weise ein Beispiel dafür, welche Zugkraft der nationalen Parole zugetraut wurde.

4. Innere Nationsbildung

Die Vielfalt des Vereinswesens zeigte sich vor Ort auf der kommunalen Ebene, wo es nahezu alle Bereiche des städtischen Lebens durchdrang. Das Rotteck-Welckersche Lexikon stellte bereits 1840 fest, daß inzwischen auch in den kleinsten Städten Bürgervereine anzutreffen seien. Das bundesgesetzliche Verbot politischer Vereine konnte den Siegeszug der „freien Assoziation" zu geselligen, kulturellen, wirtschaftlichen, beruflichen und wohltätigen, d. h. zu scheinbar unpolitischen Zwecken nicht mehr aufhalten. Häufig bildeten die geselligen Casino- oder Museumsgesellschaften die Keimzelle. Die dort verkehrenden Honoratioren initiierten weitere Vereinsgründungen. So entstanden Musik-, Kunst-, Lese- und andere Kulturzirkel, Sänger- und Turnvereine, Schul- und Bildungsvereine, Denkmalsvereine, Geschichtsvereine, Wohltätigkeitsvereine, Versicherungs- und Sparvereine, kirchliche Vereine, berufliche Vereine, Handwerker-, Gesellen- und Arbeitervereine.

Vereinskultur und „bürgerliche Gesellschaft"

Vereinsaktivität wurde zum Kennzeichen für den „echten Bürgersinn", der mit liberaler „Gesinnung" gleichgesetzt wurde. Die Vereinskultur schuf ein Netzwerk sozialer und auch politisch nützlicher Beziehungen, das die traditionellen ständisch-korporativen Bindungen ablöste und verschiedene Schichten des Bürgertums zusammenführte. Die „bürgerliche Gesellschaft" entfaltete sich „als Gesellschaft der Vereine und Organisationen" (TH. NIPPERDEY).

Im Revolutionsjahr 1848 zahlten sich die Organisationserfahrungen aus, die das vormärzliche Vereinswesen vermittelt hatte. Es prägte an der Basis einen „neuen Elitetypus", „der über seine organisierten sozialen Beziehungen sich selbst und seine soziale Stellung immer wieder bestätigt und damit politische und soziale Identität gewinnt. Als politisch handelnder Mensch und Wirtschaftsbürger ist er Mitglied im Handwerker- und im Demokratischen Verein, als musisch Bewegter singt er im Liederkranz und sucht im ‚Wammes-Verein' Unterhaltung und Entspannung; seine Frau ist im ‚Verein zur Erziehung verwahrloster Kinder', seine Tochter stickt im Jungfrauenverein an der Bürgerfahne, und er demonstriert sein soziales Verantwortungsgefühl im ‚Verein zur Unterstützung brotloser Arbeiter'; 1849 schließlich wird er in den Gemeinderat gewählt" (C. LIPP).

Für den Führungsanspruch der Liberalen besaß freilich die soziale Öffnung des expandierenden Vereinswesens bis hin zur Organisation auch der sozialen Unterschichten in Volks- und Arbeitervereinen eine Kehrseite, die im Vertrauen auf den „mächtigen Geist der Assoziation" zwar hingenommen, aber doch nicht ohne Vorbe-

Trennlinien zwischen liberaler und demokratischer Opposition auch in Süddeutschland

halte betrachtet wurde. Mehr und mehr verdrängten die „neuen Volksmänner", die dezidiert demokratisch-egalitäre Positionen einnahmen, das bisher vorherrschende Honoratiorenprinzip. Die Gewißheit, daß die Vorhut des neuen, durch Leistung und Intelligenz aufgestiegenen Bürgertums dazu berufen sei, den „vernünftigen Gesamtwillen" zu ermitteln und das unteilbare Gesamtinteresse des Volkes zu repräsentieren, geriet ins Wanken. Im Presse- und Vereinswesen meldeten sich die Kritiker zu Wort, die in der Lösung der „sozialen Frage" das Kernproblem sahen und mit der Beteiligung breiterer Volksschichten am politischen Leben hierfür die Voraussetzung schaffen wollten. Sie kamen häufig aus den Reihen der Ärzte und Advokaten, die aus der Berufspraxis mit den sozialen Nöten ihrer Klientel vertraut waren. Oder sie lebten als Journalisten, Privatdozenten oder Volksschullehrer selber in ungesicherten Verhältnissen. Auch im konstitutionellen Süden zeichneten sich somit schärfer als in den 30er Jahren die Trennlinien zwischen liberaler und demokratischer Opposition ab, obgleich die gemeinsame Frontstellung in den politischen Verfassungskämpfen vorerst noch die Risse überdeckte.

Pionierrolle des badischen Kammerliberalismus

Eine besondere Popularität behielt die Zweite badische Kammer, zumal seit dem großen liberalen Wahlerfolg von 1842 – nur ein Mandat fehlte den Liberalen damals zur absoluten Mehrheit. Die hochangesehenen und weit über die Grenzen des kleinen Landes hinaus bekannten Wortführer der Kammermajorität zählten noch durchweg zur politischen Linken, und weder Itzstein noch Welcker oder Bassermann standen im Verdacht, den „halben" Liberalen der „gemäßigten" Opposition anzugehören. Noch einmal schien sich in Baden die beispielgebende Chance zu eröffnen, den Konstitutionalismus aus den Fesseln des „monarchischen Prinzips" zu befreien. Zum ersten Mal in der Geschichte des deutschen Parlamentarismus stellte eine Kammermehrheit 1841 einen Mißtrauensantrag, den die hochkonservative Regierung Blittersdorff mit der vorzeitigen Landtagsauflösung und dem Appell ans Wahlvolk beantwortete. Der mit Dankadressen und Abgeordnetenfesten vielumjubelte liberale Wahlsieg bestätigte den Legitimitätsverlust der Regierung und den Durchbruch der parlamentarischen Opposition. Zwar dauerte es noch eine Zeitlang, bis sich Blittersdorff Ende 1843 aus der badischen Innenpolitik zurückzog, und erst 1846, nach wiederholten Landtagsauflösungen, berief der zögernde Großherzog aus den Reihen der liberalen Opposition den bisherigen Parlamentspräsidenten Johann Baptist Bekk an die Spitze des Innenministeriums. Dennoch: Der Beweis schien erbracht, daß sich eine Regierung gegen den erklärten Mehrheitswillen der Kammer auf Dauer nicht behaupten konnte und über kurz oder lang mit ihrem Rücktritt zu rechnen sei. Es entsprach dem gesteigerten Selbstbewußtsein der Liberalen, daß sie nunmehr wie selbstverständlich annahmen, ein solcher Kurswechsel bedeute zugleich den Übergang zur parlamentarischen Regierungsform. 1846 vertrat Welcker im Artikel „Staatsverfassung" des Staatslexikons die inzwischen weit verbreitete Ansicht, daß Recht, Freiheit und Interessen des Volkes dann am besten gewahrt würden, wenn die Volksvertretung wie an der Gesetzgebung so auch an der Staatsverwaltung Anteil habe und „ein Bestandteil der Regierung selbst" werde. Die Deutschen, so lautete seine Prognose, „werden auch noch zu der englischen Einsicht gelangen und bald. Nur die Art und Weise wie die Erkenntnis zum allgemeinen Durchbruch kommt, nur diese ist ungewiß."

Das Wiedererstarken der parlamentarischen Opposition auch in anderen Verfassungsstaaten wirkte ermutigend, obgleich nirgendwo so günstige Mehrheitsverhältnisse wie in der badischen Kammer anzutreffen waren. In Württemberg kehrten 1844 mit Uhland, Schott, Pfizer und Römer, in Hessen-Darmstadt 1846 mit Heinrich von Gagern die Vorkämpfer des Liberalismus in den Landtag zurück, wo sie und ihre Anhänger etwa über ein Drittel der Mandate verfügten. In Bayern wuchsen die liberal-protestantischen Widerstände insbesondere der pfälzischen und fränkischen Abgeordneten gegen den Reaktionskurs der Regierung, die bis zu ihrem Sturz 1846 von dem katholisch-konservativen Ministerpräsidenten Abel angeführt wurde, während gleichzeitig die allgemeine Empörung über das Willkürregime des in die Lola-Montez-Affäre verwickelten Königs für das Ansehen der Monarchie bedrohliche Ausmaße annahm. In den nord- und mitteldeutschen Staaten stimulierte 1837 der Verfassungsbruch in Hannover das oppositionelle Engagement. In Sachsen wich der bisher übliche Reformkonsens zwischen Regierung und Landtag im Stil des „bürokratischen Liberalismus" der Formierung einer Kammeropposition mit breitem popularem Anhang, dessen Mobilisierung nicht zuletzt dem volkstümlichen Demokraten Robert Blum und seinem unermüdlichen Einsatz im Presse- und Vereinswesen zu verdanken war. Der Ruf nach dem „wahren" Konstitutionalismus fand vor allem dann einen massenwirksamen Widerhall, wenn er sich wie in den sächsischen Wahlkämpfen auf einprägsame und integrationsfähige Kernforderungen konzentrierte: Pressefreiheit, Schwurgerichte, öffentliches

Erfolge der parlamentarischen Opposition in den anderen Verfassungsstaaten

und mündliches Gerichtsverfahren, Milizsystem und – ein spezielles Anliegen der sächsischen wie der badischen Demokraten – Anerkennung des Deutschkatholizismus. Auch in Württemberg hatten die Liberalen ihr Wählerpotential noch keineswegs ausgeschöpft. In vielen ländlichen Wahlkreisen waren gar keine Bewerber ihrer Richtung angetreten, so daß es der Regierung überlassen blieb, Wähler und Wahlmänner in ihrem Sinne zu beeinflussen. „Die Wähler", so schilderte Römer vor dem Landtagsplenum die massive Behinderung der Wahlfreiheit, „werden am Wahltag zusammengerufen, in eine Schar eingereiht und ... unter Aufsicht von Landjägern(!), gleich einer Herde von Schafen, in die Amtsstadt getrieben, um dort ihre Stimme abzugeben." Unter diesen Umständen war es immerhin beachtlich, daß die Liberalen 1844 in den 33 umkämpften Wahlbezirken nur in sieben Fällen den gouvernementalen Kandidaten unterlagen. Wie ein Wahlkreis mit den neuen Mitteln der Wählerwerbung erobert werden konnte, demonstrierte bei den Nachwahlen in Tuttlingen Robert von Mohl, der soeben im Kampf gegen die Bürokratie auf seine Tübinger Professur verzichtet hatte. Nachdem er sich zweimal vergeblich um ein Mandat auf Honoratiorenart beworben hatte, bereiste er nunmehr „als Frontkämpfer im Wahlkampf" (H. BRANDT) acht Tage lang seinen Bezirk, hielt Reden in Gasthäusern, sprach mit den Kaufleuten, warb um die Unterstützung der Katholiken und pflegte durch Hausbesuche direkte Kontakte zu den Wahlmännern. Er habe, hieß es im Bericht des Ministeriums, „große Volkstümlichkeit und Cordialität" an den Tag gelegt. Diesmal wurde sein Gegenkandidat, der Vorsteher des Amtsortes, besiegt.

Deutsch-österreichischer Liberalismus

Erstmals regten sich in den vierziger Jahren konstitutionelle Bestrebungen auch unter den Deutsch-Österreichern, die bisher durch harte Zensur und polizeistaatliche Überwachung fast völlig vom übrigen Deutschland abgeschnitten waren. In der niederösterreichischen Ständeversammlung profilierte sich eine kleine Gruppe von liberalen Abgeordneten um Anton von Schmerling und Victor von Andrian; eine oppositionelle Publizistik, die meist anonym in Hamburg und Sachsen gedruckt oder aus der Emigration eingeschleust wurde, suchte den Anschluß an die liberale Bewegung; im Vereinswesen schuf der 1842 in Wien gegründete „Juridisch-politische Leseverein" ein Zentrum liberaler Meinungsbildung. Leicht fiel es freilich nicht, die jahrzehntelange Isolierung zu überwinden. Durch ihre Absonderung von den wirtschaftlichen und kulturellen Austauschbeziehungen zwischen Preußen und dem Dritten

4. Innere Nationsbildung

Deutschland hatten die Österreicher kaum Anteil am Prozeß der inneren Nationsbildung. Es fehlten die Wirtschaftskontakte, die der Zollverein intensivierte, und die soziokulturellen Verbindungen, die durch gesamtdeutsche Gelehrtentreffen, wissenschaftliche Kongresse, Berufsverbände und vor allem durch die Universitäten vermittelt wurden. Seit 1825 durften „Ausländer" nicht mehr in Wien und seit 1829 Österreicher nicht mehr an außerösterreichischen Universitäten studieren, eine der Schutzmaßnahmen, mit denen Metternich die Einflüsse nationaler und liberaler Ideologien vom habsburgischen Vielvölkerstaat fernzuhalten versuchte.

Das wichtigste Ziel, das über alle regionalen Disparitäten hinweg die oppositionellen Kräfte bündelte und die Streitpunkte zwischen Liberalen und Demokraten überwölbte, blieb die Schaffung der „Nationaleinheit". 1844 wiederholte Friedrich Daniel Bassermann vor dem badischen Landtag den Welckerschen Antrag von 1831 auf Errichtung einer Volksvertretung beim Deutschen Bund. In seiner überall von der Presse zitierten Rede war nichts mehr zu spüren von der vorsichtigen Zurückhaltung, mit der zu Beginn der 30er Jahre Rotteck und Welcker die Bundeskompetenz noch respektiert und vor dem revolutionären Sprengsatz der nationalen Frage gewarnt hatten. Die Berufung eines deutschen Parlaments wurde nunmehr mit deutlich drohendem Unterton an die Adresse der Fürsten als das „einzige Mittel" dargestellt, um zu verhindern, daß „erst die Not das Gute bringen muß".

<small>Fortdauernde Integrationskraft der nationalen Idee</small>

Die Hochburg der Befürworter des parlamentarischen Nationalstaats lag weiterhin im konstitutionellen Deutschland, dem Kerngebiet der liberalen und nationalen Bewegung. Schon am Vorabend der Revolution traten jedoch zwei folgenreiche Veränderungen ein, die das Programm der badischen Liberalen noch einmal erheblich modifizierten.

<small>Ursachen der parteimäßigen Aufspaltung des Gesamtliberalismus</small>

Zum einen hatte die Zusammenarbeit mit den Rheinpreußen Rückwirkungen auf das Verhältnis zu den Demokraten. 1846/47 intensivierten sich die Kontakte bis hin zum Gemeinschaftsunternehmen der „Deutschen Zeitung", die jedoch unter dem Einfluß Hansemanns und in Übereinkunft mit der Heidelberger Professorengruppe um Gervinus (einer der Göttinger Sieben), der das Blatt redaktionell leitete, den Charakter eines Parteiorgans annahm. Ganz anders, als es beim „Staatslexikon", dem Grundbuch des süd- und südwestdeutschen Liberalismus, üblich gewesen war, wurden von vornherein Demokraten und Radikale von der Mitarbeit ausgeschlossen. Im Ehrenrat der Zeitung saßen u. a. auch Vertreter des schlesischen und ostpreußischen „Gutsbesitzerliberalismus", die eher nach rechts neigten, während auffallenderweise niemand aus dem liberaldemokratischen Jacoby-Kreis der engeren oder erweiterten Redaktion angehörte. Die „Deutsche Zeitung", erklärtermaßen das Presseorgan der „konstitutionellen Partei von ganz Deutschland", förderte somit nicht etwa, wie ursprünglich geplant, die Einheit der Opposition, sondern ihre parteimäßige Aufspaltung. Sie provozierte mit wirtschaftsliberalen Artikeln sehr rasch ihre Kritiker, die gegen den „Bourgeois-Liberalismus" und die „Geldsäcke" der „Professorenzeitung" zu Felde zogen.

Zum anderen fielen die heftigen Attacken der Demokraten, die sich nun wie Hecker und Struve in Baden oder Robert Blum in Sachsen offen zum „Radikalismus" bekannten, nicht von ungefähr in die Zeit der schweren Agrar- und Gewerbekrise von 1846/47, die jäh den ökonomischen Aufschwung unterbrach. Schon im Sommer 1844 setzte der große Weberaufstand in den schlesischen Textildörfern ein Signal. Seitdem riß die Welle der Hungerrevolten und Teuerungsunruhen nicht mehr ab und erreichte im Krisenhalbjahr 1846/47 ihren Höhepunkt. Die vorausgegangenen Mißernten und die Rezession der gewerblich-industriellen Wirtschaft verschärften kraß die vormärzlichen Pauperismus- und Übervölkerungsprobleme, die sich aus sozialkritischer Sicht nicht länger als bloß vorübergehende Begleiterscheinungen des ökonomischen Fortschritts abtun ließen. Angesichts der nicht etwa abnehmenden, sondern rapide anwachsenden sozialen und ökonomischen Gegensätze verlor die mittelständisch-gemeinbürgerlich orientierte Zukunftserwartung des Frühliberalismus ihren Realitätsgehalt. Es wurde unübersehbar, „daß die Entwicklung in eine ganz andere Richtung lief und nicht die klassenlose Bürgergesellschaft, sondern, zunächst jedenfalls, immer ausgeprägter eine bürgerliche Klassengesellschaft freisetzte" (L. GALL).

Am Vorabend der Revolution überlagerte das Krisenbewußtsein den Fortschritts- und Wohlstandsoptimismus. Doch gerade deshalb und vor dem Hintergrund der häufig beschworenen Alternative „Reform oder Revolution" prognostizierten nicht wenige Zeitgenossen, daß die parlamentarische Machtübernahme der Liberalen, die ähnlich wie 1830/31 in eine vermittelnde Schlüsselposition einrückten, nahe bevorstehe. Sie schien sich in Baden mit der Berufung Bekks bereits abzuzeichnen, und in Preußen verbreitete sich die (irrige) Ansicht, daß die Regierung mit ihrer Niederlage auf dem „Vereinigten Landtag" finanziell am Ende sei. Die preußischen

Konservativen dachten über die Notwendigkeit nach, sich dem konstitutionellen System anzupassen und ihrerseits eine Partei zu bilden, um die liberale Konkurrenz abzuwehren; die sozialistisch beeinflußte Linke prophezeite bereits die „bourgeoise Klassenherrschaft"; in katholischen wie konservativen Kreisen kursierte, wie Sybel über das Rheinland zu berichten wußte, das Schlagwort von der drohenden „Kapitalistenrepublik". Aber auch bei den Demokraten wuchs die Enttäuschung über die Verteidiger des bürgerlich-liberalen Konstitutionalismus, die ausgerechnet dort, wo sie den Minister stellten, nolens volens vorsichtig taktierten und eine Strategie des „alles oder nichts" ablehnten. In der badischen Kammer entfachte Hecker als Landtagsabgeordneter, journalistisch unterstützt von Struve, den Streit über die Budget- und Steuerverweigerung; und in Sachsen stellte Robert Blum erbittert fest, daß alle Bemühungen um eine Mehrheitsbildung in der Kammer keinen Schritt weitergeführt hätten: „Eine Kammermajorität ist das ohnmächtigste, bedeutungsloseste Ding von der Welt."

In dieser Situation lieferte der Zusammenschluß der badischen mit den preußischen Liberalen, mit der Gruppe um Hansemann, der wie kaum ein anderer den „bourgeoisen" Wirtschaftsliberalismus verkörperte, der verfassungspolitisch für ein hartes Zensuswahlrecht und nationalpolitisch für den Ausbau des Zollvereins unter preußischer Führung eintrat, den letzten Anstoß für die programmatische und manchenorts auch organisatorische Trennung der süd- und südwestdeutschen Demokraten von den „Konstitutionellen". In den größeren Städten driftete das Vereinswesen nach links ab. Nicht mehr die konstitutionelle oder die parlamentarische, sondern die „demokratische Monarchie" (Julius Fröbel) mit dem Fernziel der Republik und auf der Basis des allgemeinen und gleichen Wahlrechts stand jetzt zur Debatte. Dabei wurde die politische Demokratie mit der „Social-Demokratie" identifiziert, sollte die konsequente Durchsetzung der Volkssouveränität und der politischen Gleichheitsrechte zugleich dazu dienen, die besitz- und bildungsbürgerlichen Privilegien abzubauen und die soziale Frage zu lösen. In der Diskussion über die Staatsform blieb allerdings selbst Struve kompromißbereit. Man könne schon zufrieden sein, meinte er noch 1847, wenn die vorbildliche badische Verfassung endlich nach ihrem wahren Gehalt verwirklicht und auf ganz Deutschland übertragen werde.

Trennung der Demokraten von den „Konstitutionellen"

Auf der öffentlichen Kundgebung in Offenburg mit 500–600 Teilnehmern verabschiedeten die südwestdeutschen Demokraten

Offenburger Versammlung

unter Leitung von Hecker und Struve am 12. September 1847 die „13 Forderungen des Volkes", die sich vor allem im gesellschaftspolitischen Teil von bürgerlich-liberalen Positionen abgrenzten. Das Offenburger Programm vermied es, die Republik oder das allgemeine Wahlrecht beim Namen zu nennen. Es umschrieb die „Selbstregierung des Volkes" auf der Grundlage politischer und persönlicher Freiheitsrechte, die auch zum Forderungskatalog der Liberalen zählten: Pressefreiheit, Gewissens- und Lehrfreiheit sowie Gleichberechtigung der Konfessionen; Vereins- und Versammlungsfreiheit, Freizügigkeit „auf dem Boden des deutschen Vaterlandes"; ein „frisches Gemeindeleben"; eine „volkstümliche Wehrverfassung"; öffentliches Gerichtsverfahren mit Schwurgerichten. Artikel 6 verlangte die „Vertretung des Volkes beim deutschen Bund": „Den Deutschen werde ein Vaterland und eine Stimme in dessen Angelegenheiten. Gerechtigkeit und Freiheit im Innern, eine feste Stellung dem Auslande gegenüber gebühren uns als Nation."

Die Brisanz lag in jenen Passagen, die nicht mehr von der politisch-sozialen Einheit der Bürger-Volksopposition ausgingen, sondern gegen die wirtschaftliche und bildungsmäßige Dominanz der bürgerlichen Führungsschicht gerichtet waren. Es müsse in Deutschland verhindert werden, erklärte Hecker in einer mitreißenden Rede, daß die „Bourgeoisie" wie in Frankreich zur Unterdrückerin des Volkes werde. Das Offenburger Programm forderte, eine progressive Einkommenssteuer einzuführen, „Bildung durch Unterricht allen gleich" zugänglich zu machen und, wie es Hecker noch recht vage formulierte, durch die „Ausgleichung des Mißverhältnisses zwischen Arbeit und Kapital" „die Arbeit zu heben und zu schützen".

Gegenversammlung in Heppenheim

Auf Initiative Hansemanns folgte am 9. und 10. Oktober die Gegenversammlung der „konstitutionellen Partei" in Heppenheim, ein Treffen, das anders als die Offenburger Kundgebung im kleinen Kreis von 18 Teilnehmern stattfand, unter ihnen: Welcker, Bassermann und Mathy aus Baden, Gagern aus Hessen-Darmstadt, Hergenhahn aus Nassau und Römer aus Württemberg. Auch der schon über 70jährige Adam von Itzstein war anwesend, um, wie er an Robert Blum schrieb, die Spaltung der liberalen Gesamtbewegung zu verhindern. Bassermann gab zuvor in einem Brief an Gagern dem Wunsch Ausdruck, daß es sich um „einen Anfang eines Deutschen Parlaments" handeln möge. Doch das Heppenheimer „Programm" bzw. der von Mathy verfaßte Verhandlungsbericht, den die „Deutsche Zeitung" veröffentlichte, trug dann sehr deutlich Hansemanns

Handschrift. Nationalpolitisch wurde die eher realisierbare Zollvereinslösung bevorzugt, die ein aus Landtags-„Notabeln" bestehendes Zollparlament und den potentiellen Beitritt der „österreichischen Bundesländer" vorsah. Die sozialen Probleme wurden vertagt. Sie sollten in einer Kommission beraten werden, die den Auftrag erhielt, „im nächsten Jahr" über das Steuerwesen und „die gerechte Verteilung der öffentlichen Lasten zur Erleichterung des kleinen Mittelstandes und der Arbeiter" zu berichten. Aus Hansemanns Sicht leistete ohnehin nicht der Mittelstandsschutz, sondern der raschere Ausbau der Industrie im Rahmen der wirtschaftlichen und nationalen Zolleinigung den besten Beitrag zur Lösung auch der sozialen Frage. Es entsprach der preußischen Perspektive und der stärkeren Betonung der Interessenpolitik, daß Hansemann zugleich die altliberalen Bedenken gegen die Parteibildung bzw. das Wunschbild von der höheren, unteilbaren Einheit der Nation über den sozialen Gegensätzen zu überwinden versuchte. Es gehe darum, schrieb er im Anschluß an das Heppenheimer Treffen an Beckerath, die „Fähigen der Nation" „von dem übergroßen Hoffen und Vertrauen" zu heilen, denn solange er sie nicht „wie eine politische Partei vereinigt sehe, mit kluger Taktik und konsequenter Entschiedenheit handelnd", bleibe seine Hoffnung auf die Zukunft der Nation gering.

Der Ausbruch der Revolution, die von Frankreich aus zuerst auf Baden und das Dritte Deutschland übergriff, überholte dieses „taktische" Konzept. Die Märzereignisse verschafften den süddeutschen Liberalen noch einmal die nicht von vornherein zum Scheitern verurteilte Chance, sich an die Spitze einer breiten nationaldemokratischen „Bewegung" zu stellen. *Initialzündung der französischen Februarrevolution*

5. Der Versuch der parlamentarisch-demokratischen Nationalstaatsgründung im Revolutionsjahr 1848/49

Vom Ergebnis her gesehen, siegte 1848/49 die Gegenrevolution, fiel die Entscheidung in Wien und Berlin, unterlag die revolutionäre Bewegung der Übermacht des militärisch-bürokratischen Staatsapparates. Es lassen sich viele Gründe anführen, warum die Revolution scheiterte. Zu den wichtigsten Ursachen neben der Stärke der gegenrevolutionären Kräfte zählt die Fülle der Probleme, die unter Zeitdruck kaum zu bewältigen waren. Die konstitutionelle, die na- *Unvermeidliches Scheitern der Revolution?*

tionale und die eng damit verknüpfte soziale Frage mußten gleichzeitig gelöst werden. Nicht minder schwierig war es, die Brüche und Spaltungen innerhalb des revolutionären Lagers zu überwinden. Trotzdem läßt sich die Frage stellen, welche politischen Leistungen und Erfolge, die weit über 1848/49 hinaus einen Maßstab für die Zukunft setzten, dennoch erbracht werden konnten.

Parlamentarische Legalisierung der Revolution in den Verfassungsstaaten

Der große Anfangssieg der Märzrevolution sprengte das frühkonstitutionelle System und wies den Weg zur parlamentarisch-demokratischen Nationalstaatsgründung. In den Verfassungsstaaten gelang es, die Basisrevolution zu kanalisieren und die politische Willensbildung zu organisieren. Presse, Flugblätter, Vereine, Petitionen und schlagwortartige Parolen lieferten die bereits eingeübten Mittel. Auch die allermeisten Demokraten lehnten die revolutionäre Gewalt in Erinnerung an die französische Terrorherrschaft von 1793/94 ab. Sie unterstützten, zunächst jedenfalls, gemeinsam mit den Liberalen die parlamentarische Legalisierung der Revolution.

„Märzforderungen" und „Märzereignisse"

Das im konstitutionellen Deutschland vielfach nachgeahmte Beispiel gab Baden. Die Mannheimer Petition, die am 27. Februar, drei Tage nach dem Sturz Louis Philippes und der Ausrufung der französischen Republik, von einer Bürgerversammlung unter dem Vorsitz Itzsteins beschlossen und von anderen Städten, wo ähnliche Versammlungen stattfanden, übernommen wurde, proklamierte die zentralen, bald überall in Deutschland erhobenen „Märzforderungen": Pressefreiheit, Volksbewaffnung, Schwurgerichte und ein deutsches Parlament. Die an die Kammer gerichtete Adresse enthielt auch bereits die später von den Republikanern bevorzugte Devise. Das „deutsche Volk", hieß es, habe ein Recht zu verlangen: „Wohlstand, Bildung und Freiheit für alle Klassen der Gesellschaft, ohne Unterschied der Geburt und des Standes". Die Übergabe der Petition an die Zweite badische Kammer wurde von einer großen Massendemonstration begleitet, zu der Hunderte von Teilnehmern aus allen Kreisen der Bevölkerung mit Eisenbahnfreikarten in die Residenzstadt kamen. Auch dies war zuvor auf der Mannheimer Versammlung beschlossen worden. Trotz der revolutionären Erregung, die sich besonders auf dem Lande, voran in den standesherrschaftlichen Gebieten, zu teilweise gewalttätigen Bauernaufständen steigerte, verlief die Karlsruher Demonstration vom 1. März weitgehend friedlich. Die Kammer akzeptierte und erweiterte die Märzforderungen: Verfassungseid des Heeres, Einrichtung eines Staatsgerichtshofes für Ministeranklagen, Beseitigung der noch bestehenden standes- und grundherrschaftlichen Feudalrechte. Welcker bean-

5. Parlamentarisch-demokratische Nationalstaatsgründung 1848/49

tragte, daß das Staatsministerium und die Stelle des badischen Bundestagsgesandten „nur mit Männern besetzt werden, welche das allgemeine Vertrauen des Volkes genießen". Er berief sich dabei auf den Grundsatz einer jeden „parlamentarischen Verfassung", wonach „die Regierungen durch die Mehrheit gebildet werden". Das war ein klares Plädoyer für die Parlamentarisierung des Regierungssystems.

Am 9. März, am selben Tag wie der württembergische König, konzedierte der badische Großherzog die Regierungsumbildung. Das liberale „Märzministerium" erhielt den Auftrag, die Märzforderungen umgehend zu erfüllen. Welcker wurde zum Bundestagsgesandten ernannt. Die Regierung erklärte, daß sie im Hinblick auf die dringend notwendige Reform der Bundesverfassung mit der Auffassung des Volkes und der Kammer übereinstimme. „Märzministerien"

Schon sehr früh fiel die wegweisende, von Liberalen wie Demokraten einmütig getroffene Entscheidung, eine Nationalvertretung zu errichten, und zwar – anders als noch im Bassermannschen Antrag vom 12. Februar in der badischen und beim Gagernschen Vorstoß vom 28. Februar in der hessischen Kammer – aus eigener Machtvollkommenheit. Die Heidelberger Versammlung der 51 meist süddeutschen Kammerabgeordneten, die von Hansemann bis Hecker ein breites politisches Spektrum aufwies, erklärte bereits am 5. März die Wahlen zu einem Nationalparlament für „unaufschiebbar". Sie beschloß einstimmig, „baldmöglichst eine vollständigere Versammlung von Vertrauensmännern aller deutschen Volksstämme", das sog. Vorparlament, einzuberufen, „um diese wichtigste Angelegenheit weiter zu beraten und dem Vaterlande wie den Regierungen ihre Mitwirkung anzubieten". Eine Siebenerkommission wurde beauftragt, „hinsichtlich der Wahl und der Einrichtungen einer angemessenen Nationalvertretung Vorschläge vorzubereiten und die Einladung zu einer Versammlung deutscher Männer schleunigst zu besorgen". Zur Verteidigung der höchsten Güter der Nation müsse zugleich das „Zusammenwirken aller deutschen Volksstämme mit ihren Regierungen" erstrebt werden, jedoch nur „solange auf diesem Wege Rettung noch möglich ist". Heidelberger Manifest: Bekenntnis zum Nationalparlament

Die drohende Sprache verrät wenig von dem gemäßigt-liberalen oder gar „antirevolutionären Charakter", den einige Historiker dem Heidelberger Manifest zuschreiben. Gewiß scheiterten die Pläne Heckers und Struves, die in Heidelberg offen die Republik forderten. Aber auch Hansemann und Gagern, die auf dem Weg diplomatischer Verhandlungen und „Vereinbarungen" voranzukommen hofften, konnten sich nicht durchsetzen. Am Ende bestand Übereinstimmung darüber, daß das aus Volkswahlen so rasch wie möglich hervorgehende Nationalparlament als der neue Souverän „einzig und allein", wie es später in den Beschlüssen des Frankfurter Vorparlaments hieß, dazu berechtigt sei, die alten Gewalten abzulösen und den Nationalstaat, den nationalen Verfassungsstaat, zu schaffen. Insofern bedeutete die Heidelberger Erklärung, wie es schon VEIT VALENTIN formuliert hat, „auch in der Frage der Neuorganisation Gesamtdeutschlands die völlige und entschlossene Revolution". Es mußte zu diesem Zeitpunkt, d.h. noch vor der Wende in Wien und Berlin, wie eine Kapitulation des Bundestages erscheinen, als am 10. März der Siebzehnerausschuß, dem ausschließlich prominente Liberale angehörten, eingesetzt und damit beauftragt wurde, an der „Revision der Bundesverfassung auf wahrhaft zeitgemäßer und nationaler Basis" mitzuwirken.

Vereinsmäßige Organisation der Märzbewegung

Gleichzeitig versuchten die Demokraten, die Märzbewegung vereinsmäßig zu organisieren und auf diese Weise den „Druck von unten" zu steigern. Dies traf anfangs noch nicht auf den Widerstand der Liberalen. Zu den Veranstaltern der badischen Volksversammlung am 19. März in Offenburg, an der etwa 20000 Demonstranten aus Stadt und Land teilnahmen, gehörten neben Hecker und Struve auch Welcker und Soiron sowie Itzstein, der allseits anerkannte Mann des Ausgleichs. Die Offenburger Resolution rief dazu auf, die bürokratischen und militärischen Machtpositionen zu brechen und in jeder Gemeinde sowie auf Bezirks-, Kreis- und Landesebene „vaterländische" Vereine zu gründen, die „für die Bewaffnung, die politische und soziale Bildung des Volkes sowie für die Verwirklichung aller seiner Rechte" Sorge tragen sollten. Andere Länder wurden aufgefordert, dem badischen Beispiel zu folgen. Im Großherzogtum Hessen bemühte sich der Mainzer Republikaner Zitz um die landesweite Bildung von „patriotischen Komitees"; in Sachsen widmete sich Robert Blum sehr erfolgreich dem Aufbau von Vaterlandsvereinen. In Württemberg veranstalteten Liberale und Demokraten gemeinsam die Göppinger Volksversammlung vom 26. März, die den vaterländischen Vereinen zusätzlich die Aufgabe übertrug, „bei allen öffentlichen Wahlen" tätig zu werden und „patriotisch" gesinnte Abgeordnete im Wahlkampf gegen „Beamte und Staatsdiener" zu unterstützen. Mit der Wahlorganisation und der Kandidatenaufstellung fielen den württembergischen Vereinen parteibildende Funktionen zu; für die Kandidatenauslese allerdings blieb das Kriterium der nationalen „Gesinnung" ausschlaggebend.

5. Parlamentarisch-demokratische Nationalstaatsgründung 1848/49

In den beiden verfassungslosen Großstaaten Preußen und Österreich entwickelte der Revolutionsprozeß von Anfang an eine schärfere Eigendynamik. Die Extreme – militärische Repression auf der einen, Radikalisierung der politischen und sozialen Proteste auf der anderen Seite – traten krasser hervor als im Dritten Deutschland. Schon zu Beginn der preußischen Märzrevolution, die zuerst in den rheinischen Städten ausbrach, wurde Militär eingesetzt, so beim Kölner Rathaussturm. Zuvor hatten es die Kölner Gemeinderäte abgelehnt, die von dem kommunistischen Armenarzt Gottschalk formulierte Petition zu vertreten. In Berlin weigerte sich der König, Deputierte der spontan zusammenströmenden Volksversammlungen zu empfangen, die täglich abends im Berliner Tiergarten stattfanden. Auch die Berliner Stadtverordneten wollten die Adressen der Tiergartenversammlungen nicht unterstützen. Parlamentarische Wortführer und ausgleichende Vermittler fehlten. Durch häufige Zusammenstöße zwischen Militär und Demonstranten steigerten sich die Unruhen – bis hin zu den blutigen Straßen- und Barrikadenkämpfen am 18./19. März.

Verlauf der Märzrevolution in Preußen und Österreich

In Wien, wo die altkorporative niederösterreichische Ständeversammlung zusammentrat, um über die Märzforderungen zu beraten, wurden ebenfalls Polizei und Militär bereitgestellt. Die vor dem Ständehaus ungeduldig wartende Volksmenge geriet in Aufruhr, als sich Gerüchte über anrückende Truppen verbreiteten. Mit dem Sturm auf das Ständehaus begann der erbitterte Wiener Revolutionskampf, der von schweren Sozialunruhen in den Vorstädten begleitet wurde. Weder die Entlassung Metternichs am 13. März noch die zögernd in Aussicht gestellte „Konstitution des Vaterlandes" konnten den Autoritätsverfall der Regierung verhindern. Die nationalen Aufstände der Ungarn, Tschechen und Italiener brachten, so schien es, das Habsburgerreich an den Rand des Zusammenbruchs.

Nicht zuletzt unter dem Eindruck der Nachrichten aus Wien versprach Friedrich Wilhelm IV. die Erfüllung der Märzforderungen und eine Konstitution für Preußen. Aber die „freiwilligen" Zugeständnisse vom 18. März kamen zu spät und vor allem: Die zentrale, die für die preußischen Machtverhältnisse ausschlaggebende Forderung nach dem Abzug des Militärs konnte erst unter dem Druck der revolutionären Berliner Barrikadenkämpfe durchgesetzt werden. Auf die meisten Zeitgenossen wirkte die erzwungene Kapitulation des Königs eher peinlich. Weder Revolutionäre noch Reaktionäre fanden es glaubhaft, wenn der Hohenzollernfürst nun barhäuptig im Schloßhof die Märzgefallenen ehrte, beim Umritt durch Berlin die schwarzrotgoldenen Farben anlegte und in seinen nationalen Proklamationen bekanntgab: „Preußen geht fortan in Deutschland auf." Hansemann und Camphausen, die an die Spitze der preußischen Märzregierung berufen wurden, traten ein sehr viel schwierigeres Amt an als die populären Märzminister in den konstitutionellen Staaten.

Verschärfte Polarisierung

Trotz des Aufschwungs der republikanischen Stimmung auf der einen und der wachsenden Furcht vor dem sozialen Umsturz, vor „Pöbelherrschaft" und Anarchie auf der anderen Seite, konsolidierte die Ausweitung der Revolution auf Preußen und Österreich den liberalen Einfluß in den einzelstaatlichen Märzkabinetten und am Frankfurter Bundestag. Auf der parlamentarischen Ebene überbrückte das Bemühen um die Fortsetzung der liberal-demokratischen Allianz die sich mehr und mehr vertiefende Kluft zwischen dem rechten und linken Flügel der Märzbewegung. Als am 31. März

Konsensfindung im Vorparlament

in Frankfurt das Vorparlament zusammentrat, in dem die Süddeutschen nach wie vor weit überproportional vertreten waren (ein Viertel der 574 Mitglieder kam jetzt aus Preußen, davon zwei Drittel aus der Rheinprovinz, während Österreich nur zwei Teilnehmer entsandte), scheiterte sowohl das von Struve vorgelegte umfassende Programm der Republikaner als auch das Gegenkonzept Gagerns, das auf eine Vorentscheidung für die konstitutionelle Monarchie in enger Zusammenarbeit mit der Siebzehnerkommission des Bundestags hinauslief. Bis weit in die Reihen der Demokraten um Robert Blum reichte hingegen der Konsens darüber, daß die Beschlußnahme über derart wichtige Verfassungsprogramme „allein" der durch Volkswahlen legitimierten Nationalversammlung zu überlassen sei. Die Betonung der Parlamentssouveränität entsprach den Wünschen der Demokraten, ebenso die Befürwortung des allgemeinen und gleichen Wahlrechts, das dann allerdings in den publizierten Frankfurter Beschlüssen durch die „Selbständigkeits"-Klausel eingeschränkt wurde. Die darüber hinausgehenden Anträge der Republikaner auf Permanenz des Vorparlaments, die Einsetzung eines zentralen „Vollziehungsausschusses" und die sofortige „Epuration" des Bundestags wurden mit etwa zwei Dritteln der Stimmen abgelehnt. Immerhin wählte das Vorparlament einen paritätisch zusammengesetzten Fünfzigerausschuß, dem von der Linken die gemäßigten Demokraten um Blum und Itzstein angehörten. Dieser „permanent" tagende Ausschuß sollte bis zum Zusammentritt der Frankfurter Nationalversammlung den Anspruch auf eine autonome

Volksvertretung aufrechterhalten und den Bundestag „selbständig" „beraten".

Die große Mehrheit der Demokraten fügte sich den Majoritätsbeschlüssen und mißbilligte das Verhalten der etwa 40 Abgeordneten, die mit Hecker und Struve das Vorparlament aus Protest zeitweilig verließen. Zu den scharfen Kritikern des Heckerschen Aprilaufstandes, gegen den die badische Regierung zur Verteidigung von „Freiheit und Ordnung" Militär einsetzte, gehörte auch Robert Blum. Die aktionistische Linke fand zunächst nur wenig Unterstützung. Mit den gesamtdeutschen Maiwahlen wurde statt dessen der von großen Hoffnungen begleitete Versuch eingeleitet, den Nationalstaat auf parlamentarischem Wege zu schaffen. Die Wahlen zur Frankfurter Nationalversammlung fanden auf einer für die damalige Zeit ungewöhnlich breiten demokratischen Grundlage statt. Selbst dort, wo das Zulassungskriterium der „Selbständigkeit" sehr streng ausgelegt wurde (so in Sachsen, Hannover und Baden), betrug die Quote der Wahlberechtigten mindestens 75% der volljährigen Männer. In Preußen erreichte sie sogar über 90%. Die Wahlbeteiligung schwankte von Land zu Land zwischen 40 und 75% der Wahlberechtigten. Sie fiel in Württemberg und Kurhessen bei Anwendung des direkten Wahlverfahrens besonders hoch aus. In über zwei Drittel des Wahlgebietes hatten bisher noch keine allgemeinen Wahlen stattgefunden. Dennoch gelang es, das Wahlrecht in erstaunlich kurzer Zeit auf diese Gebiete auszudehnen. Preußen und Österreich besetzten in der Paulskirche nun jeweils etwa ein Drittel der Mandate.

Mit der Demokratisierung und territorialen Ausweitung des Wahlrechts verstärkte sich der Trend zur Parteibildung. Die praktische Erfahrung lehrte, daß zur „parlamentarischen Verfassung" Parteien gehörten, die nicht mehr allein am Gegensatz von „Bewegungspartei" und „Beharrungspartei" oder am Prinzipienkampf um die „wahre" „Gesinnung" orientiert waren. Ansatzweise traten jetzt jene Funktionsmerkmale stärker hervor, die für die moderne Partei im Konkurrenzkampf mit anderen Parteien charakteristisch geworden sind: eigene Organisationen, eigenes Programm, eigene Presseorgane, eigene Kandidatenaufstellung. Im Keim entstand schon 1848/49 ein auf Dauer angelegtes „Fünfparteiensystem" (E. R. HUBER), wie es für die spätere deutsche Parteiengeschichte prägend wurde. Alle Richtungen – Sozialisten, Demokraten, Liberale, Katholiken, Konservative – bemühten sich mehr oder weniger erfolgreich um regionale und nationale Zusammenschlüsse.

Gründung der „demokratisch-republikanischen Partei"

Am frühesten planten die entschiedenen Republikaner des Vorparlaments eine gesamtdeutsche Parteigründung. Ein am 4. April veröffentlichtes Wahlmanifest war nahezu identisch mit dem Programm, das Struve soeben dem Vorparlament vorgelegt hatte. Mit Sitz in Frankfurt wurde ein Zentralwahlkomitee eingesetzt, das an der Spitze einer straffen Wahlorganisation mit Hilfe von Lokalvereinen und Kreisausschüssen sowie durch Beeinflussung der Presse in ganz Deutschland die „Wahlschlacht" eröffnen sollte.

Anspruch und Wirklichkeit klafften allerdings sehr weit auseinander. In der Frankfurter Nationalversammlung, die im wesentlichen wie bisher üblich aus Honoratiorenwahlen hervorging, war die extreme Linke kaum vertreten. Die Organisationsbestrebungen konzentrierten sich infolgedessen auf die außerparlamentarische Opposition, die zeitweilig auch die Nationalversammlung bekämpfte. Regionale und zwei nationale Demokratenkongresse boten ein öffentlichkeitswirksames Ersatzforum für die Agitation der „demokratisch-republikanischen Partei", wie die Selbstbezeichnung seit dem Frankfurter Pfingstkongreß lautete. Nach dem gescheiterten Heckeraufstand und dem anschließenden Verbot demokratischer Vereine in Baden lagen die Hauptstützpunkte der entschiedenen Republikaner im traditionell sozialunruhigen Hessen und vor allem in Preußen, das sich erneut zur Zentrale auch des intellektuellen Radikalismus entwickelte. Der Sitz des Parteivorstandes wurde nach Berlin verlegt, wo Ende Oktober der zweite große Demokratenkongreß stattfand, auf dem insgesamt 234 Delegierte 260 Vereine aus 140 Städten vertraten. Auch Deputierte der schlesischen „Rustikalvereine", der einzigen bäuerlichen Massenorganisation der Revolutionszeit, waren anwesend. Der Kongreß endete im Schatten der heraufziehenden Gegenrevolution mit hitzigen Strategiedebatten und heftigen Richtungskämpfen. Ungeklärt blieb insbesondere das Verhältnis zur entstehenden Arbeiterbewegung, die im Kommunistenbund und vor allem in der „Allgemeinen deutschen Arbeiterverbrüderung" Stephan Borns, der mitgliederstärksten Vereinigung der Gesellen-Arbeiter, ihre eigenen Dachorganisationen besaß.

In den meisten Ländern fiel die Vorreiterrolle im Parteibildungsprozeß eher den gemäßigten Demokraten zu. Württemberg und vor allem Sachsen, wo sich das dichteste Vereinsnetz ausbreitete, lieferten die besten Beispiele. Die Vaterlandsvereine der Märzbewegung bildeten hier die Ausgangsbasis für die Parteienscheidung.

Schon im Vorfeld der Maiwahlen zur Nationalversammlung distanzierten sich die sächsischen Liberalen von Blums Vaterlandsvereinen, in deren Reihen auch die entschiedenen Republikaner als einflußreiche (und zeitweilig separat organisierte) Minderheitengruppen zu Wort kamen. Der Leipziger Kreis um Karl Biedermann gründete am 6. April die antirepublikanischen „Deutschen Vereine". In ihrem Wahlmanifest erklärten sich die Liberalen für die konstitutionelle Monarchie „auf breitester demokratischer Grundlage" – eine Umschreibung, die innerhalb des Bürgertums und der Beamtenschaft auf zunehmenden Widerspruch stieß. So entstanden weiter nach rechts auf der Grenze zum Konservativismus die „Konstitutionellen Vereine". Im demokratischen Lager blieben republikanische Clubs und Arbeitervereine eng mit den Vaterlandsvereinen verflochten. Nicht befolgt wurde freilich der in Leipzig diskutierte Vorschlag, „daß aus den Klassen der Arbeiter selbst ein Wahlkandidat zu benennen sei". Arbeiterkomitees aus Leipzig und Chemnitz waren neben dem führenden Berliner Arbeiterverein an der Gründung der „Arbeiterverbrüderung" beteiligt. In Leipzig existierte zudem ein kommunistisch beeinflußter „Demokratischer Verein".

Bis zum Bruch zwischen Republikanern und gemäßigten Demokraten im Frühjahr 1849 lag die Führung eindeutig bei den Vaterlandsvereinen, die bei den sächsischen Landtagswahlen im Dezember 1848 66 der insgesamt 75 Mandate gewannen. Sieben Mandate fielen an die Deutschen und zwei Mandate an die Konstitutionellen Vereine. Wie es ein Beobachter der „Deutschen Zeitung" kurz vor der Wahl ausdrückte, werde kein Kandidat mehr gewählt, „dem nicht entweder der deutsche Verein oder der Vaterlandsverein einen politischen Empfehlungsbrief ausgestellt haben". In den vorausgegangenen Kammerdebatten über das neue sächsische Wahlgesetz, das unter Beibehaltung der Selbständigkeitsklausel direkte Wahlen nach relativer Mehrheit einführte, war bezeichnenderweise von links das Argument angeführt worden, wie notwendig es sei, das „Parteiwesen" auszubauen, um Stimmenzersplitterung und Minoritätswahlen zu vermeiden.

In Württemberg trat – parallel zur Fraktionsbildung in der Paulskirche – die parteimäßige Aufspaltung der Märzbewegung erst im Sommer 1848 ein. Mit der Konstituierung der „Volksvereine" trennten sich die württembergischen Demokraten von den „Vaterländischen Vereinen", nachdem sie in den Verfassungsdiskussionen des Stuttgarter Hauptvereins von der liberalen Majorität überstimmt worden waren. Die Abspaltung wurde auch damit begründet, daß zu viele Beamte und Scheinliberale dem vaterländischen Verein beigetreten seien. Gegen den von der „Deutschen Zeitung" und anderen liberalen Blättern erhobenen Vorwurf, Zwiespalt zu säen, statt dem „Gemeingeist Bahn zu brechen", wurde die Überzeugung betont, „daß die Scheidung der Bürger in Parteien die notwendige Folge eines freiwerdenden Staatswesens sei". Bei den Wahlen zum verfassungsberatenden württembergischen Landtag am 1. August errang die „Partei der ‚Volksvereine'" (M. BOTZENHART) gut zwei Drittel der Sitze.

„Zentralmärzverein" Auf dem Höhepunkt des Ringens zwischen „zweiter Revolution" und Gegenrevolution ergriff Ende November die parlamentarische Linke der Paulskirche die Initiative zur Gründung des „Zentralmärzvereins", um die Märzerrungenschaften zu verteidigen und Verfassungen zu unterstützen, die „auf friedlichem, gesetzlichem Wege geändert und verbessert werden könnten". Mit dieser nationalen Massenorganisation, der nach eigenen Angaben im Frühjahr 1849 950 Ortsvereine mit 500 000 Mitgliedern angehörten, gelang den Demokraten die organisatorische Verflechtung von Parlamentsfraktion und außerparlamentarischem Vereinswesen. Der Zentralmärzverein ist deshalb als „die erste deutsche Partei moderner Prägung" (D. LANGEWIESCHE) bezeichnet worden.

Der „Nationale Verein" Eine vergleichbare nationale Dachorganisation für die liberalkonstitutionellen Vereine kam nicht zustande. Die darauf abzielenden Bemühungen in mehreren „Vororten" regionaler Verbände, z. B. in Braunschweig, Köln, Berlin, Halle, Leipzig und Kassel, blieben auf halbem Wege stecken. Sie scheiterten wohl auch am Führungsanspruch und Borussismus der preußischen Konstitutionellen, die im Juli einen Gründungskongreß nach Berlin einberiefen. Die Berliner Versammlung, so kritisierte die „Allgemeine Deutsche Zeitung", habe nur „das unerfreuliche Bild des Partikularismus" geboten. Mehr Erfolg hatte der Anfang September in Kassel gegründete „Nationale Verein", der jedoch hauptsächlich hessische, sächsische und einige norddeutsche Vereine locker zusammenfaßte. Parlamentarische Prominenz war nicht vertreten. Zwei führende Gründungsmitglieder, Hermann Baumgarten aus dem Braunschweiger und Heinrich von Sybel aus dem Marburger Bürgerverein, zählten allerdings später zu den bekanntesten „nationalliberalen" Parteipolitikern. Trotz der immer noch dominierenden elitären Vorbehalte gegen das agitatorische „Clubwesen" wuchs auch bei den Liberalen der Kreis jener, die – wie Baumgarten in seiner Denkschrift für den Gothaer Kongreß – Vereine und Presse als „Werkzeuge der Partei" und als Voraussetzung erfolgreicher parlamentarischer Arbeit für notwendig erklärten.

5. Parlamentarisch-demokratische Nationalstaatsgründung 1848/49

Ein ähnlicher Lernprozeß fand bei den preußischen Konservativen statt, die sich aus der Defensive heraus im Sommer 1848 dazu entschlossen, „auf dem rechtlichen Boden der konstitutionellen Monarchie" die Werkzeuge der Partei ihrerseits zu nutzen. In der vielzitierten Formulierung Ernst Ludwig von Gerlachs: „Je größer der verfassungsmäßige Anteil des Volkes an der Leitung der Regierungsangelegenheiten, desto notwendiger ist die Gruppierung der Staatsbürger nach politischen Richtungen, mit anderen Worten *die Organisation politischer Parteien*". Unter Einsatz der „Parteipresse", voran der „Kreuzzeitung", und mit Hilfe des „Vereins für König und Vaterland", der von Berlin aus Kontakt zu schon bestehenden Lokalvereinen (Patriotische Vereine, Preußenvereine etc.) aufnahm und neue Filialvereine ins Leben rief, mobilisierten die „Conservativen" ihre Anhängerschaft. Dabei gelang ihnen der Einbruch in kleinstädtisch-ländliche Bevölkerungskreise, die durch soziale Ängste, religiöse (protestantische) Wertvorstellungen und borussische Emotionen für die neue populistische Version des Konservativismus empfänglich waren. Im preußischen Januarwahlkampf von 1849, der ganz im Zeichen von Novemberumsturz und Verfassungsoktroi stand, haben die konservativen Wahlkomitees im Zweckbündnis mit rechtsliberal-konstitutionellen Vereinen viel zu dem unerwarteten, wenn auch nur knappen Wahlsieg gegen die Vereinigte Linke beigetragen. Daß sich die Konservativen „der Waffen ihrer Gegner oft besser zu bedienen wußten als diese selbst, ... hat den Sieg der militärisch-dynastischen Gegenrevolution, die ja in ganz starkem Maße von Preußen ausging, leichter gemacht" (W. SCHWENTKER). Zu beachten bleibt jedoch auch, daß jene Vereinsmitglieder, die sich nicht mehr nur dem altständischen Junkerkonservativismus zugehörig fühlten, durch die Teilnahme an der öffentlichen Willensbildung zugleich ein neues politisches Selbstbewußtsein entwickelten.

Außerhalb Preußens besaß der Konservativismus keine vergleichbare parteistiftende Integrationskraft. Wenn Konservative an der Vereinstätigkeit interessiert waren, so übten sie ihren Einfluß im Rahmen des konstitutionellen und (oder) des katholischen Vereinswesens aus. Eine Ausnahme, die schon vom Namen her die Regel eher bestätigt, bildeten die bayerischen Konservativen im Münchner „Verein für konstitutionelle Monarchie und religiöse Freiheit", dem sich rd. 60 Filialvereine anschlossen.

Die wohlorganisierte, vom Klerus geförderte Petitions- und Vereinsbewegung des politischen Katholizismus – mit ihren Zentren

Konservative Vereine

Katholische Vereine

im preußischen und hessischen Rheinland, in Westfalen und Schlesien, in Südbaden, Südwürttemberg und Altbayern – durchbrach die neuen parteipolitischen Abgrenzungen. Im „Katholischen Club" der Paulskirche wie bei den entsprechenden Absprachen in den Länderparlamenten trafen sich Abgeordnete aus allen Fraktionen. Das kirchenpolitische Programm blieb zeitlich wie thematisch auf die Grundrechtsdiskussion beschränkt. Es forderte auf der Basis des konstitutionellen Verfassungsstaats den Schutz religiös-kirchlicher Freiheitsrechte und setzte sich für sofortige Initiativen zur Beseitigung sozialer Mißstände ein. Besonders heftig wurden die staatlichen Vorschriften im Eherecht, die Einführung der Staatsschule und das Jesuitenverbot kritisiert.

Andererseits erfüllten die zahlreichen „Pius-Vereine" zugleich parteipolitische Aufgaben, unterstützt von der expansiven katholischen Presse („Historisch-politische Blätter für das katholische Deutschland", „Der Katholik", „Mainzer Journal", „Rheinische Volkshalle" u. a.). Sie mobilisierten Abgeordnete wie Wähler; sie beeinflußten manchenorts die Kandidatenaufstellung; sie organisierten in enger Zusammenarbeit mit Parlamentariern Petitionen und Volksversammlungen; sie schlossen sich Anfang Oktober auf der Generalversammlung in Mainz zu einem nationalen Dachverband im „Katholischen Verein" zusammen. Zu diesem Zeitpunkt soll es bereits 17 Hauptvereine nach dem Muster des Ende März in Mainz gegründeten ersten „Pius-Vereins" und mehrere hundert Filialen, davon 400 allein in Baden, gegeben haben. Insofern hat sich die Öffentlichkeitsplattform der Katholiken auch und gerade zum Zweck parlamentarischer Einflußnahme erheblich erweitert. Gleichwohl stand das katholische Vereinswesen ähnlich wie die junge Arbeiterbewegung noch an der Schwelle entweder zur parlamentsorientierten Parteibildung oder zur außerparlamentarischen Interessenvertretung.

Organisation von Wirtschafts- und Sozialinteressen

Wie der Wille zur parteipolitischen Betätigung so wuchs im Revolutionsjahr die Bereitschaft, wirtschaftliche und soziale Interessen zu organisieren. Die Handwerker-, Gesellen- und Arbeiterkongresse adressierten ihre zahlreichen, oft unvereinbaren Wünsche an den Gesetzgeber. Die Schutzzöllner im „Allgemeinen deutschen Verein zum Schutze der vaterländischen Arbeit" überboten die Freihändler beim Petitionssturm auf die Paulskirche. In Berlin tagten die preußischen Gutsbesitzer im sogenannten Junkerparlament, der ersten Generalversammlung des „Vereins zum Schutze des Eigentums und zur Förderung des Wohlstandes aller Klassen des Volkes". Viele bil-

5. Parlamentarisch-demokratische Nationalstaatsgründung 1848/49

dungsbürgerliche Berufsgruppen hielten auf nationaler Ebene Versammlungen ab, so z. B. die in der Lehrerschaft benachteiligten Privatdozenten oder die zurückgesetzten Volksschullehrer. Ein Studentenparlament trat zu Pfingsten in Eisenach zusammen. Auch jene beiden gesellschaftlichen Gruppen, die neben der Arbeiterschaft vom herrschenden Rechtssystem am meisten diskriminiert wurden, setzten sich erstmals von sich aus für die Emanzipation ein: 1848 beginnt – allerdings noch sehr schwach – die Frauenbewegung; in den Parlamenten kämpften jüdische Abgeordnete für die Gleichberechtigung der Juden, die von den Grundrechtsbeschlüssen der Paulskirche anerkannt wurde.

Die Partei- und Verbandspolitik „bedeutete ein Stück Modernisierung" (W. SIEMANN). Sie organisierte und strukturierte die öffentliche Willensbildung, auch wenn tradierte Handlungs- und Verhaltensmuster dadurch keineswegs unwirksam wurden. Außerhalb des Vereins-, Versammlungs- und Petitionswesens bewahrte die „Straßendemokratie" als „eine Art ‚unbürgerliche Gegenöffentlichkeit'" (W. KASCHUBA) ihre eigenen Kommunikationsformen (z. B. Maueranschläge, Umzüge, „Straßenecken"-Clubs, politisierte Katzenmusiken und andere Protesttraditionen). *Organisierte öffentliche Willensbildung und „Straßenöffentlichkeit"*

Die Frankfurter Nationalversammlung als der zentrale Adressat und Hoffnungsträger stand unter einem massiven und in sich widersprüchlichen Öffentlichkeitsdruck, der die parlamentarischen Möglichkeiten der Konflikt- und Problemlösung überforderte. Es konnte nicht ausbleiben, daß die Emphase der Märztage in politische und soziale Enttäuschungen bis hin zu antiparlamentarischen Emotionen umschlug. Zumal seit den polarisierenden Septemberunruhen verschärfte sich von links wie von rechts die Kritik an endlosen Parlamentsdebatten und zeitraubenden Verfassungsberatungen, während Handel und Gewerbe stockten und das Elend der Verarmten oder die Furcht vor der Deklassierung fortbestanden. Um so mehr ist aus dem historischen Rückblick ein Verfassungswerk zu würdigen, das den parlamentarischen Kompromiß erfolgreich erprobte und demokratischer ausfiel, als es in den ersten konstitutionell-liberalen Verfassungsentwürfen vorgesehen war. *Sinkendes Ansehen der Frankfurter Nationalversammlung*

Das Klischee vom redseligen und tatenlosen „Professorenparlament" trifft, wie wir heute wissen, nicht zu. Das junge Parlament entwickelte organisatorische Strukturen, die über den Honoratiorenstil hinauswiesen. Es entstand, noch unsicher in der Theorie, aber konsequent in der Praxis, „ein pragmatisch gehandhabter, improvisierter Parlamentarismus" (M. BOTZENHART) jenseits des kon- *Übergang zum parlamentarischen Regierungssystem* stitutionellen Regierungssystems. Wie die einzelstaatlichen Märzregierungen so fühlten sich die Reichsministerien, die Kabinette Leiningen, Schmerling und Gagern, an die Parlamentsmehrheit gebunden. Wenn sie keinen Rückhalt in der Volksvertretung hatte, wechselte die Regierung. Mit der Konstituierung der Fraktionen (benannt nach den Versammlungslokalen) und der Errichtung von insgesamt 27 parlamentarischen Ausschüssen bildeten sich arbeits- und funktionsfähige Gremien. Koalitionsabsprachen und Abstimmungsdisziplin bei „Parteisachen" erleichterten die Beschlußfassung. Die Mehrheitsbeschaffer in der konstitutionell-liberalen Kernfraktion (Casino) suchten den Kompromiß sowohl mit den Liberalen des linken Zentrums (Württemberger Hof) als auch mit den gemäßigten Demokraten (Deutscher Hof), die sich ihrerseits von den entschiedenen Republikanern (Donnersberg) distanzierten.

Einsetzung der „provisorischen Zentralgewalt"

Die erste wichtige Entscheidung, die in ihrem Vorfeld zur Klärung der politischen Positionen und damit zur Fraktionsbildung führte, fiel mit der Einsetzung der „provisorischen Zentralgewalt". In seiner berühmten Rede vom 24. Juni, die den Kompromiß glänzend formulierte, forderte Gagern die Abgeordneten dazu auf, den „kühnen Griff" zu wagen: Der österreichische Erzherzog Johann wurde vom souveränen Parlament ohne „Vereinbarung" mit den Länderregierungen zum Reichsverweser gewählt, „nicht weil, sondern obgleich er ein Fürst" war. Auf diese Weise gelang es, eine quasi-monarchische Reichsgewalt auf parlamentarisch-demokratischer Basis zu schaffen.

Diskussion der „Grundrechte"

Nach der (vorläufigen) Lösung der Oberhauptfrage begann die Nationalversammlung mit den Verfassungsberatungen über die „Grundrechte des deutschen Volkes". Der Verfassungsausschuß, dem zu 50% Casino-Liberale, meist sachkundige Juristen, angehörten, hatte diese – später vielkritisierte – Prioritätsentscheidung bereits Ende Mai getroffen. Sie entsprach der besonderen Bedeutung, die nach den langen Jahren polizeistaatlicher Repressionen den bürgerlichen und politischen Freiheitsrechten beigemessen wurde. Der umfangreiche Grundrechtskatalog, der im Dezember 1848 als Gesetz vorabverkündigt wurde, enthielt überdies zahlreiche normative Bestimmungen und organisatorische Vorschriften über Gerichts-, Länder- und Gemeindeverfassungen, über die Stellung von Religion und Kirchen, über Wissenschaft, Bildung und Schulwesen, über die Beseitigung von Adelsvorrechten und feudalen Abhängigkeiten. Die „Grundrechte" legten das unverzichtbare Fundament zu einem liberal-demokratischen Verfassungs- und Nationalstaat, der

5. Parlamentarisch-demokratische Nationalstaatsgründung 1848/49

in seinen Zielvorgaben über die äußerliche staatliche Einheit hinausstrebte. Der Anschluß an die westeuropäische Verfassungstradition in der Nachfolge der französischen Rechteerklärung von 1789 blieb allerdings umstritten. Die Anhänger des norddeutschen, organischen Liberalismus lehnten menschenrechtlich-naturrechtliche, „abstracte" Begründungen ab. Mit Schärfe kritisierte Beseler, der Berichterstatter des Verfassungsausschusses und ein typischer Vertreter der Historischen Rechtsschule, „die traurige Nachäffung des französischen Vorbildes". Dazu zählte er auch und nicht zuletzt die von links beantragte soziale Erweiterung des Grundrechtskatalogs, obwohl noch das Vorparlament Forderungen wie „Schutz der Arbeit" mit seiner „grundsätzlichen Zustimmung" versehen hatte. Das inzwischen gescheiterte Experiment der Pariser „Nationalwerkstätten", die nicht nur in Frankreich verbreitete „phobie du rouge", aber auch die immer noch mittelständisch orientierten Hoffnungen auf den „Associationsgeist der Deutschen" ließen es der Mehrheit der Liberalen ratsam erscheinen, „die Entwicklung unserer socialen Verhältnisse der Kraft und dem Genius unseres Volkes" (Beseler) zu überlassen.

Der Einfluß der Demokraten auf die Verfassungsentscheidungen stieg, als der großdeutsch-kleindeutsche Gegensatz die bisherige Fraktions- und Koalitionsbildung überlagerte. Die Spaltung der Mitte- und Rechtsfraktionen erzwang neue Allianzen. Um Stimmen für die kleindeutsche Lösung der nationalen Einheitsfrage zu gewinnen, waren verfassungspolitische Konzessionen in der umstrittenen Wahlrechts- und Vetofrage an die demokratische, großdeutsch orientierte Linke erforderlich.

Steigender Einfluß der Demokraten

Schon die Kremsier-Erklärung vom 27. November 1848 zerschlug die großdeutschen Beschlüsse der Paulskirche (Aufnahme Deutsch-Österreichs in das deutsche Reich, „Personalunion" zwischen den deutschen und nichtdeutschen Ländern der Habsburgermonarchie). Nach den ersten Siegen der Gegenrevolution trat die neue österreichische Regierung unter Fürst Schwarzenberg dezidiert für die „staatliche Einheit" und Unteilbarkeit des Habsburgerreiches ein. Auch das von Gagern entworfene Kompromißprogramm des engeren und weiteren Bundes (Vereinigung des kleindeutschen Nationalstaats in Form eines „weiteren Bundes" mit Österreich) erhielt aus Wien eine schroffe Absage. Endgültig scheiterten alle großdeutschen Hoffnungen, als es nach dem österreichischen Staatsstreich Anfang März 1849 feststand, daß die Regierung Schwarzen-

Großdeutsch, Kleindeutsch, Großösterreichisch

berg den Eintritt Gesamtösterreichs in einen deutschen Staatenbund(!) verlangte. Damit projektierte die Wiener Politik eine dritte Lösungsvariante der deutschen Frage: das großösterreichische „Siebzigmillionenreich".

Simon-Gagern-Pakt

Nach langen, schwierigen Auseinandersetzungen über die Oberhauptfrage bahnte die Verständigung zwischen der „erbkaiserlichen Partei" Gagerns (Weidenbusch) und der kleinen Gruppe von Demokraten um Heinrich Simon (Braunfels), der sog. Simon-Gagern-Pakt, den Weg zur kleindeutsch-preußischen Lösung und zur Annahme der Reichsverfassung. Im Kern beruhte der liberal-demokratische Verfassungskompromiß, der aus längerer Sicht bis 1867/71 nachwirkte, auf der Verbindung von preußischem Erbkaisertum und demokratischem Wahlrecht. Simon und seine Parteifreunde erklärten sich schriftlich dazu bereit, dem Erbkaisertum zuzustimmen. Die Erbkaiserlichen akzeptierten ihrerseits die Prinzipien der allgemeinen, gleichen und direkten Wahl. Zudem ließen die Casino-Liberalen ihre Vorbehalte gegen das nur suspensive monarchische Vetorecht gegenüber Parlamentsbeschlüssen fallen. Bei der Plenarabstimmung erreichten die Demokraten, diesmal im Zweckbündnis mit der großdeutschen Rechten, die Beseitigung des absoluten Vetos auch bei Verfassungsänderungen. Der Monarch konnte demnach einen Parlamentsbeschluß zwar aufschieben, aber nicht mehr endgültig verhindern.

Ebenfalls dem Machtzugewinn des Reichstags diente die von den Demokraten beantragte und durchgesetzte Streichung des Reichsrats. Diese Institution als eigene Vertretung der Länderregierungen neben dem Staatenhaus war vom Verfassungsausschuß dazu vorgesehen, ein zusätzliches föderalistisch-dynastisches Gegengewicht zum demokratisch-unitarischen Volkshaus zu bilden. Statt dessen fiel diese Rolle nun allein dem Staatenhaus zu, das zur Hälfte seiner Mitglieder von den Landtagen beschickt wurde.

Abschluß des liberal-demokratischen Verfassungswerks

Insgesamt beruhte das Verfassungswerk der Paulskirche auf tragfähigen Kompromissen. Es schuf einen konstruktiven Ausgleich zwischen monarchischen und demokratischen, föderalistischen und unitarischen Elementen. Zwar hielt sich der Verfassungstext an die Staatsform der konstitutionellen Monarchie: die Regierungsbildung oblag dem Kaiser und blieb insofern von der Zustimmung des Parlaments unabhängig. Aber dies schloß nicht aus, daß die Entwicklung in der Praxis auf die parlamentarische Monarchie hinauslief.

Bei den Schlußabstimmungen am 27. März 1849 beschloß die Nationalversammlung mit knapper Mehrheit (267 gegen 263 Stim-

5. Parlamentarisch-demokratische Nationalstaatsgründung 1848/49

men) die Erblichkeit der Kaiserwürde. Die sofort im Reichsgesetzblatt verkündete Reichsverfassung bot die neue parlamentarisch-demokratische Legitimationsbasis für die Kaiserwahl, die von der Volksvertretung „allein" und aus eigener Vollmacht vorgenommen wurde. Mit 290 Stimmen gegen 248 Enthaltungen wählte die Nationalversammlung am 28. März 1849 den preußischen König zum „Kaiser der Deutschen". Einen Monat später, am 28. April, nach vergeblichen Bemühungen, den König umzustimmen, erteilte Friedrich Wilhelm IV. der Reichsverfassung wie dem aus der Revolution hervorgegangenen Kaisertum von Volkes und nicht von Gottes Gnaden seine definitive Absage.

Absage Friedrich Wilhelms IV.

Ein letztes Mal bewies die vom Zentralmärzverein angeführte Reichsverfassungskampagne die Mobilisierungskraft der 48er Revolution für die politische Selbstorganisation der Gesellschaft. Volks- und Arbeitervereine, Adreßbewegungen und Volksversammlungen, Länderparlamente und Gemeindevertretungen, Kommunalgarden und Garnisonssoldaten agitierten für die Anerkennung der Reichsverfassung und gegen die verfassungsbrüchigen Fürsten. Am 4. Mai rief die Nationalversammlung „die Regierungen, die gesetzgebenden Körper, die Gemeinden der Einzelstaaten, das gesamte deutsche Volk" dazu auf, die Reichsverfassung „zur Anerkennung und Geltung zu bringen". Die Regierung Gagern versicherte, daß mit dem Appell an das Volk nur an gesetzliche Mittel gedacht sei.

Reichsverfassungskampagne

Doch der rasche Anfangssieg der Märzrevolution ließ sich nicht mehr wiederholen. Zwar erklärten sich 29 von 39 Regierungen für die Anerkennung der Reichsverfassung, darunter Baden und – unter dem Druck der Reichsverfassungskampagne – Württemberg. Aber die anderen größeren Staaten verweigerten wie Preußen und Österreich ihre Zustimmung. Den parlamentarischen Führungsgruppen gelang es nicht mehr, sich an die Spitze der Aufstandsbewegung zu stellen und sie politisch zu lenken. Die Nationalversammlung zerfiel. Nach und nach riefen die Regierungen ihre (Beamten-)Abgeordneten aus Frankfurt ab. Die Prominenz der Casino-Fraktion legte ihre Mandate „freiwillig" nieder. Das „Rumpfparlament", das seinen Sitz nach Württemberg verlegte, wurde zwangsaufgelöst. Preußische Truppen marschierten auf, um die rheinischen Städteunruhen und die revolutionären Erhebungen in Sachsen, Pfalzbayern und Baden niederzuwerfen. In weiten Kreisen des Bürgertums lähmte die Furcht vor der sozialen Revolution, vor „Anarchie" und „Bürgerkrieg", die einst in den Märztagen vorhandene oppositionelle Durchsetzungskraft.

Sieg der Gegenrevolution

1848 in der deutschen Geschichte

Die politischen Erfolge von 1848, die im Hinblick auf den beschleunigten Demokratisierungs- und Parlamentarisierungsprozeß aus längerfristiger Perspektive das Scheitern der Revolution relativieren, wurden aus der kollektiven Erinnerung verdrängt. Zu diesen Erfolgen gehörte nicht zuletzt die Konstitutionalisierung Preußens, die den Weg zur preußisch-deutschen Reichsgründung eröffnete, ohne daß diese „Revolution von oben" den Versuch einer parlamentarisch-demokratischen Nationalstaatsgründung ganz verleugnen konnte.

6. Verfassungs- und Nationalpolitik zwischen Revolution und Reichsgründung

Der Sieg der Gegenrevolution bedeutete keineswegs das Ende der deutschen Verfassungs- und Nationalpolitik. Die pure Restauration des Deutschen Bundes lag weder im Interesse Preußens noch in der *Preußische Unionspolitik* Absicht Österreichs und der Mittelstaaten. Schon im Mai 1849, d. h. noch während der Reichsverfassungskampagne, begann die von Radowitz inaugurierte preußische Unionspolitik mit dem Ziel, einen kleindeutschen, preußisch geführten und von den Fürsten vereinbarten Bundesstaat zu schaffen, dem Österreich in einem weiteren Bund angeschlossen werden sollte. Die vorgeschlagene Unionsverfassung ähnelte der Frankfurter Reichsverfassung, allerdings mit konservativ-rechtsliberalen Modifikationen (Dreiklassenwahlrecht, uneingeschränktes, also „absolutes" Vetorecht des Monarchen, Errichtung eines Fürstenkollegiums neben Reichsoberhaupt, Staatenhaus und Volkshaus). Im Verlauf des Jahres 1849 traten dem „Dreikönigsbündnis" zwischen Preußen, Hannover und Sachsen weitere 25 Unionsstaaten bei. Auf dem Gothaer Kongreß, der im Juni 1849 150 Mitglieder aus der früheren Erbkaiserlichen Partei der Paulskirche versammelte, signalisierten die Liberalen – die „Gothaer", wie sie seitdem abfällig von den Demokraten genannt wurden – ihre Zustimmung. Im Erfurter Unionsparlament, in dem die Liberalen die Mehrheit stellten, wurde die Unionsverfassung en bloc verabschiedet.

Ausschlaggebend für das Scheitern des preußischen Vorstoßes war die Opposition Österreichs, das nicht nur Bayern und Württemberg, sondern auch Sachsen und Hannover, die anfangs zu Preußen hielten, im mittelstaatlichen „Vierkönigsbündnis" auf seine Seite zog. Mit der Zustimmung Rußlands setzte Schwarzenberg der

Unionsverfassung das schon erwähnte großösterreichische Projekt des „Siebzigmillionenreichs" im Rahmen eines erneuerten Deutschen Bundes entgegen. Am Frankfurter Bundestag sollte künftig – allerdings nur alle drei Jahre – eine „Nationalvertretung" aus Deputierten der einzelnen Landtage einberufen werden. Zumindest in dieser vorsichtigen Form hielt offenbar auch Schwarzenberg eine konstitutionelle Ausgestaltung des Staatenbundes nunmehr für unumgänglich.

Die preußisch-österreichische Machtprobe spitzte sich bis zur Kriegsgefahr zu, als im schleswig-holsteinischen Konflikt die Kieler Aufstandsregierung und im kurhessischen Verfassungskampf die dortige Kammeropposition von Preußen und der Union ganz im Einklang mit der nationalgesinnten Öffentlichkeit unterstützt wurden – gegen Österreich und die reaktionären Interventionsbeschlüsse des Frankfurter Rumpfbundestages. Doch mit der Hilfe Rußlands gelang es Schwarzenberg, Preußen auszumanövrieren. Sowohl die Hochkonservativen der Berliner „Kamarilla" um Leopold von Gerlach, die an die monarchische, antirevolutionäre Solidarität appellierten, als auch die großpreußisch-machtstaatlich argumentierenden Minister Brandenburg und Manteuffel, die auf eine Teilunion in Norddeutschland hofften, rieten zur Verständigung mit Wien. Radowitz trat vom Außenministerium zurück. Im Vertrag von Olmütz (29. Nov. 1850) erklärte sich Preußen zum Verzicht auf die Union sowie zum Rückzug aus Schleswig-Holstein und Kurhessen bereit. In der preußischen Kriegspartei, bei den „Gothaern" und bis weit in die Reihen der kleindeutschen Nationaldemokraten war daraufhin viel von der verletzten „Ehre" Preußens und der „Schmach von Olmütz" die Rede. *Olmütz*

Zu den Verteidigern des Vertrags zählte der von den Gerlachs protegierte und bald darauf zum Frankfurter Bundestagsgesandten ernannte Otto von Bismarck, der vor dem preußischen Abgeordnetenhaus die Union als „ein zwitterhaftes Produkt furchtsamer Herrschaft und zahmer Revolution" scharf kritisierte. In der Olmütz-Rede Bismarcks fiel mit Bezug auf Kurhessen der berühmte Satz, der zugleich ganz offensiv und unverschleiert die Maxime seiner künftigen Außenpolitik deklarierte: „Die einzige gesunde Grundlage eines großen Staates, und dadurch unterscheidet er sich wesentlich von einem kleinen Staate, ist der staatliche Egoismus und nicht die Romantik, und es ist eines großen Staates nicht würdig, für eine Sache zu streiten, die nicht seinem eigenen Interesse angehört." *Olmütz-Rede Bismarcks*

Eine konservative Zweier-Verständigung der Vormächte wie zu

Metternichs Zeiten kam nicht mehr zustande. Zwar fanden, wie in Olmütz verabredet, auf gemeinsame Einladung Österreichs und Preußens 1851 die Dresdner Ministerialkonferenzen statt. Aber alle Vorschläge zur Reform des Bundes (Ausbau der Bundesexekutive, Errichtung eines Bundesgerichts, Volksvertretung am Bundestag, deutsch-österreichische Zollunion etc.) scheiterten. Preußen forderte die volle Parität am Frankfurter Bundestag mit der österreichischen Präsidialmacht; Österreich verlangte nach wie vor den Gesamteintritt des Habsburgerreiches in den Deutschen Bund. Die gegenseitige Blockierung zerschlug jede Chance zur Lösung der deutschen Frage. So blieb nur die Rückkehr zum alten Bundesrecht, mit der niemand zufrieden war.

Scheitern der Bundesreform

Rückkehr zum alten Bundesrecht

Für viele Nationalliberale, die nach den Erfahrungen von 1848 unter dem neuen, von Rochau geprägten Losungswort „Realpolitik" zu Kompromißbündnissen mit reformwilligen Regierungen bereit waren, blieb Preußen der wichtigste Hoffnungsträger. Nicht nur die Unionspolitik, sondern auch der damit eng verbundene Eintritt Preußens in den Kreis der konstitutionellen Verfassungsstaaten wertete das kleindeutsche Programm, zu dem sich die Frankfurter Nationalversammlung nur widerstrebend entschlossen hatte, erheblich auf. Während in Österreich die Zeit des Neoabsolutismus begann, wurde die oktroyierte preußische Verfassung vom 5. Dezember 1848, die sich eng an die Charte Waldeck, das Verfassungswerk der Berliner Nationalversammlung, anlehnte, zwar „revidiert", aber nicht mehr zurückgenommen. Die beiden wichtigsten Verfassungsänderungen betrafen die nachträglich von den Kammern gebilligte Einführung des Dreiklassenwahlrechts und die 1854 nach langen innerkonservativen Auseinandersetzungen vorgenommene Umwandlung der Ersten Kammer in ein vom Junkeradel dominiertes Herrenhaus. Im übrigen verankerte die Verfassung ein ausgedehntes königliches Veto- und Notverordnungsrecht. Im Gegensatz zu den Bestimmungen der Charte Waldeck wurde das Militär ausdrücklich *nicht* auf die Verfassung vereidigt. Armee, Bürokratie und auswärtige Gewalt zählten nach der Lehre vom monarchischen Prinzip zu den Reservatbereichen der Krone. Dennoch und trotz aller konservativen Vorbehalte: Friedrich Wilhelm IV. leistete am 6. Februar 1850 den nach Art. 54 vorgeschriebenen Verfassungseid, der ihn verpflichtete, die Verfassung „fest und unverbrüchlich zu halten und in Übereinstimmung mit ihr und den Gesetzen zu regieren".

Konstitutionalisierung Preußens

Im Reaktionsjahrzehnt bis zum Anbruch der „Neuen Ära" stagnierte freilich das Verfassungsleben. Die politischen Verfolgun-

6. Verfassungs- und Nationalpolitik

gen der „Achtundvierziger", von denen viele emigrierten, die geheimpolizeilichen Überwachungen, die Bundesreaktionsbeschlüsse von 1854 gegen das Presse- und Vereinswesen, die Revision demokratischer Wahlgesetze und vor allem die massiven obrigkeitlichen Wahlbeeinflussungen sorgten fast überall für eine gouvernementale Zusammensetzung der Kammer. In Preußen, das jetzt anstelle des süddeutschen Kammerliberalismus ins Zentrum aller verfassungspolitischen Entscheidungen rückte, unterstützten die sog. „Landratskammern" das etatistisch-bürokratische Regime Manteuffels. Doch auch und gerade in den konservativen Fraktionen, die keineswegs geschlossen hinter der Regierung standen, wuchsen mehr und mehr die Zweifel, ob diese Art des gouvernementalen Konstitutionalismus auf Dauer Bestand haben könne. Schon 1852 und erst recht 1855 kam es in den städtischen Wahlbezirken, voran in Berlin, wieder zu teilweise recht hartnäckigen Wahlkämpfen, aus denen die liberale Opposition erfolgreich hervorging. In den rheinischen Städten, voran in Köln, bildeten neben dem Gemeinderat vor allem die Handelskammern eine Basis, von der aus nicht nur wirtschaftsliberale, sondern auch politische und verfassungspolitische Forderungen angemeldet wurden. Von einer Flucht des Bürgertums aus der Politik in das Berufs- und Wirtschaftsleben kann insofern keine Rede sein. Viele Handelskammerberichte spiegeln vielmehr das neue bürgerliche Selbstbewußtsein einer „Gesellschaft im Aufbruch" (W. SIEMANN) zu Beginn der Industriellen Revolution. „Gesellschaft im Aufbruch"

Den Anstoß zur „Neuen Ära" gab die veränderte außenpolitische Konstellation infolge der Niederlage Rußlands im Krimkrieg und der Schwächung Österreichs im italienischen Krieg. Sie verschaffte auch der deutschen National- und Verfassungspolitik wieder Handlungschancen, zumal sich Napoleon III., der neue Hegemon des europäischen Mächtesystems anstelle des Zaren, zum Protektor des Nationalitätsprinzips aufwarf. Wandlungen des europäischen Mächtesystems

Das Signal setzte 1858 Preußen, wo mit der Übernahme der Regentschaft durch Prinz (ab 1861 König) Wilhelm und der Ablösung des Reaktionsministeriums Manteuffel durch nationalgesinnte Stimmführer der reformkonservativen „Wochenblattpartei" ein Kurswechsel eingeleitet wurde, der an die Unionspolitik anknüpfen konnte. Erneut wurde eine aktive nationale Einigungspolitik proklamiert und an die Voraussetzung „moralischer Eroberungen" „durch eine weise Gesetzgebung" im Innern gebunden. Dies erweckte im Lager der Liberalen sofort wieder große Hoffnungen und ließ jene Passagen des Regierungsprogramms als minder wichtig Beginn der „Neuen Ära" in Preußen erscheinen, in denen sich der Prinzregent auf die dynastisch-militärischen Traditionen Preußens berief.

Österreich reagierte kurz darauf mit der Eröffnung einer eigenen „Neuen Ära". Die Katastrophe von Solferino und die durch hohe Kriegskosten verschärfte Finanzkrise beschleunigten den Zusammenbruch des Neoabsolutismus. Es war nicht mehr länger möglich, einerseits wirtschaftsliberale Reformen zu forcieren und andererseits konstitutionelle Partizipationsrechte zu verweigern. Das verfassungslose Regime ohne jede parlamentarische Budgetkontrolle geriet beim Wirtschafts- und insbesondere beim Finanzbürgertum buchstäblich in Mißkredit. Mit dem Oktoberdiplom von 1860 und dem Februarpatent von 1861 begann im Habsburgerreich eine Phase konstitutioneller Verfassungsexperimente, ohne daß es bis zum österreichisch-ungarischen Ausgleich von 1867 hinreichend gelang, die im Vielvölkerstaat so überaus schwierigen Nationalitätenprobleme verfassungsmäßig zu lösen. Slawen, Polen, Tschechen und vor allem die Ungarn opponierten gegen die deutschliberale Verfassungspolitik des seit Dezember 1860 amtierenden Staatsministers Anton von Schmerling, der 1848 in der Paulskirche das großdeutschliberale Lager angeführt hatte. Und auch die Zusammenarbeit der Regierung mit der „Verfassungspartei", die in ihren Reihen Großösterreicher, Unionisten und Autonomisten vereinigte, funktionierte mehr schlecht als recht.

Zusammenbruch des Neoabsolutismus und „Neue Ära" in Österreich

Deutsche Politik Österreichs

Dennoch wurde auch in Österreich das Verfassungswerk zugleich für eine gesamtdeutsche Politik „moralischer Eroberungen" eingesetzt. In Frankfurt kam die Bundesreform wieder auf die Tagesordnung. Presse und Vereine umwarben die nationale Öffentlichkeit. Im Oktober 1862 wurde auf einer großdeutschen Versammlung in Frankfurt die Gründung des „Deutschen Reformvereins" beschlossen. Zu einem Zeitpunkt, als die „Neue Ära" in Preußen bereits durch den Verfassungskonflikt und die Berufung Bismarcks zu Ende gegangen war, verfehlten die proösterreichischen und antiborussischen Parolen „für Freiheit und gegen das Junkerregiment" in Süd- und Mitteldeutschland keineswegs ihre Wirkung. Nicht zuletzt die großdeutsch gesinnten Demokraten, unter ihnen Julius Fröbel, der an die Spitze des Reformvereins trat, sahen sich in ihrem Antiborussismus bestärkt. Nur mühsam konnte Bismarck 1863 die Teilnahme des preußischen Königs am Frankfurter Fürstentag verhindern.

Besonders von seiten Bayerns und Sachsens gab es seit Mitte der fünfziger Jahre Bestrebungen, das Gewicht eines selbständigen

6. Verfassungs- und Nationalpolitik

„Dritten Deutschland" wieder geltend zu machen, teils, um den sterilen österreichisch-preußischen Dualismus zu überwinden, teils, um die jeweils eigenen Partikularinteressen im Bündnis der Mittel- und Kleinstaaten gegen großpreußische wie großösterreichische Ambitionen abzusichern. Mehrmals versuchte der sächsische Ministerpräsident Friedrich Ferdinand von Beust, obgleich er im eigenen Land einen innenpolitisch-reaktionären Kurs beibehielt, über den Bund eine Reformgesetzgebung wie z. B. die Rechtsvereinheitlichung voranzubringen und zu diesem Zweck als neues Bundesorgan eine Delegiertenversammlung der Landtage einzuführen. Nach wie vor fehlte jedoch dem in sich widersprüchlichen Triaskonzept, das überdies von den eifersüchtigen Rivalitäten der Königreiche untereinander und vor allem vom Hegemonialstreben Bayerns durchkreuzt wurde, jede nationale Anziehungskraft.

_{Neuauflage der mittelstaatlichen Triaspolitik}

Unter den Klein- und Mittelstaaten, die 1849/50 der Union angehört hatten, erwarb sich Baden den Ruf eines „liberalen Musterlandes". Hier begann im April 1860 die „Neue Ära" mit einem Kabinetts- und Kurswechsel, der sich ganz nach den Spielregeln des parlamentarischen Regierungssystems vollzog: Der leitende Reaktionsminister stürzte, als er über kirchenpolitische Auseinandersetzungen mit der liberalen Kammermehrheit in Konflikt geriet; daraufhin wurde August Lamey, der liberale Oppositionsführer, vom Großherzog an die Spitze eines Reformministeriums berufen; die Liberalen übernahmen „die Funktion einer Regierungspartei, und zwar nicht mehr in dem Sinne, daß eine Gruppe von Abgeordneten die Regierung und ihre Pläne unterstützte, sondern derart, daß sich die Partei mit der Regierung identifizierte und in ihr ein Exekutivorgan ihrer Bestrebungen sah" (L. GALL). Bis 1865 gelang es, in wichtigen Bereichen von Wirtschaft, Justiz und Verwaltung dauerhafte und richtungsweisende Reformergebnisse zu erzielen. Als vorbildlich galten aus liberaler Sicht: die Durchsetzung der uneingeschränkten Gewerbefreiheit und Freizügigkeit; der Ausbau des Rechtsstaates auf der Basis der liberal-demokratischen Grundrechte von 1848/49; die Dezentralisation der Verwaltung durch die Erweiterung von lokalen Selbstverwaltungsrechten.

Parlamentarische Regierungsbildung und liberale Reformpolitik in Baden

Ähnlich wie die preußische Wochenblattpartei um Bethmann-Hollweg, aber ohne die machtpolitischen Hintergedanken preußischer Politiker, ging die badische Regierung davon aus, daß innere Reform und nationale Politik untrennbar zusammengehörten. Der für die Außenpolitik zuständige Minister Franz Freiherr von Roggenbach, ein typischer Vertreter des Adelsliberalismus, setzte sich

Roggenbachs Bundesreformplan

für eine kleindeutsch-preußische Lösung der nationalen Frage ein, jedoch unter starker Betonung eines gleichberechtigt-partnerschaftlichen Föderalismus. Sein Bundesreformplan zur Gründung der „Vereinigten Staaten von Deutschland" sah vor, alle Bundesfürsten, mit dem König von Preußen an der Spitze, direkt an der Leitung des Bundes zu beteiligen und die Kompetenzen der Bundesgewalt auf Verteidigung, Außen- und Handelspolitik zu beschränken. Das Nationalparlament als zentralisierendes Bundesorgan sollte – im Gegensatz zum österreichischen und mittelstaatlichen Delegiertenprojekt – aus direkten Wahlen hervorgehen.

Ausbruch des preußischen Verfassungskonflikts

Der Ausbruch des preußischen Verfassungskonflikts ließ dann allerdings sehr deutlich erkennen, welche schwer überwindbaren Hindernisse einem liberal-föderalistischen Nationalstaat entgegenstanden. In Preußen endete die „Neue Ära" ohne jeden Reformerfolg. Bezeichnenderweise konzentrierten sich hier zunächst alle Bemühungen auf die Heeresreform, die jedoch in der Art, wie sie vom Kriegsminister General Albrecht von Roon im Einvernehmen mit den Militärs betrieben wurde, nur dazu geeignet war, die Regierung vom Parlament zu trennen und den neuen Regenten in das rechtskonservative Lager zurückzuführen. Die Gesetzesvorlage Roons vom Februar 1860 schlug dem Abgeordnetenhaus nicht nur die Erhöhung der Friedenspräsenzstärke des Heeres vor (das wurde akzeptiert), sondern auch die Festlegung auf die dreijährige anstelle der zweijährigen Dienstzeit und die Schwächung der Landwehr. Wie die selbst in Militärkreisen umstrittene und nicht für notwendig erachtete Dauer der Dienstzeit, so mußte die Neuorganisation der Landwehr, deren jüngere Jahrgänge im Kriegsfall der Reservearmee zugeschlagen und dem aktiven Offizierskorps unterstellt werden sollten, auf den Widerspruch der Liberalen stoßen. Seit 1813 zählte die Landwehr als eigene Formation neben dem aktiven Heer, der Linie, mit eigenen Landwehroffizieren meist bürgerlicher Herkunft zu den großen bürgerlichen Errungenschaften der national verklärten Freiheitskriege.

Roon und die Militärs in der Umgebung des Prinzregenten hielten sich an eine konservativ-autoritäre Auslegung des Konstitutionalismus. Mit der Begründung, daß die Militärgewalt vom Parlament unabhängig sei, zog Roon das Armeegesetz zurück. Es sei der Kammer nur aus „Entgegenkommen" vorgelegt worden. Das parlamentarische Budgetrecht wurde umgangen: Roon ließ einen „provisorischen" Nachtragshaushalt verabschieden, der in Wirklichkeit zur Finanzierung der strittigen Heeresreform benutzt wurde.

Auch aus Sorge um die nationale Politik und aus Rücksicht auf die Minister der „Neuen Ära" blieben die Liberalen lange verständigungs- und kompromißbereit. Im Frühjahr 1861 bewilligten sie sogar ein zweites Mal das Haushalts-„Provisorium". Auf dem linken Flügel jedoch, der sich dann im Juni 1861 mit der Gründung der „Deutschen Fortschrittspartei" von den „Altliberalen" trennte, wuchs der Unwille über die neoabsolutistische Heerespolitik und die Aushöhlung des parlamentarischen Budgetrechts. Nach der Dezemberwahl, die der neuen Partei einen glänzenden Wahlerfolg bescherte, wurde Anfang März 1862 im Abgeordnetenhaus – immer noch mit knapper Mehrheit – ein Antrag verabschiedet, der die Spezifizierung des Haushalts und damit die Präzisierung des Budgetrechts verlangte. In Reaktion hierauf löste der König die Kammer auf und ließ Neuwahlen ausschreiben. Gleichzeitig entließ er die Minister der „Neuen Ära" und berief ein hochkonservatives Kabinett. Unter den Devisen „Königliche Armee oder Volksheer", „Monarchische oder Parlamentsherrschaft" spitzte sich der Heeres- und Budgetkonflikt vollends zum Verfassungskonflikt zu. „Das Heer sollte nicht auf Gesetz beruhen, sondern auf der Entscheidung des Königs. Das aber hieß die Verfassung revidieren, die Macht der Krone nicht verteidigen oder stabilisieren, sondern gegen das Parlament erweitern. Dahinter stand das Entweder-Oder-Denken der extremen Rechten. Aus dem bescheidenen Anspruch des Parlamentes auf gesetzgeberische Mitbestimmung und ein Stückchen Bürgerlichkeit des Heeres machten die Konservativen den Anspruch des Parlamentes auf Herrschaft über das Heer" (TH. NIPPERDEY).

Gründung der Deutschen Fortschrittspartei

Rückblickend wird leicht übersehen, mit welch unerschütterlicher Siegeszuversicht die Fortschrittspartei den Verfassungskampf aufnahm. Gewiß war nicht, wie von den Konservativen unterstellt, die „Parlamentsherrschaft" das Kernziel, wohl aber die Durchsetzung des liberalen Konstitutionalismus auf der Basis der rechtsstaatlichen Errungenschaften von 1848. Bei aller Anerkennung der „realen Machtverhältnisse" und der Absage an „abstrakte Theorien des Konstitutionalismus oder des parlamentarischen Regimes" (Twesten) waren die Liberalen doch weit davon entfernt, in der Verfassung nur das Ergebnis eines gegenrevolutionären Oktroyierungsaktes zu sehen und im Sinne des monarchischen Prinzips ein System ungeschriebener, extrakonstitutioneller Vorbehaltsrechte des Königs hinzunehmen: „Wir erkennen der Krone kein anderes Recht zu als das, welches in der Verfassung steht" (Twesten). Auch das Königtum, hieß dies im Klartext, ist ein Verfassungsorgan.

Gegen den konservativ-autoritären Konstitutionalismus

Bürgerlich-liberaler Fortschrittsoptimismus

Die überwältigende Unterstützung durch die öffentliche Meinung und die Wähler mußte den festen Glauben des Liberalismus an seine eigene Zukunft bestärken. Viel hat dazu in der take-off-Phase der Industrialisierung die so überaus erfolgreiche wirtschaftliche Entwicklung beigetragen, von der auch und nicht zuletzt die kleinen und mittleren Betriebe profitierten. Dadurch konnten die innerbürgerlichen Spaltungen des Revolutionsjahres und die Pauperismuskrise des Vormärz leichter überwunden werden. Auch dies zählte zu den nachrevolutionären „Grundsätzen der Realpolitik" (Rochau): das Vertrauen auf das wachsende Gewicht der „realen" gesellschaftlichen Kräfte und die Gewißheit des materiellen Fortschritts, der so offensichtlich das Bürgertum in allen seinen sozialen Gruppen und Schichten begünstigte.

Hinzu kam seit dem Krimkrieg die Dynamisierung der internationalen Beziehungen, die mit der beispielgebenden italienischen Einigung gleichfalls einen kaum widerlegbaren Beweis für die historische Wende der „Neuen Ära" zu liefern schien, so daß der Rückfall Preußens in die Reaktionszeit aus liberaler Sicht nur von kurzer Dauer sein konnte. Als Bismarck auf dem Höhepunkt des preußischen Verfassungskonflikts im September 1862 zum Ministerpräsidenten berufen wurde, kommentierte Rochau dies siegessicher in der von ihm redigierten Wochenschrift des Nationalvereins mit den Worten: „Mit der Verwendung dieses Mannes ist der schärfste und letzte Bolzen der Reaktion von Gottes Gnaden verschossen ..."

Der Deutsche Nationalverein

Die Fortschrittspartei in Preußen und die Schwesterorganisationen in den anderen Ländern besaßen in der gut organisierten und breitenwirksamen Nationalbewegung eine außerparlamentarische Stütze. Die Lockerung des Vereinsrechts seit 1858/59 schuf hierzu die Voraussetzung. Nach dem Vorbild der italienischen Società nazionale gründeten norddeutsche Liberale um den hannoverschen Oppositionsführer Rudolf von Bennigsen gemeinsam mit gemäßigten Demokraten aus verschiedenen Ländern am 15./16. September 1859 in Frankfurt, der Stadt der Paulskirche, den „Deutschen Nationalverein" „zum Zwecke der Einigung und freiheitlichen Entwicklung des großen gemeinsamen Vaterlandes". Man wollte für eine starke Zentralgewalt und ein deutsches Nationalparlament in der Öffentlichkeit agitieren. Dabei richteten sich die Hoffnungen auf Preußen, obgleich dies aus Rücksicht auf die süddeutschen Demokraten nicht offen ausgesprochen wurde. Die programmatischen Erklärungen und Beschlüsse der Coburger Generalversammlungen beriefen sich bemerkenswerterweise auf die Reichsver-

6. Verfassungs- und Nationalpolitik

fassung von 1849. Während der Konfliktzeit wurde die Verwirklichung des Verfassungswerks der Paulskirche samt den Grundrechten und dem demokratischen Wahlgesetz zum zentralen Programmpunkt erhoben. Auch Bennigsen sprach nun von der Anknüpfung des Nationalvereins „an die unterbrochene große Bewegung des Jahres 1848 und 1849". Der Verein sei dazu bestimmt, „die sämtliche Kraft der Bevölkerung darzustellen". Auf dem sicheren Rechtsboden der Reichsverfassung blieb die Revolution von 1848 in programmatischer Hinsicht beispielgebend.

Die besitzbürgerliche Revolutionsfurcht vor dem sozialen Umsturz verhinderte gleichwohl den unmittelbaren Appell an die „Massen". Die Fortschrittspartei wie der Nationalverein mobilisierten statt dessen ihre Anhänger mit Hilfe verbesserter und neuer Organisationsformen. Die Parlamentsfraktion der neuen Partei blieb Zentrum und Führungsspitze, aber sie intensivierte ihre Kontakte zu den außerparlamentarischen Gremien, die entsprechend aufgewertet wurden (Parteiversammlungen, Wahlkomitees, Parteipresse etc.). Dabei verstand sich die „Deutsche Fortschrittspartei" als „Exekutive des Nationalvereins". Die Wahlerfolge steigerten sich während der Konfliktzeit: Zusammen errangen die drei liberalen Fraktionen des preußischen Abgeordnetenhauses im Dezember 1861 etwa zwei Drittel und im Mai 1862 sogar nahezu drei Viertel aller Mandate.

Verbesserte und neue Organisationsformen

Der Nationalverein organisierte auf dem Höhepunkt seiner Wirksamkeit 1862/63 länderübergreifend, jedoch mit Schwerpunkt nördlich der Mainlinie, ca. 25000 beitragszahlende, eingeschriebene Mitglieder. Die Vereinszentrale mit festem Sitz in Coburg hatte bereits einen verbandsbürokratischen Zuschnitt. Im Vorstand saßen mit dem Vorsitzenden Bennigsen und dem Geschäftsführer, dem thüringischen Demokraten Fedor Streit, zwei „Berufspolitiker", die hauptamtlich für den Verein tätig waren und von ihm finanziert wurden. Daneben gab es weitere neun festangestellte Mitarbeiter. Reisen, Vorträge und Reden der Ausschußmitglieder und der „Wanderprediger" wurden gleichfalls bezahlt. Mit der von Rochau betreuten „Wochenschrift" besaß der Verein ein eigenes Presseorgan. Daneben wurde eine Anzahl weiterer Blätter finanziert. Es ist allerdings sehr bezeichnend, daß die meisten Zweigvereine in Süddeutschland, wo das dezentralisierte „Vorortsystem" des Vereinswesens eine lange Tradition besaß, darauf bedacht waren, ihre Eigenständigkeit soweit als möglich zu bewahren.

Personell und programmatisch war der Nationalverein mit vielen Interessen- und Berufsverbänden verflochten, die in den sechziger Jahren ihre erste große Gründungswelle erlebten. So bestanden enge Verbindungen zum „Kongreß deutscher Volkswirte", der seit 1858 jährlich die Freihändler versammelte, und zum „Deutschen Handelstag", der als Dachorganisation der Handelskammern gegründet wurde. Beide Organisationen setzten sich offen für eine kleindeutsch-preußische Lösung der nationalen Frage ein. Die Freihandelsorientierung Preußens und des Zollvereins sowie der wirtschaftliche Vorsprung des aufstrebenden Handels- und Industriestaats, hinter dem Österreich weit zurückblieb, legten diese Option nahe.

<small>Freihändlerische nationale Wirtschaftsinteressen</small>

Ein ganz anderes und zunehmend problematisches Verhältnis herrschte zu den verbündeten Massenorganisationen der Sänger, Turner, Schützen und Arbeiter. Das Eindringen der „Volksmassen" in den Nationalverein war unerwünscht. Schon der hohe Jahresbeitrag verhinderte den Zulauf. Wohl aber waren Demokraten wie Fedor Streit und vor allem Hermann Schulze-Delitzsch, der populäre Genossenschaftsgründer, erfolgreich um den Auf- und Ausbau von liierten, aber separat organisierten Volks- und Arbeiter(bildungs)vereinen bemüht. Die „Außenorganisation" der popularen Kräfte und insbesondere der Arbeiter konnte – mit Schulzes Worten – als „Knüppel aus dem Sack" nützlich sein, um mit Massendruck zu drohen, jedoch nur unter dem dominierenden Einfluß und der kanalisierenden Kontrolle des übergeordneten Nationalvereins. Die Eingrenzung der Mitglieder auf die neue Bürgerklasse durchkreuzte insofern das politische Konzept einer liberal-demokratischen „Volkspartei".

<small>Separat organisierte Volks- und Arbeiter(bildungs)vereine</small>

Die ersten Warnzeichen, die auf eine Veränderung der Parteienlandschaft hindeuteten, waren jedoch aus zeitgenössischer Sicht noch kaum erkennbar. Die großen Wahlerfolge der Fortschrittspartei wie die Gefolgschaft der „Außenorganisationen" des Nationalvereins, dessen Breitenwirkung die des proösterreichischen „Deutschen Reformvereins" bei weitem übertraf, stellten alle Startversuche zur Gründung popularer Parteien des Konservativismus, des Katholizismus oder des Sozialismus vorerst in den Schatten. Auch der im Frühjahr 1863 von Lassalle gegründete „Allgemeine deutsche Arbeiterverein" (ADAV) bedeutete für die liberal-demokratische Arbeiterbildungsbewegung noch keine ernstzunehmende Konkurrenz. In der Phase der handwerklich geprägten Arbeiterschaft folgten die meisten Arbeiter Schulze-Delitzsch und nicht Lassalle. Außerhalb Preußens blieb der volksparteiliche Flügel der Demokra-

<small>Die Gründung selbständiger Arbeiterparteien</small>

6. Verfassungs- und Nationalpolitik

ten bis hin zur Sächsischen Volkspartei Bebels und Liebknechts um eine Zusammenarbeit von „bürgerlicher" und „proletarischer Demokratie" bemüht. Erst 1869 wurde in Eisenach unter der Mitwirkung ehemaliger Lassalleaner die „Sozialdemokratische Arbeiterpartei" gegründet, die jedoch bei den ersten Reichstagswahlen 1871 gemeinsam mit dem ADAV nicht mehr als 3,2% der Stimmen und nur zwei Mandate gewann.

Die tiefe Krise des Liberalismus entzündete sich nicht an der Parteienkonkurrenz von rechts oder von links, sondern am Fehlschlag hinsichtlich der Verbindung von nationalen und liberalen Zielen oder besser: am Erfolg Bismarcks. Der Zusammenhang von liberaler Verfassungs- und Nationalpolitik brach auseinander, als ausgerechnet der reaktionäre preußische Konfliktminister mit der kriegerisch-machtstaatlichen Lösung der deutschen Frage das große nationale Einigungswerk durchzusetzen wußte, das 1848 gescheitert war. Bismarck befolgte die Devisen einer „Realpolitik", die er im kritischen Rückblick auf die 48er Revolution in seiner schon damals meistzitierten Rede vom 30. September 1862 vor der Budgetkommission auf seine Weise interpretierte: „Nicht auf Preußens Liberalismus sieht Deutschland, sondern auf seine Macht; Bayern, Württemberg, Baden mögen den Liberalismus indulgieren, darum wird ihnen doch keiner Preußens Rolle anweisen; Preußen muß seine Kraft zusammenfassen und zusammenhalten auf den günstigen Augenblick, der schon einige Male verpaßt ist; Preußens Grenzen nach den Wiener Verträgen sind zu einem gesunden Staatsleben nicht günstig; nicht durch Reden und Majoritätsbeschlüsse werden die großen Fragen der Zeit entschieden – das ist der große Fehler von 1848 und 1849 gewesen –, sondern durch Eisen und Blut." Unter dem unmittelbaren Eindruck der beiden entscheidenden Kriege, 1864 gegen Dänemark und 1866 gegen Österreich, schrieb Treitschke im Banne Bismarcks und der preußischen Geschichte über die Ohnmacht der Liberalen: „Unsere Revolution wird von oben vollendet, wie begonnen, und wir mit unserem beschränkten Untertanenverstande tappen im Dunkeln."

Es ist hier nicht der Ort, um die erfolgreiche Außenpolitik Bismarcks bis zum deutsch-französischen Nationalkrieg von 1870/71 ausführlich zu erörtern. Darzustellen bleibt jedoch, in welcher Weise die schon von Treitschke und vielen seiner Zeitgenossen im rechten wie im linken Lager so benannte „Revolution von oben" zum innenpolitischen Machtfaktor geworden ist, und zu fragen wäre abschließend, ob dabei dem nationalen Liberalismus tatsäch-

Bismarcks „Revolution von oben"

lich nur die Rolle des Juniorpartners einer starken, autoritären Regierung zufiel.

Verfassungskompromiß in Preußen

Die verfassungs- und nationalpolitischen Grundentscheidungen fielen bereits 1866/67. Am Ausgang des preußischen Verfassungskonflikts stand die sog. Indemnitätsvorlage, mit der die Kammer um die nachträgliche Bewilligung des Staatsbudgets ersucht wurde. Die Thronrede zur Eröffnung des Landtags trug deutlich Kompromißcharakter. Einerseits rechtfertigte der König die Notstands- oder „Lückentheorie"; andererseits gab er zu, daß die Regierung ohne „gesetzliche Grundlage" gehandelt habe. Die große Mehrheit der Liberalen, die sich schon im Herbst 1866 von der Fortschrittspartei abspaltete und eine neue, die „Nationalliberale Partei" gründete, stimmte dem Indemnitätsgesetz zu. Die Geschichte selbst, meinte Twesten im nach wie vor optimistischen Vertrauen auf die Zwangsläufigkeit des Fortschritts, habe dem Ministerium Bismarck „Indemnität erteilt".

Gründung des Norddeutschen Bundes und „System Bismarck"

Der kriegerischen Beseitigung des preußisch-österreichischen Dualismus, der Sprengung des Deutschen Bundes und den großpreußischen Annexionen (Schleswig-Holstein, Hannover, Kurhessen, Nassau, Frankfurt) folgte die Gründung des Norddeutschen Bundes, in dem Preußen ein starkes hegemoniales Übergewicht besaß. Der Bund erhielt eine konstitutionelle Verfassung mit dem „revolutionären" demokratischen Wahlrecht. Sie wurde von Bismarck entworfen und mit einigen Modifikationen vom Konstituierenden Norddeutschen Reichstag angenommen. Der von den Liberalen geforderte Ausbau der Zentralgewalt mit verantwortlichen Bundesministern scheiterte am dezidierten Widerstand Bismarcks. Erreicht wurde lediglich, daß nach Art. 17 der Bundeskanzler (später der Reichskanzler), der zugleich das viel wichtigere Amt des preußischen Ministerpräsidenten innehatte, für die „Anordnungen und Verfügungen des Bundespräsidiums" verantwortlich war. Obwohl das „System Bismarck" die Dominanz der Exekutive und die Schlüsselstellung ihres Chefs im komplizierten Nebeneinander verschiedenartiger Institutionen (Reichstag, Bundesrat, preußisches Abgeordnetenhaus, preußisches Herrenhaus, Bundeskanzleramt, preußisches Staatsministerium) festschrieb, waren die Liberalen weiterhin davon überzeugt, daß Deutschland nicht durch Eroberungen, „nicht auf Militärmacht, sondern auf seine konstitutionelle Entwicklung" (Miquel, 1869) zu begründen sei.

Beginn einer neuen „liberalen Ära"

Die sehr erfolgreiche gesetzgeberische Tätigkeit des Norddeutschen Reichstags, mit der eine neue „liberale Ära" eröffnet und ein

6. Verfassungs- und Nationalpolitik

grundlegendes Reformwerk in wirtschaftsliberaler und rechtsstaatlicher Hinsicht durchgesetzt wurde, konnte als Beweis für den wachsenden parlamentarischen Einfluß auch im konstitutionellen Regierungssystem angeführt werden. Die Verfassung von 1867, meinte Bennigsen, sei ein „verbesserungsbedürftiges, aber auch verbesserungsfähiges Werk".

Es blieb zudem die Hoffnung auf die liberalen und föderalen Traditionen der süddeutschen Staaten, die vorerst nur militärisch durch die geheimen Schutz- und Trutzbündnisse und wirtschaftlich durch den Zollverein mit Preußen verbunden waren. Die Entscheidung im wirtschaftspolitischen Kampf um die deutsche Vorherrschaft war schon 1865 gefallen, als sich der Zollverein unter dem Druck Preußens und gegen die Schutzzollpläne Österreichs der westeuropäischen Freihandelszone angeschlossen hatte. Mit der Errichtung eines Zollparlaments unterstrich Bismarck die nationalpolitische Bedeutung des Zollvereins. Allerdings machte sich 1868 bei den ersten Zollparlamentswahlen eine starke antipreußische Stimmung in Süddeutschland bemerkbar. Doch wollte im Grunde niemand mehr den Weg zur Wirtschaftseinheit verlassen.

Süddeutschland

Dank der günstigen Umstände am Ausgang des deutsch-französischen „Einigungskrieges" gelang es Bismarck, ein Wiederaufleben der Verfassungsdiskussion 1870/71 zu verhindern. Die Reichsgründung vollzog sich durch den bloßen „Anschluß" der süddeutschen Staaten an den Norddeutschen Bund auf der Rechtsbasis der „Novemberverträge", die vom Norddeutschen Reichstag und den süddeutschen Länderparlamenten ratifiziert wurden. Eine Konstituierende Nationalversammlung fand bezeichnenderweise nicht statt. Am 1. Januar 1871 trat die Reichsverfassung in Kraft. Aber nicht dieser Tag, sondern die waffenklirrende „Kaiserproklamation" im Spiegelsaal zu Versailles prägte sich als „Reichsgründungsakt" dem kollektiven Gedächtnis ein.

„Anschluß" der süddeutschen Staaten 1870/71

Es gehört zum „Doppelgesicht der deutschen Nationalstaatsgründung" (D. LANGEWIESCHE), daß einerseits die konservativ-hegemonialen Tendenzen Preußens 1870/71 endgültig und längerfristig zum Erfolg kamen. Die süddeutschen Staaten mußten sich mit einigen wenigen „Reservatrechten" bescheiden. „Die Bildung des deutschen Nationalstaates in zwei Schritten trug deshalb entscheidend dazu bei, daß dieser Staat seinen spezifisch autoritären und ‚großpreußischen' Charakter erhielt" (R. RÜRUP). Andererseits wurde der Nationalstaat gegen die rechtskonservative Opposition und zur selbstbewußten Genugtuung der Nationalliberalen als ein nationa-

„Doppelgesicht der Nationalstaatsgründung"

ler Verfassungsstaat gegründet, der ganz gewiß nicht alle, aber doch wesentliche Ziele erfüllte, die seit dem Vormärz erstrebt worden waren. So gesehen, war die „äußere" zugleich eine „innere Reichsgründung", die den Prozeß der gesellschaftlichen Nationsbildung zu ihren Voraussetzungen zählte, von dem auch die Revolution „von oben" abhängig war.

II. Grundprobleme und Tendenzen der Forschung

1. Konstitutionalismus und Parlamentarisierung

1.1 Kontroversen, Methodenprobleme und Untersuchungsfelder

Die wissenschaftliche Diskussion über die Probleme des „monarchischen Konstitutionalismus" im 19. Jahrhundert orientierte sich lange Zeit primär an der politisch-gesellschaftlichen Entwicklung Preußens und des Kaiserreichs. Dies galt auch für die bekannteste und bis heute nachwirkende Forschungskontroverse zu diesem Thema, die sich in den 1960er Jahren im Anschluß an ältere, zum Teil schon zeitgenössische Ansichten zwischen E. R. HUBER und E.-W. BÖCKENFÖRDE an der Streitfrage entzündete, ob die konstitutionelle Monarchie als eigenständiger Verfassungstypus (so HUBER) oder als bloße Übergangsform zwischen monarchischem und parlamentarischem Regierungssystem (so BÖCKENFÖRDE) zu bewerten sei. HUBER verteidigte in seiner „Deutschen Verfassungsgeschichte seit 1789" [167] die Kompromiß- und Funktionsfähigkeit sowohl der preußischen Verfassung von 1850, die ihre Bewährungsprobe in der Zeit des preußischen Verfassungskonflikts bestanden habe, als auch der Bismarckschen Reichsverfassung, der es gelungen sei, eine Synthese von monarchischem und parlamentarisch-demokratischem Prinzip herzustellen [vgl. 168: Reichsverfassung, 164–196].

Huber/Böckenförde: Kontroverse über die „konstitutionelle Monarchie"

BÖCKENFÖRDES Kritik an HUBER betonte mit Berufung auf Carl Schmitt, ohne freilich dessen Option für den preußischen Militärstaat zu teilen, den „dilatorischen Kompromiß" der Reichsverfassung von 1871. Sie verwies auf den fortwirkenden unentschiedenen Dualismus zwischen Regierung und Volksvertretung in einem weiterhin auf den Monarchen bezogenen und im Kern obrigkeitlich geprägten Verfassungssystem, das infolgedessen „ohne eigene, einheitstiftende politische Kraft" geblieben sei [136: Verfassungstyp, 146–170, Zit. 154]. BÖCKENFÖRDE zog daraus den Schluß einer notwendigen, gleichsam gesetzmäßigen Entwicklung von der konstitutionellen zur parlamentarischen Monarchie [vgl. auch 135: Verfassungsgeschichte, Einleitung, und ebd. den Aufsatz von R. WAHL, Der preußische Verfassungskonflikt und das konstitutionelle System des Kaiserreichs, 171–194].

<small>Problematik des Strukturbegriffs „Konstitutionalismus"</small>

Die Anregungen zu einer Struktur- oder Prozeßanalyse monarchischer Herrschaftsformen fanden allerdings kaum praktische Nachfolge, obwohl Ansätze hierzu bis zu Otto HINTZE [165] zurückreichen. Dies lag gewiß nicht nur an den Traditionen des Historismus, die, wie der Verfassungsjurist BÖCKENFÖRDE nicht ohne Ironie vermerkte, den Historiker in die eigentümliche Lage versetzten, „eine Fragestellung, die er im Hauptsatz macht, zugleich in zwei Nebensätzen wieder einschränken und abschwächen zu müssen, will er genau sagen, ‚wie es eigentlich gewesen' ist" [136: Verfassungstyp, 147]. Zu keiner Zeit forderten auch die Historiker und vor allem die Vertreter der „kritischen Geschichtswissenschaft" so vehement die Öffnung für typologisierende Methoden und theoriegeleitete, systematische Analysen wie seit der Mitte der 1960er Jahre.

<small>Wehlers Bonapartismus-These</small>

Doch im Umfeld der Kaiserreichskontroverse, die in der Perspektive auf 1933 hin eng mit der Debatte über den „deutschen Sonderweg" verknüpft war, stieß die Systembezeichnung „Konstitutionalismus" für die Herrschaftsform auch und gerade des Bismarckreiches auf zunehmende Kritik. Zuerst in seinem Buch „Bismarck und der Imperialismus" von 1969 vertrat vor allem H.-U. WEHLER die These einer „bonapartistischen Diktatur" Bismarcks. Zwar blieb die Bonapartismuskonzeption umstritten [vgl. die Kritik 155: L. GALL, Bismarck, 618–637; 151: E. FEHRENBACH, Bonapartismus, 39–55], aber sie trug gleichwohl dazu bei, die gängige Vorstellung „von einem die Zeiten überdauernden Konstitutionalismus" zu überprüfen. Denn mit einer solchen Betrachtungsweise, so kritisierte H. BOLDT in einem vielbeachteten Aufsatz „Konstitutionalismus und Bismarckreich" [138], werde „der tiefgreifende Wandel zu einer neuen Ordnung verdeckt, die sich mit altkonstitutioneller Begrifflichkeit nicht mehr erfassen läßt". BOLDT sah vor allem in der Einführung des allgemeinen, gleichen und direkten Wahlrechts „das grundsätzlich Neue des Bismarckschen Systems" und verwies in diesem Zusammenhang auf die „heuristische Relevanz der Bonapartismus-These" [ebd., Zit. 131, 140f.; zur Kaiserreichskontroverse, auf die hier nicht näher eingegangen wird, vgl. den in dieser Reihe vorgesehenen Band von H.-P. ULLMANN].

Außerdem herrschte Einverständnis darüber, daß es ohne genauere Kenntnis der konstitutionellen Praxis kaum möglich sein werde, die Wandlungen des konstitutionellen Systems und die

1. Konstitutionalismus und Parlamentarisierung 73

Hemmnisse bzw. Chancen der Parlamentarisierung präziser zu erfassen. Grundlegend für die empirische, den „realen" Prozessen zugewandte Forschungsrichtung wurde die von G. A. RITTER entworfene Forschungsskizze im Rahmen des von ihm geleiteten umfassenden Projekts eines „Handbuchs der Geschichte des deutschen Parlamentarismus", das 1972 auf dem Regensburger Historikertag erstmals der wissenschaftlichen Öffentlichkeit vorgestellt wurde. Publiziert als Einleitung zu dem 1974 erschienenen Sammelband „Gesellschaft, Parlament und Regierung" [194], trug der Forschungsabriß den das Leitthema umkreisenden Titel: „Entwicklungsprobleme des deutschen Parlamentarismus" [ebd., 11–54].

Ritters Forschungsprojekt: „Entwicklungsprobleme des deutschen Parlamentarismus"

Die Rittersche Definition des Begriffs „Parlamentarismus" war im Interpretationsansatz nicht analytisch, sondern deskriptiv gemeint. Es sei, versicherte RITTER, keine „inhaltliche Festlegung auf ein wie auch immer geartetes Modell des ‚Parlamentarismus' oder gar des ‚echten Parlamentarismus' beabsichtigt" [ebd., 11]. Die Geschichte des Parlamentarismus im 19. und 20. Jahrhundert wurde zunächst einmal ganz pragmatisch mit der Geschichte der Parlamente gleichgesetzt. Trotzdem gingen Fragestellungen und Themenkatalog über die sonst üblichen Beschreibungen parlamentarischer Aktivitäten und Tätigkeitsfelder wie Gesetzgebung, Budget etc. weit hinaus. Es entsprach dem inzwischen dominierenden Trend zur Sozialgeschichte, wenn die Parlamente und ihre Vor- und Frühformen im Vormärz nicht isoliert von der repräsentierten Gesellschaft, sondern „in ihrer Funktion als Vermittler zwischen Regierung und Volk, also im Rahmen des Verfassungs- und Gesellschaftssystems der jeweiligen Zeit" untersucht werden sollten [Zit. aus RITTERS Vorwort zu 140: M. BOTZENHART, Parlamentarismus, 10]. Dies schloß zum einen die Parteien-, Verbands- und Wahlgeschichte ebenso ein wie die Geschichte der politischen Ideen und sozialen Theorien. Zum anderen lag ein besonderer Akzent auf dem gegenseitigen Verhältnis zwischen Regierung, Bürokratie und Volksvertretung. Die wichtige aktive Rolle der staatlichen Bürokratie im politischen Entscheidungsprozeß zählte RITTER neben der „Schwäche der sozialen Basis eines bürgerlichen Parlamentarismus in Deutschland" zu den Kernthemen einer modernen deutschen Parlamentsgeschichte [vgl. auch den von RITTER 1983 herausgegebenen Sammelband „Regierung, Bürokratie und Parlament in Preußen und Deutschland von 1848 bis zur Gegenwart", 195].

Einbezug sozialgeschichtlicher Fragestellungen

Im Mittelpunkt stand auch weiterhin das preußisch-deutsche System der konstitutionellen Monarchie, „ein labiles verfassungspolitisches Balancesystem", wie es RITTER für das Kaiserreich im Anschluß an die Kritiker HUBERS, wenn auch in den Schlußfolgerungen vorsichtiger als BÖCKENFÖRDE, umschrieb, „dessen Gewichte sich – abhängig von der Entwicklung der ökonomischen, sozialen und politischen Kräfte und ihrer Organisationen – ständig verschoben, und das die Voraussagen schwer machte, in welcher Form es, wenn überhaupt, ein neues, dauerndes Gleichgewicht erreichen würde" [194: Gesellschaft, 13].

Thematische Ausweitung: Verfassungsgeschichte der süddeutschen Staaten

In verstärktem Maße rückte nun aber auch die konstitutionelle Entwicklung der süddeutschen Verfassungsstaaten in den ersten beiden Dritteln des 19. Jahrhunderts ins Blickfeld. Bei aller Kritik an der zunehmenden Unfähigkeit des dualistischen konstitutionellen Systems zu Problemlösungen, meinte RITTER, wäre es doch völlig verfehlt, „die tiefe Verwurzelung der immerhin in einigen deutschen Staaten über 100 Jahre bestehenden verfassungspolitischen Ordnung in den durch die Geschichte und Machtstruktur der deutschen Länder, die politischen Traditionen und sozialen Verhältnisse gegebenen Bedingungen zu übersehen sowie die erstaunliche Kraft des Systems zur Prägung politischer und sozialer Institutionen, Kräfte und Verhaltensweisen zu unterschätzen" [ebd.]. Die in den 1970er und vermehrt in den 1980er Jahren von vielen Historikern postulierte Loslösung von der einseitig Preußen-zentrierten Sicht barg zugleich die Chance, beim Nachdenken über Sonder- und Irrwege deutscher Geschichte Treitschkes Determinismus endlich zu überwinden und „in die unbefangene Würdigung der Vielfalt deutscher Geschichtswege" einzutreten [55: H. LUTZ, Zwischen Habsburg und Preußen, 199].

Erweitertes Politikverständnis

In einer 1987 erschienenen „methodologischen Betrachtung" zu HUBERS Verfassungsgeschichtswerk, das inzwischen in sieben Bänden abgeschlossen vorliegt, bekannte sich H. BRANDT, der z.Zt. wohl beste Kenner des süddeutschen Parlamentarismus, zu einer institutionell-politischen Verfassungsgeschichte, die er aus dem Schatten sowohl der politischen Ereignis- als auch der Sozialgeschichte und erst recht aus dem allzu engen Rahmen der Verfassungsrechtsgeschichte herauszulösen wünscht [143]. BRANDT lehnt HUBERS etatistische, auf „Ordnung" und „Norm" fixierte Perspektivik ebenso ab wie die Verfassungs- und Sozialgeschichte im Sinne Otto Brunners, der unter Verfassung „die politisch-soziale Bauform einer Zeit" verstanden wissen wollte [so auch 135: BÖCKENFÖRDE, Verfassungsgeschichte, 11]. Dem Autor des 1987 in RITTERS Handbuchreihe erschienenen Buches „Parlamentarismus in Württemberg

1819–1870. Anatomie eines deutschen Landtags" [142] geht es nicht um das „Wesen" oder die „Struktur" des monarchischen Konstitutionalismus, sondern um „die empirische Entschlüsselung der Chiffre ‚konstitutionelle Monarchie'" für eine Abfolge von politischen Systemen [ebd., 16; vgl. 143: Huber-Rezension, 240]. In Absetzung von HUBER vertritt BRANDT eine Position, „welche die Aufspaltung von ‚Ordnung' und ‚Geschehen' nicht gelten läßt, die dagegen politisches Handeln – in Kommune, Partei, Genossenschaft, Betrieb, Regierung und Parlament, oder wo immer sonst es zu verfolgen ist – zu ihrem Gegenstand macht. Genauer gesagt: das Handeln, wie es in der Disziplin der Gewohnheit und Regeln Gleichförmigkeit und Dauer entwickelt" [ebd., 241]. Gemeint sind also nicht die spektakulären Ereignisse, die „Haupt- und Staatsaktionen", gemeint ist auch nicht nur die Erforschung von Handlungsspielräumen, sondern: „das Handeln in ‚Verfassung', der Alltag der Politik, wenn man so will, befangen dazu in angebbaren ökonomisch-sozialen Verhältnissen" [ebd. 239; vgl. die Einleitung zu 142: Parlamentarismus in Württemberg, 11–17, bes. 16].

BRANDT nähert sich damit dem erweiterten Politikverständnis der Mentalitäts- und Erfahrungsgeschichte oder – wie hierzulande das mißverständliche Schlagwort lautet – der „Alltagsgeschichte". Thematisiert wird die „politische Kultur" einer Region, die „Politisierung der Provinz", z. B. durch Wahlen und Wahlvereine im Vormärz, durch den Vormarsch der Parteien in den 1850er und 1860er Jahren oder auch durch die allmähliche Parlamentarisierung der Regierung, wie sie sich im Falle Badens und Württembergs beobachten läßt.

Die Methodenvielfalt gehört wohl wie die ständige Erweiterung der Untersuchungsfelder zu den Bedingungen des Fortschritts historischer Erkenntnis. Die Parlamentarismusforschung verdankt, wie im folgenden Kapitel zu zeigen sein wird, ihre neuen Ergebnisse nicht zuletzt auch der regionalen Differenzierung und dem innerdeutschen Vergleich.

1.2 Chancen und Hemmnisse der Parlamentarisierung

Über Entstehung und Anfänge des süddeutschen Frühkonstitutionalismus gibt es noch keine moderne Darstellung von Rang. Die ältere Literatur überließ dieses Thema der Landesgeschichtsschreibung, die bis heute die meisten ereignisgeschichtlichen Informationen zu liefern vermag. Eine nach Ländern geordnete Zusammenfas-

<small>Landesgeschichtliche Erforschung des süddeutschen Konstitutionalismus</small>

sung älterer Forschungsergebnisse bietet – trotz aller methodischen Vorbehalte, die das opus magnum hervorrief – HUBERS Verfassungsgeschichte [167, Bd. 2, 314–386].

Zwei Grundprobleme wurden dennoch sehr intensiv und kontrovers diskutiert. Zum einen widmete sich die Ständegeschichtsforschung der Streitfrage, ob und inwieweit sich Kontinuitäten von der ständischen zur konstitutionell-parlamentarischen Repräsentation nachweisen lassen [vgl. bes. 139: K. BOSL (Hrsg.), Parlamentarismus]. Einverständnis ließ sich darüber erzielen, daß altständische Tendenzen auch in den süddeutschen Verfassungen von 1818/20 nicht fehlten [192: V. PRESS, Landtage, 100–140]. Doch betonen vor allem die Kenner des rheinbündischen Reformwerkes eher die Diskontinuitäten und den Anstoß französisch inspirierter Reformpolitik. Mit den Worten von E. WEIS: „Die Modernisierung der Staaten und ihrer Gesellschaft ... war in keiner Weise das Werk der Stände, denen sie auch keine Impulse verdankte. Sie war vielmehr das Werk der Regierungen, die durch eine Revolution von oben die Neuerungen der Französischen Revolution auf ihre Staaten übertrugen in der Form, die diesen in Frankreich Napoleon gegeben hatte" [214: Kontinuität, 337–355, Zit. 346].

Zum anderen wirft der etatistisch-bürokratische Ursprung der frühkonstitutionellen Verfassungen Fragen und Probleme auf, die in engem Zusammenhang mit der Debatte über die preußischen und rheinbündischen Reformen erörtert wurden. Die zuerst von E. WEIS angeregte Rheinbundforschung der 1970er Jahre, die sich um einen Abbau der kleindeutsch-nationalgeschichtlichen Überbewertung Preußens bemühte, thematisierte erstmals den verfassungspolitischen Vorsprung der rheinbündischen vor den preußischen Reformen [152: E. FEHRENBACH, Reformen, 288–316]. Die Verfassungen von 1818/20 werden nicht mehr in erster Linie als Ergebnis der Befreiungskriege und der Bundespolitik auf dem Wiener Kongreß, sondern als „Schlußstein im Gefüge des rheinbündischen Reformwerkes" interpretiert [127: H. BERDING/H.-P. ULLMANN (Hrsg.), Deutschland, Einl. 22; vgl. 212: E. WEIS (Hrsg.), Reformen]. Insbesondere die beiden 1983 und 1986 publizierten umfangreichen Untersuchungen von W. DEMEL über den bayerischen „Staatsabsolutismus" [147] und von H.-P. ULLMANN über das Wechselverhältnis von „Staatsschulden und Reformpolitik" in Bayern und Baden [204] machten dann das Ausmaß der Sachzwänge deutlich, die auf eine Konstitutionalisierung drängten. DEMEL analysierte am Beispiel Bayerns den Druck der Finanzkrise und die Notwendigkeit der

Staatsintegration; ULLMANN akzentuierte die Hebelwirkung der „finanziellen Revolution" und den Durchbruch zur „modernen öffentlichen Finanzwirtschaft".

Aber auch im Hinblick auf die preußischen Reformen verlagerte sich das Interesse von Stein zu Hardenberg, von der ersten auf die zweite Reformphase im Zeichen „bürokratischer Modernisierung" [206: B. VOGEL, Gewerbefreiheit; 205: DIES. (Hrsg.in), Reformen; vgl. ebd. den Beitrag von J. KOCKA: Preußischer Staat und Modernisierung, 49–65]. Am Fallbeispiel Reformpreußens wurde die initiierende Rolle des Staates im gesamtgesellschaftlichen Modernisierungsprozeß untersucht [vgl. jetzt zusammenfassend 66: H.-U. WEHLER, Gesellschaftsgeschichte, Bd. 1]. {Preußischer Staat und „bürokratische Modernisierung"}

Zur Debatte stand damit auch die vielerörterte Frage nach den Ursachen des Scheiterns preußischer Verfassungspolitik. Den Ausgangspunkt bildete die von R. KOSELLECK [174] entwickelte These einer „inneradministrativen Konstitutionalisierung" Preußens. Danach behinderte die Priorität der Verwaltung als „Ersatzparlament" die Durchführung der Verfassungsreformen, zumal das Problem der ständisch-parlamentarischen Repräsentation angesichts der gesellschaftlichen Widerstände gegen die Wirtschafts- und Sozialreformen unlösbar erschien. Dagegen hat H. OBENAUS [185] mit guten Gründen geltend gemacht, daß sich 1819/20 die Verfassungspläne Hardenbergs und seiner Mitarbeiter gleichfalls am Vorbild der französischen Charte und der bereits vorliegenden süddeutschen Verfassungen orientierten. Die Niederlage Hardenbergs wird deshalb von OBENAUS auf den Sieg des reaktionären Flügels der preußischen Bürokratie zurückgeführt, der mit der kräftigen Unterstützung Metternichs seit 1815/19 zu wachsendem Einfluß gelangte. B. VOGEL zufolge läßt sich darüber hinaus eine Fraktions- und Parteibildung innerhalb der preußischen Beamtenschaft erkennen. Hardenberg und die Anhänger der „allgemeinen Gewerbefreiheit", insbesondere die Gruppe der jüngeren Beamten, werden dem politischen und wirtschaftlichen „Beamtenliberalismus" zugeordnet [vgl. auch die beiden Aufsätze 207, 208]. In kritischer Auseinandersetzung mit KOSELLECK hat schließlich P. NOLTE in seiner 1990 erschienenen Schrift mit dem thesenhaften Titel „Staatsbildung als Gesellschaftsreform" dezidiert hervorgehoben, daß nicht nur die Verfassungs-, sondern auch die Verwaltungsreformen und Staatsinterventionen in Preußen weniger erfolgreich als in den Rheinbundstaaten durchgesetzt werden konnten [184]. NOLTE kommt zu dem Schluß, daß „die sozial modernisierende Wirkung des staatlichen Gewaltmonopols" [ebd., 192] im Süden günstigere Voraussetzungen für die Entstehung der Staatsbürgergesellschaft und somit für die Einführung einer konstitutionellen Verfassung geschaffen hat.

Debatte über den Beamtenliberalismus

Vieles blieb umstritten. Die Kritiker warnten vor einer Überschätzung der bürokratischen Reformleistungen. Sie bezweifelten mit L. GALL die Zugehörigkeit des sogenannten Beamtenliberalismus zur liberalen Bewegung; und sie forderten mit D. LANGEWIESCHE dazu auf, sorgfältiger zwischen Modernisierung und Liberalisierung zu unterscheiden [262: L. GALL, Liberalismus, 324–356; 285: D. LANGEWIESCHE, Liberalismus; 286: DERS. (Hrsg.), Liberalismus, Einl., bes. 19. Vgl. ebd. die Beiträge von L. GALL, B. VOGEL und H.-H. BRANDT].

Es fällt auf, daß die Existenz eines originären Beamtenliberalismus meist für die vorkonstitutionellen Staaten und insbesondere für Preußen und Österreich nachgewiesen wird. Wie B. VOGEL, so hat auch H.-H. BRANDT, der beste Kenner des österreichischen Neoabsolutismus [144], die Ansicht vertreten, daß mit der Herausbildung gouvernemental-konservativer und gouvernemental-liberaler „Parteirichtungen" die Bürokratie zum wichtigsten Austragungsort gesellschaftlicher Interessenkonflikte geworden ist. Schon mit E. WINTER [215] ist der österreichische Frühliberalismus oft in die Nähe des Spätjosefinismus gerückt worden.

Leider wissen wir nicht sehr viel über die Verfassungsgeschichte der mitteldeutschen Staaten vor 1830/31. Eine Ausnahme bildet Kurhessen: Wie den Untersuchungen von H. SEIER [101; 198] und W. SPEITKAMP [202: Restauration] zu entnehmen ist, spielten auch hier die Beamten-Aufklärer, nachdem ihr Verfassungsentwurf von 1816 gescheitert war, eine Vorreiterrolle für den bürgerlichen Liberalismus [vgl. grundlegend zur Rolle des bürokratischen Liberalismus 150: K.-G. FABER, Strukturprobleme, 201–227].

Süddeutsche Reformbürokratie und gouvernementaler Frühkonstitutionalismus

Für die konstitutionelle Praxis in den süddeutschen Verfassungsstaaten läßt sich dagegen nur feststellen, daß es zwar oppositionell-liberale Beamtenabgeordnete, aber keine parteibildende Beamtengruppierung gab, die dazu bereit gewesen wäre, die Weiterentwicklung vom gouvernementalen zum liberalen Konstitutionalismus zu unterstützen. Der an der Verfassungsstiftung maßgeblich beteiligte Geheimratsliberalismus, dem zumeist bürgerliche Aufsteiger und jüngere Beamte angehörten, unterlag sehr rasch der Doppelstrategie der reaktionären Regierungen, die Beamten einerseits zu disziplinieren und andererseits zu privilegieren [vgl. zu Baden 178: L. E. LEE, Politics; 179: DERS., Constitutionalism, 91–112; zu

1. Konstitutionalismus und Parlamentarisierung 79

Bayern 213: E. WEIS, Entstehungsgeschichte, 413–444; zur Beamtenpolitik in den süddeutschen Staaten grundlegend 217: B. WUNDER, Privilegierung; 218: DERS., Bürokratie]. Die frühen Landtage, resümiert H. BRANDT, „waren Agenturen des Interesses der Regierung, Darsteller und Vereiniger der ‚Staatsgesellschaft'". „Erst in den dreißiger Jahren", so fährt er fort, „vermochten sich die Parlamente zu institutioneller Selbständigkeit zu befreien und ihrerseits Einfluß auf die Politik der Regierung zu nehmen" [142: Parlamentarismus, 80].

Die Veränderungen des konstitutionellen Systems zu Beginn der dreißiger und in den mittleren vierziger Jahren bestätigen BÖCKENFÖRDES These vom Übergangscharakter der konstitutionellen Monarchie: Mit dem Erstarken der bürgerlich-liberalen Verfassungsbewegung geriet das prekäre „dualistische" Gleichgewicht zwischen Regierung und Landtag, das auf die Bedürfnisse der handelnden Exekutive zugeschnitten war, ins Wanken. Trotzdem sind diese Veränderungen, die auf die Parlamentarisierung der Regierungen im Revolutionsjahr 1848/49 hinausliefen, von der Forschung lange nur wenig beachtet worden. Die meisten Interpretationen stützten sich auf die zeitgenössische Verfassungstheorie, die – von Ausnahmen (Robert von Mohl, Karl Salomon Zachariä) abgesehen – an der strikten Trennung von Regierung und Parlament festhielt. Zweifellos gehörte die parlamentarische Regierungsweise nicht zu den politisch-verfassungspolitischen Kernforderungen des Liberalismus [154: L. GALL, Opposition, 153–170]; insofern entfaltete sich das politische Denken weiterhin „im Einflußfeld des monarchischen Prinzips" [so der Untertitel zu 141: H. BRANDT, Repräsentation; vgl. 137: H. BOLDT, Staatslehre].

Zur Erklärung wurde immer wieder die Machtschwäche des deutschen im Vergleich zum westeuropäischen liberalen Bürgertum angeführt, ein Rückstand, mit dem zugleich begründet wurde, warum die meisten Liberalen die Hoffnung auf den Reformstaat bewahrten [vgl. hierzu die beiden angelsächsischen Standardwerke 54: L. KRIEGER, The german idea of freedom; 330: J. J. SHEEHAN, Liberalismus]. Auch die sozialgeschichtliche Forschung, die sich erst in jüngster Zeit dem empirischen Forschungsthema „Bürgertum" zuwendet, ging seit dem programmatischen, von W. CONZE 1962 herausgegebenen Sammelband über „Staat und Gesellschaft im deutschen Vormärz" [70] davon aus, daß das staatlich-gesellschaftliche „Spannungsverhältnis" sich zugunsten der Beamtenregierungen ausgewirkt habe und somit als eine wesentliche Ursache für das

Verfassungstheorie des Vormärz: „dualistisches" Verfassungsverständnis

Scheitern der Revolution von 1848 anzusehen sei [vgl. ebd. den Aufsatz v. W. CONZE, 207–269; zur neueren Bürgertumsforschung: 278: J. KOCKA (Hrsg.), Bürgertum; 260: L. GALL (Hrsg.), Stadt; 258: DERS., Bürgertum].

Parlamentarisierungstendenzen in der konstitutionellen Praxis

Erst die Neubewertung der 1848er Revolution gab dem weiteren Gang der Forschung eine andere Richtung. Der Interpretationsansatz der Revolutionsgeschichte wurde nicht mehr allein von der Perspektive des Scheiterns bestimmt, sondern auch von der Frage nach den Grenzen und Möglichkeiten der Krisenbewältigung [vgl. hierzu jetzt die Gesamtdarstellung 102: W. SIEMANN, Revolution]. Damit rückte zugleich der Prozeß der Parlamentarisierung in das Blickfeld der Vormärz- und Revolutionsforschung.

Botzenharts Handbuchmonographie über den Revolutionsparlamentarismus

Die Grundlage hierzu schuf M. BOTZENHARTS Handbuchmonographie von 1977 über den „Deutschen Parlamentarismus in der Revolutionszeit 1848–1850" [140]. Sie vermittelte erstmals ein detailliertes Bild von der vielfältigen Praxis parlamentarischer Regierungsweisen, hinter der die theoretische Reflexion zurückblieb. Es entstand, so lautet das Fazit des Buches, auf nationaler wie auf Länderebene „ein pragmatisch gehandhabter, improvisierter Parlamentarismus" [ebd., 790]. Mit der kenntnisreichen Darstellung des Fraktions- und Parteiwesens sowie der Spielregeln des Parlamentsbetriebs (Fraktionsbildung, Ausschüsse, Geschäftsverfahren) und mit dem Datenmaterial über die stark erweiterte Wahlberechtigung und Wahlteilnahme widerlegt BOTZENHART endgültig die Legende vom politisch unerfahrenen „Honoratiorenparlamentarismus". Gestützt werden seine Ergebnisse durch die Parteien- und Wahlgeschichte, die gleichfalls in den 1970er und 80er Jahren viel breiter als zuvor erforscht wurde [zur Parteiengeschichte vgl. unten Kap. 2; zu den Nationalversammlungswahlen zuletzt 186: K. OBERMANN, Wahlen].

Hinzu kommen die Kenntnisse, die von der Protest- und Lebensweltforschung über den Mobilisierungs- und Politisierungseffekt der Revolution erarbeitet worden sind [vgl. u.a. 347: R. WIRTZ, Widersetzlichkeiten; 348: DERS., Begriffsverwirrung, 81–104; 197: M. SCHARFE, Erwartung, 179–194; 82: W. KASCHUBA/C. LIPP, 1848; zuletzt 75: M. GAILUS, Straße]. Auch wenn das Verhältnis der Parlaments- und Vereinsöffentlichkeit zur „Straßendemokratie" (von der schon V. VALENTIN in seiner nach wie vor grundlegenden Revolutionsgeschichte [104] gesprochen hat) noch wenig erhellt ist, so wird doch insgesamt angenommen, daß im Revolutionsjahr eine „Fundamentalpolitisierung" stattgefunden hat, deren Bedeutung nicht länger aus dem Geschichtsbewußtsein „verdrängt" werden sollte [vgl. 102: SIEMANN, Revolution, 225; zur Forschungsbilanz der Sammelband 89: D. LANGEWIESCHE (Hrsg.), Revolution].

Die Vor- und Nachgeschichte des Revolutionsparlamentarismus behandelt exemplarisch das schon häufiger erwähnte wichtige Werk von H. BRANDT über den württembergischen Landtag von 1819 bis 1870 [142]. Vieles von dem, was BOTZENHART über den praktizierten Parlamentarismus des Revolutionsjahres mitzuteilen weiß, zeichnete sich in Württemberg bereits zu Beginn des Vormärz ab: Politisierte Wahlen und Wahlvereine, Vorformen der späteren Parteien, spontane Fraktionsbildungen im Landtag. BRANDT nennt das Jahr 1830 einen „Wendepunkt der politischen Kultur" [ebd., 802]. Zwar erhoben auch die württembergischen Liberalen die parlamentarische Machteroberung noch nicht zum aktuellen Programm. „Dennoch", so berichtigt BRANDT die älteren Auffassungen, „sah sich die Opposition keineswegs nur als rechtsstaatliches Korrektiv der Regierung, als eine Prüfstelle für deren Politik. Sie wollte ihre eigene Politik durchsetzen. Nicht zuletzt deshalb hatte sie sich organisiert, hatte sich eine parteimäßige Form gegeben, obwohl das manchem Abgeordneten schon als eine Preisgabe der individuellen Freiheit vorkam. Mag die Methode dieser Politik – im Gegensatz zu ihrer Zielsetzung – auch nirgendwo im Zusammenhang formuliert sein, so scheint sie doch als Muster durch die parlamentarische Praxis hindurch, ist sie aus Initiativen, Erklärungen und Abstimmungen herauszulesen" [ebd., 568]. Auch die Parlamentspolitik der württembergischen Regierung neigte zur Nichtbeachtung des konstitutionellen Dualismus. Der Regierungsstil des württembergischen Königs ist sogar einmal als „Parlamentarismus der Krone" bezeichnet worden [182: F. MÖGLE-HOFACKER]. Nach BRANDT befand sich schon das Kabinett Schlayer (1833–1848) wie dann erst recht die Regierung Varnbüler (1864–1870) „in den Grenzregionen des konstitutionellen Systems" [ebd., 791]. Der Aufstieg des Liberalismus zur „regierenden Partei" im Baden der Neuen Ära [257: L. GALL] schien in den 60er Jahren auch in Württemberg bevorzustehen. „Der siebziger Krieg, seine Begleitumstände und seine Folgen haben diese Entwicklung abgeschnitten" [142: BRANDT, Parlamentarismus, 800]. In den meisten Darstellungen verwandelt sich bezeichnenderweise die Verfassungsgeschichte des süddeutschen Konstitutionalismus für die Reichsgründungszeit in eine Parteiengeschichte [zu Baden 257: L. GALL, Liberalismus; zu Württemberg 284: D. LANGEWIESCHE, Liberalismus; vgl. Kap. 2.2]. W. SIEMANN kommt in einer Bilanz zur Entwicklung mittelstaatlicher Landtage seit der

Brandts Handbuchmonographie über die Verfassungsentwicklung Württembergs

Themenbezug zur Parteien- und Liberalismusforschung

"Neuen Ära" zu dem empirisch überprüfbaren Ergebnis: "Die Tendenz der Parlamentarisierung war dem Konstitutionalismus immanent" [119: Gesellschaft, 232].

Zur Konstitutionalisierung Österreichs

Für die beiden deutschen Großstaaten ist es sehr viel schwieriger, eine solche Feststellung zu treffen. Österreich trat nach der gescheiterten Revolution von 1848 in eine Periode des Neoabsolutismus ein, die erst mit dem Verfassungswerk von 1860/61 abgebrochen wurde, hauptsächlich wegen der desolaten Finanzsituation. Nach der pessimistischen Beurteilung von H.-H. BRANDT [144: Neoabsolutismus] fehlten der deutschliberalen "Verfassungspartei" unter den besonderen Bedingungen der Habsburger Monarchie fast alle Möglichkeiten, aktiv an Einfluß zu gewinnen und die "zentrifugalen Tendenzen" des Vielvölkerstaates zu binden. Immerhin, so meint H. LUTZ [55: Habsburg], verstärkte die österreichische "Wendung zum Verfassungsstaat" die Hoffnung, die Schwierigkeiten "im Voranschreiten der Zeit zu überwinden" [ebd., 425].

Zur Konstitutionalisierung Preußens

Anders als Österreich verblieb Preußen mit der revidierten Verfassung von 1850 im Kreis der Verfassungsstaaten. Am Ursprung dieser Verfassung stand jedoch zugleich die "Pseudokonstitutionalisierung" wie "Pseudodemokratisierung der Rittergutsbesitzerklasse" [nach der vielzitierten Formulierung von H. ROSENBERG, 196]. An den Kernproblemen der preußischen Revisionspolitik der 1850er Jahre hat G. GRÜNTHAL [160: Parlamentarismus] exemplifiziert, "wie glänzend die Rechte – ihre um den Thron zum Schutz der eigenen Interessen versammelte junkerliche Phalanx zumal – die Lektion des Konstitutionalismus begriffen hatte und sich jener Garantien zu versichern wußte, die das schließliche Arrangement mit dem Verfassungsstaat zu einem Rückversicherungsvertrag auf Gegenseitigkeit werden ließ" [ebd., 472]. Es entstand ein konservativer Konstitutionalismus, dem Friedrich Julius Stahl schon im Vormärz das theoretische Rüstzeug geliefert hatte. Dazu gehörte die Überzeugung von der Unvereinbarkeit des konstitutionellen mit dem parlamentarischen Regierungssystem.

Im Zentrum der Konstitutionalismus- und Liberalismusforschung: Der preußische Verfassungskonflikt

Das besondere Interesse der Forschung gilt und galt seit jeher dem preußischen Verfassungskonflikt sowie der Entscheidung von 1866. Die Bismarcksche Lösung der konstitutionellen und nationalen Frage stand im Zentrum der verfassungsjuristischen Debatte über den "deutschen" Konstitutionalismus von HINTZE bis zu HUBER und BÖCKENFÖRDE [vgl. oben Kap. 1.1]. Die ältere linksliberale Historiographie diskutierte über die "Kapitulation" und die "Tragödie des deutschen Liberalismus" [exemplarisch das Buch gleichen

Titels von F. C. SELL, 329]. Und aus der Sicht der „kritischen Geschichtswissenschaft" der 1960er und 70er Jahre bildete die Zäsur von 1866 den Wendepunkt, an dem der „deutsche Sonderweg" vom Normalpfad der Parlamentarisierung Westeuropas abwich, weil sich das liberale Bürgertum der traditionellen Machtelite des preußischen Junkertums sowie der „bonapartistischen Diktatur" Bismarcks beugte [exemplarisch: H.-U. WEHLER, Das Deutsche Kaiserreich 1871–1918. Göttingen 1973. Zuletzt zur Sonderwegsdebatte 51: H. GREBING, Sonderweg].

Viele der zugespitzt dezidierten Thesen sind mittlerweile abgeschwächt, differenziert und teilweise revidiert worden. Schon 1964 hat H. A. WINKLER in seiner quellennahen Studie „Preußischer Liberalismus und deutscher Nationalstaat" [345] den Vorwurf von links, die Nationalliberalen hätten ihre ursprünglichen Ideale von 1848 preisgegeben, wenn nicht gar „verraten", zurückgewiesen. Es läßt sich mit vielen Zitaten belegen, daß die Liberalen auch weiterhin den optimistischen Zukunftsglauben an den politischen wie wirtschaftlichen Fortschritt bewahrten und die Hoffnung aufrechterhielten, wonach die Freiheit (auch und nicht zuletzt die Liberalisierung des preußischen Militärstaats) der nationalen Einheit folgen werde. Daß den Forderungen nach Rechtsstaatssicherheit nun verstärkt auch sozialökonomische Interessen und die Ängste des Wirtschaftsbürgertums vor der Sozialrevolution zugrunde lagen, beweisen die von M. GUGEL ausgewerteten Handelskammerberichte [265: Aufstieg]. Doch bedeutet dies noch nicht von vornherein, wie GUGEL meint, den Verzicht auf politische Ziele und direkte bürgerliche Herrschaft. B.-C. PADTBERG fand in den Kölner Akten zur Handelskammer und zum Gemeinderat zahlreiche Belege für den Anspruch des rheinischen Wirtschaftsbürgertums auf politisch-parlamentarische Mitsprache: „Der rheinische Liberalismus arbeitete zielstrebig und machtbewußt auf eine zweite Chance, die erneute Regierungsbeteiligung in Berlin, hin" [303: Liberalismus, 232; vgl. jetzt zu diesem Themenkomplex zusammenfassend 285: D. LANGEWIESCHE, Liberalismus].

Wie immer man den Ausgang des Verfassungskonflikts beurteilen mag, fest steht, daß die Enge der Handlungsspielräume sowohl den Nationalliberalen als auch den prinzipientreuen, aber nur verbalradikalen Linksliberalen und Demokraten keine realisierbare Alternative ließ. 1862 schlug vielmehr „die Stunde Bismarcks" [111: L. GALL, Bismarck, 199 ff.]. Trotzdem entsprach wohl weder die Rückkehr zum halbabsolutistischen „Scheinkonstitutionalismus" noch die Errichtung einer „bonapartistischen Diktatur" der gegebenen Konstellation, die Bismarck gleichwohl für sich auszunutzen wußte. Auch H.-U. WEHLER unterscheidet mittlerweile zwischen den bonapartistischen Herrschafts*techniken* Bismarcks und dem bonapartistischen, auf die französischen Verhältnisse zugeschnittenen Herrschafts*regime* [211: Bonapartismus, 455–469]. Darüber hinaus hat L. GALL in seiner Bismarckbiographie [111] sehr deutlich gemacht, welche Chancen gerade das neu austarierte, um das allgemeine und gleiche Wahlrecht erweiterte und mit den bundesstaatlichen Verfassungselementen kombinierte Balancesystem des autoritären Konstitutionalismus für die Schlüsselstellung der Exekutive bot. Zugleich ermöglichte der gesellschaftliche Interessenausgleich zwischen der preußischen Gutsbesitzeraristokratie auf der einen und Teilen des Besitz- und Bildungsbürgertums auf der anderen Seite eine „zwischen den Fronten" balancierende „Politik des Gleichgewichts", die Bismarck von der Außen- auf die Innenpolitik übertrug [ebd., bes. 171 ff.; vgl. zum „autoritären Konstitutionalismus" 112: DERS., Europa, 12–14].

Galls Analyse des Bismarckschen Herrschaftssystems

Zur Charakterisierung des Verhältnisses zwischen Regierung und Parlament im Norddeutschen Bund ist der von K. E. POLLMANN geprägte Begriff des „Vereinbarungsparlamentarismus" üblich geworden. Gemeint ist damit „gewiß kein Modell für eine alternative Entwicklung in Richtung auf ein parlamentarisches System"; doch ebensowenig will POLLMANN darunter „das später so offenkundig anachronistische, die Konflikte eher verschärfende Verfassungssystem" verstanden wissen [187: Parlamentarismus, 11]. „Nicht Scheinparlamentarismus war das Signum des Norddeutschen Bundes," so lautet die Kernstelle des Buches, „sondern die Aufteilung der Einflußsphären. Militär, Außenpolitik, Diplomatie, Hof- und Staatsämter blieben eine Domäne der monarchischen Regierungen –, Handel und Gewerbe, Verkehr und Recht wurden dem Parlament als Bereich zugewiesen, in dem es mehr als ein Mitspracherecht ausüben konnte" [ebd., 513 f.]. Die Entwicklungsfähigkeit des konfliktscheuen Vereinbarungsparlamentarismus, mit dem die Liberalen in den Vorhof der Macht verbannt blieben, wird jedoch von POLLMANN eher skeptisch beurteilt.

Pollmanns Analyse des „Vereinbarungsparlamentarismus"

In der Mehrzahl der Epochendarstellungen wird dennoch die Offenheit der Situation in den Jahren 1867 bis 1873, also bis zum Beginn der Wirtschaftsdepression, konstatiert [vgl. bes. 56: TH. NIPPERDEY, Geschichte; 112: L. GALL, Europa; 119: W. SIEMANN, Gesellschaft]. Doch diese Lagebeurteilung ist nur zu verstehen, wenn die Prozesse der Partei- und Nationsbildung in die Betrachtung einbezogen werden.

2. Vereins- und Parteiengeschichte

2.1 Von der Erforschung der Parteien zur Entdeckung des Vereinswesens

Die bis heute unentbehrlichen Pionierwerke der Parteiengeschichtsschreibung entstanden aus parteipolitischem Engagement: Franz MEHRINGS 1898 vollendete „Geschichte der deutschen Sozialdemokratie" [293], Gustav MAYERS um 1900 einsetzende Studien über die Genesis der Arbeiterbewegung [292], Ludwig BERGSTRÄSSERS aus linksliberaler Sicht geschriebene „Geschichte der politischen Parteien in Deutschland" von 1921 [227], Karl BACHEMS neunbändige, in den Jahren 1927–1932 veröffentlichte Zentrumsgeschichte [223]. In der etablierten Historikerzunft, die sich in der Zeit der Rankerenaissance von Treitschke und der politischen Geschichtsschreibung der Reichsgründungsära distanzierte, war die Resonanz zwiespältig. Einerseits wurde die „Partei"-Historie im Sinne von Parteinahme abgelehnt. Eine „objektive Parteigeschichtsschreibung", meinte Hans ROTHFELS in einem Forschungsbericht der Deutschen Vierteljahrsschrift von 1930, sei kaum denkbar und stoße jedenfalls auf viel größere methodische Schwierigkeiten als die herkömmliche Staaten- und Nationalgeschichte. Andererseits versuchten renommierte Historiker, das neue Thema zu adaptieren. Friedrich MEINECKE verteidigte die Parteiengeschichte als Teilgebiet der von ihm favorisierten Ideengeschichte. Im Heidelberger Kreis um Erich MARCKS und Hermann ONCKEN wurde die traditionsreiche Biographie in den Dienst der Parteiengeschichte gestellt. Beispielgebend waren ONCKENS Biographien über Lassalle (1904) und über Bennigsen (1910).

Anfänge der Parteiengeschichtsschreibung

Die 1917 in der Historischen Zeitschrift ausgetragene Methodenkontroverse zwischen MEINECKE und Erich BRANDENBURG zeigt die Unsicherheiten, aber auch die anregenden Impulse, die das umstrittene Sujet hervorrief. BRANDENBURG kritisierte den realitätsfernen Glauben an die geistige „Selbstentwicklung der Idee" und sah statt dessen in der „elementaren" Macht politischer Grunderfahrungen die parteibildende Antriebskraft von „Massenbewegungen". MEINECKE warf daraufhin BRANDENBURG vor, eine solche Verknüpfung der Parteien- mit der allgemeinen politischen Geschichte be-

Meinecke-Brandenburg-Kontroverse

achte zu wenig die „sozialen Grundlagen" des Parteiwesens und die Verquickung der Ideen auch mit „sozialen Klassenbewegungen". Dieser Vorstoß zu einer Sozialgeschichte der Ideen wurde zwar von MEINECKE nicht weiterverfolgt, wohl aber von seinen Schülern. Vor allem Hans ROSENBERG versuchte in seinen Frühschriften der 1920er Jahre über die „Politischen Denkströmungen im deutschen Vormärz" [313], eine „kollektive Ideengeschichte" zu entwickeln und eine „Verbindung von Geistesgeschichte, Sozialgeschichte und politischer Gesinnungs- und Parteigeschichte" herzustellen [Einführung zur Sammlung seiner Aufsätze, ebd., 10f.]. Nicht von ungefähr widmete sich diese Art von Parteienforschung primär den „Ideenbewegungen" und „Denkströmungen" des Vormärz.

Ablehnung der Parteiensoziologie — Es hätte schon in der Frühzeit der Parteienforschung nahegelegen, Kontakte zur Parteiensoziologie und Nationalökonomie aufzunehmen. Doch gerade linksliberale Historiker wie BERGSTRÄSSER lehnten dies ab [vgl. das Vorwort zur 6. Aufl. der Parteiengeschichte von 1932]. Paradoxerweise wurden Max Weber, Robert Michels und Emil Lederer eher von den nationalkonservativen Gegnern des vermeintlich „undeutschen" Parteienstaates zitiert, um den Ausbau bürokratischer Parteiapparate, die „geistige Proletarisierung" in Massenorganisationen oder den steigenden Einfluß von Interessenverbänden auf das „materialisierte" Parteiwesen zu beklagen. Die Gesellschaftswissenschaften, resümierte ROTHFELS 1930 in seinem oben schon erwähnten Forschungsbericht, übten eine schonungslose Kritik an den modernen Parteien und unterstützten dadurch „eine ausgesprochen desillusionierende Richtung".

Neubeginn der Parteienforschung in den 1950er Jahren — Erst mit der Konsolidierung der parteienstaatlichen Demokratie in der Bundesrepublik wuchs das historisch-politische Interesse an den geschichtlichen Grundlagen des Parteiwesens. Nach den Erfahrungen des Dritten Reiches drängte sich vor allem die Frage auf, ob und inwieweit die Schwäche der Parteien im Kaiserreich nach 1918 zum Scheitern der Weimarer Republik beigetragen hat. Zugleich wurden in methodischer Hinsicht neue Wege beschritten. Mit der Öffnung zu den systematischen Nachbarwissenschaften und der Schwerpunktverlagerung zur Sozial- und Strukturgeschichte sind insbesondere die Namen von Theodor Schieder in Köln und Werner Conze in Heidelberg eng verknüpft. Die 1951 gegründete „Kommission für Geschichte des Parlamentarismus und der politischen Parteien" koordinierte und institutionalisierte die interdisziplinäre Zusammenarbeit von Historikern, Politologen, Soziologen und Staatsrechtlern.

2. Vereins- und Parteiengeschichte

In der Forschungspraxis widmeten sich die meisten Studien zunächst noch der Organisations- und Ideologiegeschichte der Parteien. Die sozialgeschichtliche Vertiefung gelang zuerst der Arbeiterbewegungsgeschichte, die sich eng mit der Arbeitergeschichte, mit der Analyse der Sozialstruktur und Klassenbildung der Arbeiterschaft, verband [vgl. hierzu bes. 275: J. KOCKA, Lohnarbeit; 276: DERS., Arbeitsverhältnisse]. In den 1970er Jahren zeichnete sich ein Forschungskonsens ab, „wonach Arbeitergeschichte im Rahmen einer umfassenderen Gesellschaftsgeschichte des Industriezeitalters den langfristigen Prozeß der sozialen Sicherung und politischen Emanzipation der Arbeiterklasse in der modernen Gesellschaft zu deuten habe" [K. TENFELDE, Die Geschichte der Arbeiter zwischen Strukturgeschichte und Alltagsgeschichte, in: W. SCHIEDER/V. SELLIN (Hrsg.), Sozialgeschichte in Deutschland, Bd. 4, Göttingen 1987, 81]. Für die Entstehungsgeschichte der Arbeiterbewegung bis 1875 förderten die empirischen Untersuchungen zutage, daß nicht etwa, wie Marx einst angenommen hatte, das Fabrikproletariat als Avantgarde, sondern die Handwerksgesellen und die handwerklich geprägten Arbeiter das Gros der Mitglieder in der frühen Gewerkschaftsbewegung wie in den beiden Arbeiterparteien stellten. Die Organisationsfähigkeit der Handwerker-Arbeiter beruhte demnach auch und nicht zuletzt auf vorindustriellen und meist noch zünftlerischen Organisationserfahrungen, die in den Klassenbildungsprozeß eingebracht wurden [zusammenfassend 280: J. KOCKA, Traditionsbindung, 333–376; vgl. bes. die exemplarischen Studien 310: W. RENZSCH, Handwerker; 288: F. LENGER, Kleinbürgertum; 242: K. DITT, Industrialisierung; 244: CH. EISENBERG, Gewerkschaften]. Einen guten Einblick in den Gang der Forschung vermitteln die Tagungsbände des Heidelberger „Arbeitskreises für moderne Sozialgeschichte". Den beiden „Arbeiter-Bänden" von 1979 und 1981 folgte 1984 der Ergänzungsband über „Lage", „Kultur" und „Politik" der Handwerker in der Industrialisierung. In zunehmendem Maße wurden dabei auch „alltagsgeschichtliche" Themen wie „Arbeiterkultur", „Lebensgestaltung", Wohnen, Familie, Haushalt, Ernährung, mithin die außerbetrieblichen Daseinsverhältnisse, in ein sehr weitflächiges Forschungsfeld einbezogen [237: W. CONZE/U. ENGELHARDT (Hrsg.), Arbeiter; 238: DIES. (Hrsg.), Arbeiterexistenz; 248: U. ENGELHARDT (Hrsg.), Handwerker].

Die Herausforderung des Marxismus und der DDR-Geschichtswissenschaft trug wohl auf ihre Weise dazu bei, daß die Pionierrolle der sozialgeschichtlichen Parteienforschung zunächst der

Arbeiter- und Arbeiterbewegungsgeschichte

Organisations- und Ideologiegeschichte der bürgerlichen Parteien

Geschichtsschreibung der Arbeiterbewegung zufiel. Im Vergleich hierzu wußten wir lange Zeit sehr wenig über die Anfänge bürgerlicher Organisation und das Sozialprofil bürgerlicher Parteien. Wegweisend in diese Richtung waren die Arbeiten von TH. NIPPERDEY, darunter der schulebildende Aufsatz von 1972 über das Vereinswesen [299], dessen Bedeutung für die Parteibildung erst nach und nach erkannt wurde.

In den 1950er/1960er Jahren war es üblich, die Anfänge der Organisation und Parteibildung des Liberalismus sehr spät zu datieren. In seiner Habilitationsschrift von 1961 „Die Organisation der deutschen Parteien vor 1918" [297] führte NIPPERDEY als erstes Beispiel die 1861 gegründete „Deutsche Fortschrittspartei" in Preußen an. Erst zum Zeitpunkt am Ende der Reaktionsperiode, heißt es im Vorwort, „kann man, vom Sonderfall der Revolution von 1848 abgesehen, von Parteiorganisationen im eigentlichen Sinne sprechen, weil erst jetzt politische Gruppen im Lande sich zusammenschlossen und in wenn auch lose Beziehungen zu den parlamentarischen Parteien traten" [ebd., 7]. NIPPERDEY lehnte es zwar nicht ab, den Parteibegriff auch beim Fehlen des Organisationskriteriums zu verwenden. Doch damit vermehrten sich nur die Definitionsprobleme. In der Literatur herrschte hierüber einige Verwirrung. Es kam vor, daß schon die „politischen Strömungen" im späten 18. Jahrhundert als Parteien bezeichnet wurden [vgl. z. B. 250: H. FENSKE, Parteiensystem, im Anschluß an 339: F. VALJAVEC, Entstehung].

Die soziale Verortung des frühen Parteiwesens richtete sich zumeist nach den typologischen Charakterisierungen TH. SCHIEDERS, der für die Jahre 1848–1878 „die Phase der älteren ‚Überzeugungs- oder Weltanschauungsparteien'" ansetzte, „die sozial Honoratiorencharakter besitzen und organisatorisch kaum mehr als ‚Fraktionsparteien' mit einem lockeren Unterbau von Komitees darstellen" [316: Grundlagen, 131–171, Zit. 149]. SCHIEDER sprach von der „Weltanschauungsorthodoxie" als „geschichtliches Erbe der deutschen Parteien" [ebd., 140] und verwies auf die zeitgenössische Verfemung des Parteibegriffs in der „Theorie der Partei im älteren deutschen Liberalismus" unter dem Einfluß der Staatslehre Hegels [317: Theorie, 110–132].

In einem vielgelesenen Aufsatz von 1967 über „Grundprobleme der deutschen Parteigeschichte im 19. Jahrhundert" [298] betonte auch TH. NIPPERDEY den Einfluß der philosophischen Schulen und der religiös-kirchlichen Auseinandersetzungen auf die Parteibildung. Dies erklärt ihm „die ideologische Orientierung" der Parteien

2. Vereins- und Parteiengeschichte

und „das damit oft verbundene gestörte Verhältnis zur Wirklichkeit" [ebd., 111]. Doch fällt zugleich ein Seitenblick auf die Unterstützung des west- und süddeutschen Liberalismus durch größere gesellschaftliche Gruppen und „breite oppositionelle Bevölkerungsschichten", die seit den 1840er Jahren „zum Teil in mancherlei halbpolitischen Vereinen, wie Gesang-, Schützen- und Turnvereinen, auch organisiert waren" [ebd., 107f.].

Der bahnbrechende Aufsatz über „Verein als soziale Struktur in Deutschland im späten 18. und frühen 19. Jahrhundert" [299] thematisierte dann erstmals „die Bedeutung des Vereinswesens für die soziale, kulturelle und politische Welt des Bürgertums" [ebd., 205]. Offensichtlich faszinierte das Sujet den Autor, der mit Spüreifer eine Vielfalt von Vereinsgründungen und Vereinsaktivitäten in nahezu allen Bereichen der Bürgerwelt entdeckte. Die Interpretation der Gründungsmotive und Ziele des „freien Assoziationswesens" erlaubte eine generalisierende Betrachtung über den Prozeß der Dekorporierung im Übergang von der ständischen zur bürgerlichen Gesellschaft. Außerdem wurde es nun möglich, am Beispiel des politischen und kryptopolitischen Vereinswesens durch empirische Überprüfung den organisatorischen Rückhalt, die soziale Zusammensetzung sowie die Integrations- und Mobilisierungsfähigkeit der entstehenden Parteien präziser als bisher zu erfassen. Am Schluß seines Aufsatzes regte NIPPERDEY an, durch Lokal- und Regionaluntersuchungen den neuen Interpretationsansatz weiterzuführen.

Nipperdeys Neuansatz: „Verein als soziale Struktur"

Seitdem sind eine Vielzahl diverser Vereinsstudien erschienen, sei es über einzelne Vereinsbewegungen wie z.B. die Sänger und Turner [363: D. DÜDING, Nationalismus], die Hambacher Fest- und Vereinsbewegung [253: C. FOERSTER, Preß- und Vaterlandsverein] oder die Griechenvereine [268: CH. HAUSER, Anfänge]; sei es über das Vereinsnetz am Fallbeispiel einer Stadt wie Elberfeld [274: E. ILLNER, Organisierung] oder einer Region [vgl. zu Württemberg 290: C. LIPP, Verein, 275–296; DIES., Handwerker, in 248: U. ENGELHARDT (Hrsg.), Handwerker, 347–380; zu Hessen 344: M. WETTENGEL, Revolution; zur Saarregion 326: H. SCHWARZ, Vereinswesen]; sei es über die Nachahmung des liberal-demokratischen Organisationsmodells „Verein" durch Konservative [327: W. SCHWENTKER, Vereine], Arbeitervereine [302: T. OFFERMANN, Arbeiterbewegung] oder Katholiken [270: E. HEINEN, Vereinswesen, 29–58; 269: DERS., Pius-Verein, 147–242]. Eine Zwischenbilanz zog 1984 der von O. DANN herausgegebene Sonderband der HZ über „Vereinswesen und bürgerliche Gesellschaft in Deutschland" [240; vgl. bes. H. HARDT-

Vereinsforschung

WIG, Strukturmerkmale und Entwicklungstendenzen des Vereinswesens in Deutschland 1789–1848, ebd., 11–50, und K. TENFELDE, Die Entfaltung des Vereinswesens während der Industriellen Revolution in Deutschland 1850–1873, ebd., 55–114]. Die gängigen Vorstellungen über die Anfänge der Parteibildung wurden erheblich modifiziert, jedenfalls im Hinblick auf die Kerngebiete des nationalen Liberalismus im Süden und Westen Deutschlands. Schon die neuen Forschungsergebnisse der 1970er Jahre über den Revolutionsparlamentarismus [140: M. BOTZENHART, Parlamentarismus, vgl. oben Kap. I.2] und über das Vereinswesen von 1848 [230: W. BOLDT, Volksvereine; 231: DERS., Anfänge] ließen es nicht mehr zu, die Intensivierung des Politisierungsprozesses und die massenhafte Ausdehnung der Vereine als vorübergehenden „Sonderfall" abzutun. In seinem grundlegenden Aufsatz von 1978 über „Die Anfänge der deutschen Parteien. Partei, Fraktion und Verein in der Revolution von 1848/49" gab D. LANGEWIESCHE eine Neudefinition des Parteibegriffs, die sich allgemein durchsetzte. Danach werden unter „Partei" „alle organisierten Gruppierungen verstanden ..., die sich durch gemeinsame politische Grundüberzeugungen von anderen politischen Gruppierungen abheben, sich nicht auf die Vertretung bestimmter beruflicher Interessen beschränken und darauf zielen, die staatliche und öffentliche Willensbildung zu beeinflussen sowie ihre Repräsentanten in ein Parlament zu entsenden" [287, 324–361, Zit. 325]. Diese Definition setzt „eine gewisse organisatorische Verfestigung" voraus; sie läßt sich also nicht auf unorganisierte Gesinnungsgemeinschaften übertragen; sie unterscheidet zudem zwischen der außerparlamentarischen Partei und der Parlamentsfraktion.

Es herrscht heute Übereinstimmung darüber, daß parallel zu den ersten Fraktionsbildungen in den süddeutschen Landtagen auch das Vereinswesen des Vormärz bereits parteipolitische Funktionen übernommen hat. Dies gilt nicht nur für die „Wahlclubs" und „Comités" des „organisierten" Liberalismus, die H. BRANDT für die württembergische Wahlgeschichte seit 1831 nachgewiesen hat [142: H. BRANDT, Parlamentarismus, bes. 98 ff.]. Dies gilt auch und insbesondere für die nationalen und liberalen Vereinsorganisationen, die teilweise parteibildende Mobilisierungsaufgaben in engem Kontakt mit der Kammeropposition erfüllten. So haben W. SCHIEDER [319; 322] und C. FOERSTER [253] gezeigt, daß sich mit dem Preß- und Vaterlandsverein von 1832/33 „die Frühform einer liberalen Partei" herausgebildet hat. Bezeichnenderweise setzt G. A. RITTERS 1985 erschienene Studie über „Die deutschen Parteien" zeitlich bereits mit dem Epochenjahr 1830 ein [311]. CH. HAUSER [268: Anfänge] vertritt sogar die These, daß die von ihm untersuchten südwestdeutschen Griechenvereine schon zu Beginn der 1820er Jahre als parlamentsbezogene Oppositionsbewegung „die Funktion einer frühliberalen Parteiorganisation" ausübten [ebd., 242].

Obgleich die bundesgesetzlichen Verbote und die obrigkeitlichen Reglementierungen eine kontinuierliche Entwicklung des politischen Vereinswesens verhinderten, kann generell von der Organisationsschwäche und dem mangelnden Praxisbezug des Frühliberalismus keine Rede mehr sein. Selbst in Preußen, wo die Herkunft von Liberalen und Sozialisten aus philosophischen oder kirchlich-religiösen Gruppen am deutlichsten erkennbar ist, war der Siegeszug des Vereinswesens im Vor- und Umfeld des Vereinigten Landtags von 1847 nicht mehr aufzuhalten. H. OBENAUS hat in seinem Buch „Anfänge des Parlamentarismus in Preußen bis 1848" [185] die Bedeutung der provinzialständischen Landtagsarbeit für die Politisierung des öffentlichen Lebens nachgewiesen und festgestellt, daß es „die praktische Politik" gewesen ist, „die zur Bildung des spezifischen Gruppenbewußtseins führte, ... nicht dagegen theoretische Programme, denen man bisher die ‚parteibildende Kraft' zugeschrieben hat" [ebd., 723 f.].

Auch die soziale Offenheit des frühliberalen Vereinswesens gegenüber dem mittleren und kleinen Bürgertum widerspricht dem, was früher in der Literatur als selbstverständlich galt. Es waren nicht nur die Männer von „Bildung" und „Besitz", sondern auch Handwerker und verwandte kleingewerbliche Gruppen, die bis 1848 die sozialen Träger der liberalen Vereinsbewegung stellten. Am Beispiel des rheinpfälzischen Liberalismus hat zuerst W. SCHIEDER [322] auf das breite soziale Spektrum der Mitglieder im Preß- und Vaterlandsverein aufmerksam gemacht. Es entstand eine rege Diskussion über das Verhältnis von Liberalismus und Handwerk [vgl. bes. 328: H. SEDATIS, Liberalismus und Handwerk; H.-U. THAMER, Emanzipation und Tradition. Zur Ideen- und Sozialgeschichte von Liberalismus und Handwerk, in 319: W. SCHIEDER (Hrsg.), Liberalismus, 55–73, und andere Beiträge dieses Bandes; vgl. zuletzt den Forschungsbericht „Geschichte des Kleinbürgertums in Deutschland und Frankreich" von H.-G. HAUPT, in: AfS 29 (1989) 511–518].

Zum Sozialprofil des frühliberalen Vereinswesens

Darüber hinaus wird in Analogie zur Sozialismus- und Arbeiterforschung auch die Liberalismus- und Bürgertumsforschung enger miteinander verknüpft. „Liberalismus und ‚bürgerliche Gesell-

Liberalismus- und Bürgertumsforschung

schaft'", so überschrieb L. GALL 1975 einen programmatischen, in diese Richtung weisenden Aufsatz [262], der das noch vorindustrielle, frühliberale „Zukunftsbild einer klassenlosen Bürgergesellschaft ‚mittlerer Existenzen'" mit der tatsächlichen Entwicklung zu einer bürgerlichen Klassengesellschaft nach 1848 kontrastierte. Dieser Interpretationsansatz führte zu den Fallstudien GALLS über Mannheim und das badische Bürgertum [vgl. bes. 258] sowie zu der generalisierenden Frage nach dem Verhältnis von Liberalismus und Stadtbürgertum [vgl. jetzt 260: DERS. (Hrsg.), Stadt und Bürgertum im 19. Jahrhundert]. Das Vereinswesen mit seinen vielfältigen Initiativen im kommunalen Bereich liefert hierzu einen wichtigen Indikator, der über die soziale Repräsentativität der städtischen Führungsschichten und ihre Klientelbeziehungen Auskunft geben kann [vgl. 290: C. LIPP, Verein als politisches Handlungsmuster, 275–296]. Insofern ergänzt der Themenkomplex „Verein, städtische Selbstverwaltung, Gemeindeliberalismus" die Erforschung des Zusammenhangs von „Verein, Partei und Fraktion" [hierzu: 300: P. NOLTE, Gemeindeliberalismus, 57–93]. Nicht zuletzt ist am konkreten Fall einer Gemeinde vielleicht genauer zu bestimmen, seit wann, warum und auf welche Weise das integrierende liberale Vereinswesen durch den Pluralismus der entstehenden Parteien abgelöst wurde.

2.2 Parteiendifferenzierung und Parteienwandel

„Fünfparteiensystem"

Zu den zentralen Themen der Erforschung politischer Parteien zählt die frühe Herausbildung des „deutschen Fünfparteiensystems", das in seinen vormärzlichen Anfängen zuerst von E. R. HUBER im zweiten Band der Verfassungsgeschichte [167] überblicksartig nach weltanschaulich-ideologischen Richtungen (Konservatismus, politischer Katholizismus, Liberalismus, Radikalismus, Sozialismus) dargestellt worden ist. Im weiteren Verlauf der Forschung und nach der Aufdeckung des Sachzusammenhangs zwischen Vereins- und Parteibildung wurden die kryptopolitischen Vereine des Vormärz im Anschluß an TH. NIPPERDEY von D. LANGEWIESCHE als „Vorstufen zu organisierten Parteien" im Sinne des modernen Parteibegriffs interpretiert [vgl. oben Kap. 2.1]. Die nun eindeutig datierbare Geburtsstunde des fünfgliedrigen Parteiwesens fiel in das Revolutionsjahr 1848/49. LANGEWIESCHE schrieb die Vorreiterrolle den Demokraten der Paulskirche zu, denen es an der Spitze des „Zentralmärzvereins" erstmals gelang, den parlamentarischen eng mit dem

2. Vereins- und Parteiengeschichte

außerparlamentarischen Bereich zu verklammern und so „etwas qualitativ Neues" in der Entwicklung des Parteiwesens zu schaffen [287: Anfänge, 326].

Die Liberalen lehnten bekanntlich zunächst „Parteien" und „Fractionen" ab. Deshalb wird ihnen von den meisten Historikern eine tiefverwurzelte Parteienfeindschaft bescheinigt [grundlegend 317: TH. SCHIEDER, Theorie, 110–132]. Im Rahmen des dualistischen Verfassungsverständnisses Rotteckscher Prägung, so geht es aus vielen Quellen hervor, standen „Parteien" im Verdacht, egoistische und dem „Gesamtwillen" widersprechende Sonderinteressen zu vertreten. Wie L. GALL in seinem Aufsatz „Das Problem der parlamentarischen Opposition im deutschen Frühliberalismus" [154] dargelegt hat, änderten jedoch im Verlauf des Vormärz führende Kammerliberale (Welcker, Murhard u.a.) ihre Ansichten über die Fraktions- und Parteibindung, die – parallel zum Trend der Parlamentarisierung des Regierungssystems, der sich zuerst in Baden abzeichnete – nicht mehr von vornherein als Verstoß gegen die „volonté générale" angesehen und zugunsten der geschlossenen parlamentarischen Opposition abgelehnt wurde. Welcker rechtfertigte im „Staatslexikon" die Existenz der politischen Parteien bezeichnenderweise unter dem Oberbegriff „Assoziationen" sowie „Centrum der Deputiertenkammer", und im Nachtragsband von 1846 gab er mit Berufung auf das englische Beispiel zu, daß auch eine „Fraction" mit dem Gesamtinteresse übereinstimmen könne. Eine primär am zeitgenössischen Sprachgebrauch orientierte begriffsgeschichtliche Untersuchung vermag insofern das liberale Parteiverständnis und seine Wandlungen in Theorie und Praxis nur unzureichend zu erfassen [vgl. hierzu auch das Kapitel „Der Begriff der ‚Partei' und der ‚Assoziation' im Vormärz" in 140: M. BOTZENHART, Parlamentarismus, 315 ff.].

Parteienfeindschaft der Liberalen?

Im Zentrum vieler Darstellungen steht die Frage nach den Ursachen und Folgen der Parteiendifferenzierung, die sich in den 1860er Jahren – nach der Unterbrechung des Reaktionsjahrzehnts – mit der endgültigen Spaltung des Liberalismus und der Verselbständigung der politischen Arbeiterbewegung fortsetzte. Das besondere Interesse der Forschung gilt zum einen der Trennung von Liberalen und Demokraten und zum anderen der frühen oder – wie manche Historiker meinen – verfrühten Konstituierung einer eigenständigen Arbeiterpartei.

Leitende Fragestellung: Ursachen und Folgen der Parteienscheidung

Die methodischen Zugriffe auf diese Themen blieben wie die Erkenntnisinteressen vielfältig. So wurden die Differenzierungen im

Zur Trennung der Demokraten von den Liberalen liberalen Lager und die Frühformen demokratischer Parteibildung auch weiterhin ideengeschichtlich untersucht. Ein Beispiel liefert die einschlägige Analyse des „Radikalismus im Vormärz" von P. WENDE [343], der, ausgehend von der „demokratischen Partei" der Paulskirche, die Theoriediskussion des Vormärz (mit besonderer Berücksichtigung der Linkshegelianer) als „Vorarbeit" zum demokratischen „Parteiprogramm" von 1847 und 1848 interpretiert hat. Auch die politischen Biographien können nach wie vor zur Erklärung der Frage beitragen, warum sich sowohl die gemäßigten wie die radikalen Demokraten schon vor 1848 vom sog. „halben" Liberalismus distanzierten [vgl. etwa 87: R. KOCH über Julius Fröbel, und die Blumbiographie des DDR-Historikers 99: S. SCHMIDT]. Das Bestreben, verschüttete demokratische Traditionen der deutschen Geschichte aufzuspüren, motivierte die Suche nach „vergessenen" Demokraten [vgl. etwa über Wilhelm Schulz 77: W. GRAB und insgesamt über die Darmstädter Demokraten 350: E. ZIMMERMANN]. Dem „revolutionären Weg von Hambach nach Rastatt" bzw. der demokratischen Weiterentwicklung des Hambacher Liberalismus in Baden widmet sich in identitätsstiftender Absicht das für ein größeres Publikum geschriebene Buch von N. DEUCHERT, das neben der badischen Versammlungs- und Adressenbewegung die demokratische Presse, insbesondere die Mannheimer Abendzeitung Struves und die Konstanzer Seeblätter Josef Ficklers, als Promotor der Parteibildung herausstellt [71]. Andere Autoren thematisieren die Beziehungen zwischen der demokratischen und der sozialen Protestbewegung [309: H. REINALTER (Hrsg.), Protestbewegungen; 81: H.-G. HUSUNG, Protest; 340: H. VOLKMANN/J. BERGMANN (Hrsg.), Protest]. Auch die religiösen Oppositionsbewegungen der Deutschkatholiken [hierzu 263: F. W. GRAF] und der protestantischen „Lichtfreunde" [hierzu 233: J. BREDERLOW] wurden im Zusammenhang mit der demokratischen Vereinsbildung und dem fortschreitenden Prozeß der Politisierung breiterer Bevölkerungsschichten erforscht. Neuerdings gilt das Interesse auch den Frauenvereinen innerhalb der deutschkatholischen Freien Gemeinden sowie dem Verhältnis von „religiöser Reform, Demokratie und Frauenemanzipation" [304: S. PALETSCHEK, Frauen und Dissens]. Zahlreiche Lokal- und Regionaluntersuchungen belegen nicht nur die Eigenständigkeit, sondern auch die organisatorische Überlegenheit der Demokraten sowie die stimulierende Wirkung des demokratischen Vereinswesens auf die Parteibildung und Parteienscheidung [zusammenfassend 140: M. BOTZENHART, Parlamentarismus, 324ff.; 102: W. SIEMANN, Revolution,

2. Vereins- und Parteiengeschichte

39 ff., 90 ff.; vgl. auch die nützliche Quellensammlung mit kommentierender Darstellung von 231: W. BOLDT, Anfänge]. Besonders gut erforscht ist die politische Vereinsgeschichte Württembergs [vgl. hierzu schon die frühe Arbeit von 230: W. BOLDT, Volksvereine]. Exemplarisch untersuchte D. LANGEWIESCHE in seiner Dissertation von 1974 das Verhältnis von „Liberalismus und Demokratie in Württemberg zwischen Revolution und Reichsgründung" [284]. Ein breit angelegtes Kapitel behandelt die Spaltung der liberal-demokratischen Märzbewegung im Sommer 1848 vor dem Hintergrund der Sozialängste in weiten Kreisen des gewerblichen Bürgertums seit den Hungerunruhen von 1847, dem „Vorspiel zur Revolution". Eine besondere Bedeutung für die Ursachen der Spaltung und damit für das Scheitern der Revolution wird der strittigen Frage der Staatsform, dem innerbürgerlichen Grundsatzstreit um Republik oder Konstitutionelle Monarchie beigemessen, hinter dem sich, so die Kernthese des Buches, „die soziale Frage und das Problem der politischen Integration der Unterschichten verbarg" [ebd., 152]. Am Beispiel der Wahlrechtsdiskussion läßt sich der enge Zusammenhang zwischen verfassungs- und gesellschaftspolitischen Reformzielen aufzeigen. LANGEWIESCHE lehnt „die Legende von der sozialrevolutionären Demokratie" dezidiert ab. „Die Republik," so hat er es später generalisierend an anderer Stelle formuliert, „verbunden mit dem vollen uneingeschränkten Wahlrecht, galt den deutschen Demokraten als Garantie für eine evolutionäre Modernisierung der Gesellschaft auf gewaltlosem parlamentarischen Wege." Dagegen „erstrebten die Liberalen der Revolutionsjahre den Rechts- und Nationalstaat als bürgerlichen Klassenstaat auf Zeit, abgesichert durch die monarchische Staatsspitze gegen sozialrevolutionäre Gefahren" [90: Republik, 341–361, Zit. 356, 360].

Freilich wurde die parteimäßige Spaltung des politisch aktiven Bürgertums wohl erst dann unüberbrückbar, als die integrationsstiftende Hoffnung auf die Nationaleinheit, von der – jenseits der aktuellen Auseinandersetzungen über das Wahlrecht und die Staatsform – erwartet wurde, daß sie in nicht allzu ferner Zukunft auch die soziale Einheit schaffen werde, immer mehr zerbrach. Mit welchem „Grundoptimismus" die führenden liberalen Parlamentarier in Frankfurt alle Energie auf die Lösung der nationalen Einheitsfrage setzten, hat L. GALL im Revolutionskapitel seines Buches über die Mannheimer Bürgerfamilie der Bassermanns eindrucksvoll geschildert. Für Friedrich Daniel Bassermann, den ersten Vorsitzenden des Verfassungsausschusses der Nationalversammlung, wurde die ersehnte Nationaleinheit „zu einer Art Fluchtburg des immer mehr in Frage gestellten Gedankens einer klassenlosen Bürgergesellschaft...". „Daß der nationale Gedanke damit zunehmend zu einem Wert an sich und damit auch für ganz andere Kräfte verwendbar wurde, lag weit außerhalb seiner Überlegung" [258: Bürgertum, 311].

„Konstituierung des Konservativismus als Partei"

Neuere Arbeiten zur „Konstituierung des Konservativismus als Partei" [327: W. SCHWENTKER, Konservative Vereine; 337: E. TROX, Militärischer Konservativismus; vgl. auch 334: D. STEGMANN (Hrsg.), Konservatismus] liefern viele Beweise für die bisher in der Literatur weit unterschätzte Integrations- und Mobilisierungsfähigkeit auch der konservativen Vereinsbewegung, die in Preußen erfolgreich an die borussisch-nationale Tradition der Freiheitskriege von 1813 anzuknüpfen wußte. W. SCHWENTKER spricht von der Entstehung eines „neuen Konservativismus", der sich, weitgehend unabhängig von der Berliner Parteiprominenz und oft im Gegensatz zum altständischen Junkerkonservativismus, im Verlauf des Revolutionsjahres als „Massenphänomen mit beträchtlicher politischer Ausstrahlungskraft" [ebd., 335] durchsetzte. Dies gilt für jene preußisch-protestantischen Regionen, wo die pauperisierte Bevölkerung dem Wirtschaftsliberalismus der Regierung die Schuld an der sozialen Misere gab. Als „,Thron und Altar'-Unruhen" bezeichnet M. GAILUS [75: Straße und Brot] die royalistisch-konservativen Protestdemonstrationen in ostelbischen Kleinstädten; und auch E. TROX belegt am Beispiel der von den Militärvereinen ausgerichteten Kriegerfeste, daß die antiliberalen promonarchischen Demonstrationen „1848/49 erheblich stärker das Bild der ‚Straße' bestimmt haben, als bisher angenommen wurde" [337: Militärischer Konservativismus, 32]. TROX meint sogar, man könne von der Entstehung einer „neuen Militärpartei" auf der organisierten Massenbasis preußischer Kriegervereine mit eigenem „Parteiorgan", der „Deutschen Wehrzeitung", sprechen.

Der „populare" politische Katholizismus

Dem „popularen Katholizismus" in den Westprovinzen Preußens, im Rheinland und Westfalen, hat J. SPERBER [332: Catholicism] eine vergleichbare Mobilisierungskraft ab 1850 bei der Unterstützung der Gegenrevolution zugeschrieben. Für die 60er Jahre, als das fünfgliedrige Parteisystem seine endgültige Gestalt annahm, ist es erwiesen, daß auch in den süddeutschen Ländern dem politischen Katholizismus auf ähnliche Weise die popularen antiliberalen Kräfte zugeführt wurden [vgl. zu Bayern 333: CH. STACHE, Liberalismus; 267: F. HARTMANNSGRUBER, Patriotenpartei; zu Baden und zu den partei- und sozialgeschichtlichen Ursachen des badischen Kul-

turkampfes 261: L. GALL, Problematik, 151-196]. Wie später die
Deutsche Zentrumspartei so konnte sich während der „Neuen Ära"
das expandierende katholische Vereinswesen auf handwerklich-
agrarische und gegen den bürgerlich-großbürgerlichen Liberalismus
gerichtete Wirtschaftsinteressen stützen.

Allerdings blieb es in der Literatur umstritten, ob sich der politische Katholizismus mit seinen regionalen Disparitäten und vielfältigen Entstehungsgründen in parteipolitische Schemata wie „rechts-
links" oder „reaktionär-demokratisch" pressen läßt. So fällt es
schwer, den oppositionellen Populismus beispielsweise der bayerischen Patriotenpartei eindeutig entweder mit K. BUCHHEIM der
„christlichen Demokratie" [234: Ultramontanismus] oder dem „katholischen Konservativismus" [333: CH. STACHE, Liberalismus] zu-
zuordnen. F. HARTMANNSGRUBER, der den „Motivkomplex" sozial-
ökonomischer, religiös-konfessioneller und nationalpolitischer
Streitpunkte am Ursprung der sozial breit gestreuten katholischen
„Sammlung" betont, sieht in der Patriotenpartei „eine Gestalt ge-
wordene Antithese zu einem Jahrhundert, das säkularistisch und
fortschrittsgläubig war, von sozialem Umbruch und raschem ökono-
mischem Wandel geprägt" [267: Patriotenpartei, 399]. Das Organi-
sationspotential der Patriotenpartei, die keineswegs nur als Schöp-
fung der Parlamentsfraktion anzusehen ist, war jedenfalls erstaunlich groß.

Nicht minder schwierig ist die Frage zu beantworten, ob es *Zum Problem des*
ähnlich wie im katholischen Frankreich auch im klassischen Land *„liberalen Katholi-*
der Konfessionsspaltung einen „liberalen Katholizismus" gegeben *zismus"*
hat. In seiner Studie über den Mainzer Bischof Ketteler und „das
Verhältnis des liberalen Katholizismus zum bürgerlichen Liberalismus in der Reichsgründungszeit" hat A. M. BIRKE [228] hierauf eine
recht zwiespältige Antwort gegeben, die jedoch in der Ambivalenz
der Sache selbst begründet liegt. BIRKE betont sowohl den „Anti-
absolutismus" im gemeinsamen Kampf der Katholiken wie der Liberalen gegen die etatistisch-bürokratische Bevormundung als auch
den „Antiliberalismus Kettelers" in der Frontstellung gegen die Re-
lativierung der Konfessionen, den gesellschaftlich-wirtschaftlichen
Egoismus und den deutschen Beruf eines protestantischen Preußen.
„In seiner Rechtsauffassung", heißt es über den westfälischen Freiherrn, „war er weder *Demokrat* noch *Monarchist* und doch beides
zugleich" [ebd., 99] - je nachdem, gegen welchen Gegner die Reli-
gionsfreiheit zu verteidigen war [vgl. auch das abwägende Urteil und
die Überblicksdarstellung von 291: K.-E. LÖNNE, Katholizismus].

Zur „Trennung der proletarischen von der bürgerlichen Demokratie"

Die größte Herausforderung des politischen Liberalismus kam von den beiden 1863 von Lassalle und 1869 von Bebel/Liebknecht gegründeten Arbeiterparteien, ADAV und SDAP, die sich 1875 in Gotha zur Sozialistischen Arbeiterpartei Deutschlands vereinigten. Die Loslösung der Arbeitervereine von der liberal-bürgerlichen Protektion wird in der parteigeschichtlichen Forschung seit G. MAYER unter dem Stichwort „Trennung der proletarischen von der bürgerlichen Demokratie" [Titel einer Studie von 1912, jetzt in 292: G. MAYER, Radikalismus, 108–194] kontrovers erörtert und auf verschiedene Ursachen zurückgeführt. MAYER, der im betonten Gegensatz zur marxistischen Interpretation den liberalen Ursprung der Arbeiterbewegung herausstrich, sah in der „Unfähigkeit" des bürgerlichen Radikalismus, das Programm der politischen Demokratie sozialpolitisch zu ergänzen, die Primärursache für die „proletarische" Separation. Als die bundesrepublikanische Forschung, angeregt durch W. CONZE, zu Beginn der 1960er Jahre erneut die „Möglichkeiten und Grenzen der liberalen Arbeiterbewegung" [235] thematisierte, führte sie allerdings rasch über diesen Erklärungsversuch hinaus.

Kontinuitätsthese und „Frühgeschichte" der Arbeiterbewegung

Den Anstoß gab die Entdeckung der Kontinuitätslinien zwischen 1848 und 1863 – in programmatischer, personeller und auch in organisatorischer Hinsicht. Lassalles „Allgemeiner deutscher Arbeiterverein" markierte nicht länger einen plötzlichen Neuanfang. Bahnbrechend war F. BALSERS Studie über die „Allgemeine deutsche Arbeiterverbrüderung" nach der Revolution [224]. Die Untersuchungen von W. SCHIEDER über die Schrittmacherrolle der Auslandsvereine deutscher Handwerker [318] und von D. DOWE über die Anfänge der sozialistischen und kommunistischen Bewegung in der preußischen Rheinprovinz vor und in der Revolution [243] erhellten eine bis in den Vormärz zurückreichende „Frühgeschichte" der Arbeiterbewegung. Die ersten Studien im breit angelegten Werk des israelischen Historikers S. NA'AMAN widmeten sich der Fortexistenz nationaldemokratischer Traditionen in der liberalen wie in der lassalleanischen Arbeiterbewegung von 1862/63 [295: Impulse; 296: Lassalle].

Die sozialgeschichtlich orientierten Lokal- und Branchenstudien, die – wie oben (Kap. 2.1) schon erwähnt – besonders zahlreich in den 1970er Jahren erschienen, bestätigten auf ihre Weise die Kontinuitätsthese. Die politische Arbeiterbewegung von der Revolutions- bis zur Reichsgründungszeit rekrutierte sich noch ganz überwiegend aus der handwerklich geprägten und meist kleinbe-

2. Vereins- und Parteiengeschichte

trieblichen Arbeiterschaft. Unter Berücksichtigung der vielfältig erweiterten Kenntnisse unternahm T. OFFERMANN in seiner materialreichen Dissertation von 1979 über „Arbeiterbewegung und liberales Bürgertum in Deutschland 1850–1863" [302] den Versuch einer umfassenden Darstellung, die auch und vor allem die liberale Arbeiter(bildungs)vereins- und Kongreßbewegung ausführlich behandelt, aus der die beiden Arbeiterparteien hervorgingen. Die identische soziale Basis der Arbeitervereine liefert seiner Ansicht nach zugleich die Erklärung, warum liberale Aufstiegsmodelle, Genossenschaftskonzepte und Fortbildungsmaßnahmen immer noch eine so große Ausstrahlungskraft besaßen. Der ganz überwiegende Teil der organisierten Arbeiter folgte 1863 nicht Lassalle und den Lassalleanern, jedenfalls nicht außerhalb Preußens [zum rheinisch-westfälischen Wirkungsbereich der Lassalleaner vgl. 272: A. HERZIG, Arbeiter-Verein], sondern blieb bis zur Gründung der SDAP auch sozialpolitisch den linksliberal-demokratischen Fraktionen verbunden.

Die Entwicklung „vom Standes- zum Klassenbewußtsein" und die „Wege der Interessenfindung" – so überschrieb K. TENFELDE zwei zentrale Kapitel seiner Dissertation von 1977 über die „Sozialgeschichte der Bergarbeiterschaft an der Ruhr" [335] – verliefen über Protest-, Beschwerde- und Streikbewegungen, die schließlich zu gewerkschaftlichen Organisationsansätzen führten. Inwieweit die politische Agitation der Arbeiterführer einen vorwärtstreibenden Einfluß auf die Entstehung stabiler Interessenvertretungen ausübte, blieb in der Forschung umstritten. U. ENGELHARDTS umfangreiches Werk über die Anfänge der Gewerkschaftsbewegung in den 1860er Jahren [247] betont die Autonomie der gewerkschaftlichen Organisationsbemühungen, die sich ohne die „Geburtshilfe" der Parteien durchsetzen konnten [einschränkend zu dieser Interpretation und den parteipolitischen Einfluß wieder stärker betonend 244: CH. EISENBERG, Gewerkschaften]. "Wege der Interessenfindung"

Mit Blick auf den englischen „Sozialliberalismus" wird immer wieder die Frage gestellt, warum in Deutschland dennoch am Ende alle Versuche scheiterten, die Arbeiter politisch weiterhin an die bürgerlich-liberalen Parteien zu binden. Viele Gründe sind hierzu angeführt und die meisten auch akzeptiert, jedoch unterschiedlich gewichtet worden. Schon W. CONZE akzentuierte die „Vordringlichkeit" der nationalen gegenüber der sozialen Frage: Im Gegensatz zum längst abgeschlossenen Prozeß der Nationalstaatsbildung in Westeuropa habe das national- und verfassungspolitische Problem Scheitern des „Sozialliberalismus" die Sozialkonflikte überlagert; Bismarcks Reichsgründung „von oben" besiegelte die Spaltung des nationalen Gesamtliberalismus und schwächte die Integrationskraft der großdeutsch-volksparteilichen Demokraten [236: DERS./D. GROH, Arbeiterbewegung]. Andere Historiker zählen das allgemeine, gleiche Reichstagswahlrecht zu den wichtigsten Rahmenbedingungen, die der sozialistisch-sozialdemokratischen Partei (und dem Zentrum) im Kaiserreich den erfolgreichen Aufstieg zur Massenpartei überhaupt erst ermöglichten [vgl. u. a. 311: G. A. RITTER, Parteien]. CH. EISENBERG hat aus einem Gesamtvergleich der deutschen mit den (viel stärkeren!) englischen Gewerkschaften den Schluß gezogen, daß die organisatorische Form, in der sich die Trennung von der bürgerlichen Liberaldemokratie vollzog, ausschlaggebender gewesen sei als inhaltliche Differenzen. Während in England den Gewerkschaften und anderen konfliktfähigen Interessenvertretungen auch von bürgerlicher Seite nolens volens das größte Gewicht beigemessen wurde, habe das deutsche Vereinswesen in seiner spezifischen Ausformung die bürgerlich-liberale Dominanz befestigt und damit den Widerspruch politisch interessierter, beitrittswilliger Arbeiter, die in die „Nebenorganisationen" verwiesen wurden, geradezu herausgefordert [244: Gewerkschaften; 245: Arbeiter, 187–219]. Die Studien von S. NA'AMAN über den „Deutschen Nationalverein" und „die politische Konstituierung des deutschen Bürgertums" [379] sowie von R. ALDENHOFF über Schulze-Delitzsch [222] bestätigen „die gesellschaftliche Monopolstellung des bürgerlichen Vereins" [EISENBERG, ebd., 218]. Die Ursachen werden demnach weniger in den Klassengegensätzen gesehen, die in allen zunehmend industrialisierten Gesellschaften aufbrachen, sondern vor allem im organisatorischen Ausbau der Herrschaftspositionen, an denen das nachrevolutionäre deutsche Honoratiorenbürgertum kompromißlos festhielt.

Die längerfristigen Folgen des Ablösungsprozesses selbständiger Arbeiterparteien werden in den meisten Darstellungen ähnlich bewertet. Zuerst hat W. SCHIEDER [321: Radikalismus, 17–34] dezidiert die These einer „verfrühten" sozialistischen Parteigründung vertreten, die einerseits in „die politische Isolierung" [ebd., 28f.] der jungen Sozialdemokratie und andererseits zur Schwächung des liberal-demokratischen Potentials in Deutschland durch die Aufsplitterung der gemeinsamen bürgerlich-proletarischen Emanzipationsbewegung geführt habe. Auch Kritiker der Vorstellung eines „deutschen Sonderweges" teilen diese Einschätzung [vgl. z.B. 56: TH. NIPPERDEY, Geschichte, 735 ff.]. „Selbst wer die Trennung der beiden Bewegungen als Ausdruck tiefgreifender gesellschaftlicher Veränderungen ansieht und sie deshalb für unvermeidbar hält," heißt es in der einschlägigen, 1985 erschienenen Überblicksdarstellung von H. GREBING [264: Arbeiterbewegung, 65f.], „könnte sich gewiß vorstellen, daß, wenn Liberale und Sozialdemokraten das Jahrzehnt zwischen 1860 und 1870 gemeinsam durchgestanden hätten, die Transformation des monarchisch-autoritären Herrschaftssystems in eine stärker liberal-demokratisch geprägte rechtsstaatliche Ordnung hätte gelingen können." GREBING weist in diesem Zusammenhang auch auf die regionale Differenzierung hin; im hegemonialen deutschen Staat, in Preußen, fehlte „eine entscheidende Voraussetzung für diesen gemeinsamen Weg: eine demokratische Volkspartei", und dies begünstigte den „Startversuch" Lassalles.

Anders als noch in den 1970er Jahren wird heute die Meßlatte einer „normalen" Entwicklung, die meist nur ein in der Empirie gar nicht nachweisbares Modell darstellt, kaum noch zur Bestimmung des „deutschen Sonderweges" angelegt. Dennoch gilt der innerdeutsche und vor allem der Mehrländervergleich nach wie vor als unentbehrlich, um nationale Sonderprobleme zu erkennen, aber auch, um Ähnlichkeiten der Konfliktgeschichte, z. B. die Spezifika „der handwerklichen Phase der Arbeiterbewegung", unter komparatistischer Perspektive genauer zu erfassen [vgl. F. LENGER, Die handwerkliche Phase der Arbeiterbewegung in England, Frankreich, Deutschland und den USA – Plädoyer für einen Vergleich, in: GG 13 (1987) 232–243]. Die frühe parteipolitische Überformung der Interessenkonflikte, die sich in den westlichen Vergleichsländern so nicht beobachten läßt, spricht dafür, bei der Erforschung nationaler Unterschiede „auf die Analyse der politischen Arenen zu setzen" [ebd., 242].

Abschwächung der Sonderwegsthese

Manche Neuansätze des Parteiwesens, wie sie sich im Konkurrenzkampf (links)liberaler und lassalleanischer Organisationen herausbildeten, werden auch dem Deutschen Nationalverein im Verbund mit den Fortschrittsparteien der Länder zugeschrieben. So sieht S. NA'AMAN im Nationalverein Organisationsprinzipien „angelegt", die dann „konsequenter und durchdachter" von den Arbeiterparteien verwirklicht wurden: die Umwandlung von der Wählerpartei zur zentral gelenkten Mitgliederpartei, die Aufwertung der außerparlamentarischen Basisorganisationen, die stärkere Betonung des materiellen Interessenstandpunkts, die Arbeitsteilung zwischen Parteipolitik und Interessenvertretung [379: Nationalverein, Zit. 322]. Der Nationalverein wird – zumindest in seiner Zielsetzung – als

Der Deutsche Nationalverein

„nationale Partei" des politischen Bürgertums interpretiert. Doch lassen viele der von NA'AMAN selbst angeführten Beispiele erkennen, daß die meisten Honoratioren, zumal in Süddeutschland, am losen Vereinsprinzip und dezentralisierten „Vorortsystem" festhielten. Vorerst errangen die Parteien „kein Organisationsmonopol" [285: D. LANGEWIESCHE, Liberalismus, 112]. Ein Zwittergebilde wie der Nationalverein – halb Verein, halb Partei, halb Verband – zeigt, wie sehr die Dinge noch im Fluß waren. H.-P. ULLMANN in seiner Darstellung über das Interessenverbandswesen rechnet den Nationalverein zugleich „zum Typ der ‚promotional groups' oder ‚ideellen Fördererverbände'" [338: Interessenverbände, 49].

„Schwäche" des parteipolitischen Liberalismus?

Dem rückblickenden Historiker erscheint die „Schwäche" des parteipolitischen Liberalismus, der sich 1867 mit der Gründung der Nationalliberalen Partei abermals spaltete, erwiesen. Für Preußen [345: H. A. WINKLER], für Baden [257: L. GALL] und für Württemberg [284: D. LANGEWIESCHE] liegen umfassende Fallstudien vor, die bei aller Verschiedenheit der jeweiligen Länderentwicklung ein ähnliches Ergebnis schildern: das Scheitern der so hoffnungsvoll begonnenen „Neuen Ära". Auch in Baden, wo „der Liberalismus als regierende Partei" [257: L. GALL] ein weithin beachtetes innenpolitisches Reformwerk durchführte, scheiterten schließlich die Liberalen, noch bevor die außenpolitisch-militärische Entscheidung von 1866 fiel, an den sozial- und kulturpolitischen Auseinandersetzungen mit den Katholiken, aber auch an den Sonderinteressen und Richtungskämpfen in den eigenen Reihen. Es fehlte dann doch die Einsicht, „daß auch und gerade das parlamentarische Regierungssystem eine straffe politische Führung voraussetzt, und daß eine solche nur möglich ist, wenn sich die Regierung unbedingt auf die Unterstützung der sie tragenden Gruppen verlassen kann" [ebd., 495].

In den 1980er Jahren änderte sich jedoch die Bewertung liberaler Politik in der Reichsgründungsära. Zuerst thematisierte K. E. POLLMANN in seinem Buch von 1985 über den Parlamentarismus im Norddeutschen Bund [187] das Verhältnis des Liberalismus zur Nationalstaatsgründung unter neuer Perspektive. POLLMANN sprach zwar seinerseits vom „Scheitern der bürgerlichen Nationalbewegung unter der Führung des preußischen Obrigkeitsstaates". Gleichwohl würdigte er zugleich die „dynamische Antriebskraft", die „Innovationsbereitschaft" und die „durchgreifende Reformgesetzgebung" des jungen Bundesparlaments [ebd., 11 f.]. Seine Analysen des „Vereinbarungsparlamentarismus" [vgl. oben Kap. 1.2], der ersten Reichstagswahlen und der Parteienkonstellation relativieren die gängige Vorstellung vom Machtverzicht der Nationalliberalen. Auch wies POLLMANN nach, daß in der Literatur [vgl. etwa 246: G. EISFELD, Entstehung] der Gegensatz zwischen Liberalen und Demokraten stark überzeichnet worden ist. In Wahlkämpfen und bei wichtigen parlamentarischen Entscheidungen hielten Nationalliberale und Fortschrittler „an einem gesamtliberalen Bewußtsein und der Notwendigkeit der Solidarität im Kampf gegen die gouvernementalen Kandidaten" fest [ebd., 263].

Sehr nachdrücklich hob dann vor allem D. LANGEWIESCHE in seinen Liberalismusstudien [285: Liberalismus; 373: Revolution, 117–133] das „Gefühl der Stärke" und der „Zukunftssicherheit" hervor, aus dem heraus die Liberalen Politik machten und den inneren Ausbau des Nationalstaats vorantrieben – trotz der begrenzten Möglichkeiten parlamentarischer Mitwirkung im konstitutionellen Regierungssystem. Statt der „Schwäche" wird das gesteigerte politische Selbstbewußtsein der Liberalen in den Mittelpunkt gerückt, das auch, aber nicht nur in der wirtschaftlichen Prosperität der take-off-Phase der deutschen Industriellen Revolution wurzelte. Stark verkürzt lautet die Argumentation: Im Gegensatz zu den expost-Urteilen der Historiker war aus zeitgenössischer Sicht der dauerhafte Erfolg der Parteikonkurrenten noch gar nicht abzusehen. Vielmehr bestätigen die Wahlergebnisse im Reichsgründungsjahrzehnt, daß der liberale Anspruch, die Anliegen der gesamten Gesellschaft zu repräsentieren, „keine bloße Ideologie (war), hinter der sich lediglich eine handfeste bourgeoise Interessenpolitik verborgen hätte". Auch wenn der Schwerpunkt im bürgerlich-protestantischen Milieu lag, so kamen doch von allen Parteien die Liberalen „einer für alle Sozialschichten wählbaren Volkspartei am nächsten" [285: Liberalismus, 125, 127].

Waren nicht doch die Nationalliberalen bis zur konservativen Wende von 1876/78 eine „regierungsfähige Partei"? [vgl. die auf den Kulturkampf der 1870er Jahre bezogene Fragestellung von G. SCHMIDT in 312: G. A. RITTER, Parteien, 208–223]. K. H. POHL in einem 1991 erschienenen Aufsatz unter dem revisionistischen Titel „Die Nationalliberalen – eine unbekannte Partei?" [307] gibt hierauf eine positive Antwort.

Am meisten verdankten die Liberalen ihre „politische Stärke" wohl der kommunalen Verankerung und der engen Verknüpfung mit der nationalen Bewegung, die in einer Vielzahl nationaler Vereine, Versammmlungen und Feste ihren organisatorischen Rückhalt besaß [285: D. LANGEWIESCHE, Liberalismus, 112 f.]. Insofern hängt die Neubewertung liberaler Politik eng zusammen mit der verstärkten Aufmerksamkeit, die in der Literatur seit längerem dem Prozeß der gesellschaftlichen Nationsbildung gewidmet wird.

3. Nationsbildung und „Revolution von oben"

3.1 Grundmuster und zentrale Begriffe der Interpretation

<small>Zum borussischen und nationalkonservativen Geschichtsbild</small>

Wiederholt haben schon die Zeitgenossen die kriegerisch-machtstaatliche Lösung der nationalen Frage im Entscheidungsjahr 1866 als „deutsche Revolution", „nationale Revolution" bzw. als „Revolution von oben" bezeichnet, ein Begriff, der auch zur Charakterisierung des preußischen Reformumbruchs zu Beginn des 19. Jahrhunderts üblich wurde [vgl. die Zusammenstellung zeitgenössischer Zitate bei 109: E. ENGELBERG, Revolution, 1182–1212]. Die ältere borussisch-national*staat*lich orientierte Geschichtsschreibung deklarierte mit der Verwendung dieses Begriffes die Reichsgründung zum Höhepunkt der preußisch-deutschen Geschichte und sah in der Entwicklung von 1815 bis 1871 lediglich die „Vorgeschichte" des Kaiserreichs „zwischen Stein und Bismarck". Aus der hegelianisch-teleologischen Sicht Treitschkes oder Sybels erreichte die Revolution von oben als einzigartige Errungenschaft des Fortschritts jene nationalen und freiheitlichen Ziele, die 1848/49 gescheitert waren. Die beiden renommierten Historiker der Bismarckzeit waren zugleich Vertreter des „staatsbildenden Liberalismus" (Sybel), dem im engen Bündnis mit dem idealisierten preußischen Machtstaat die Aufgabe zugedacht wurde, eine zerstörerisch-gewaltsame Revolution „von unten" nach westlichem Muster gleichsam überflüssig zu machen. In dieser apologetischen Version reichen die Wurzeln der Sonderwegsthese bis in die Zeit des Kaiserreichs zurück.

Es gab im späten Kaiserreich und vor allem dann nach 1918 revisionistische Ansätze, die sich jedoch gegenüber der nun dominierenden nationalkonservativen Historiographie nicht durchsetzen konnten. Im Zuge der Rankerenaissance verengte sich vielmehr die Interpretation der Reichsgründung auf die militärisch-außenpolitischen und biographisch-personengeschichtlichen Aspekte des Themas – bis hin zum „Primat der Außenpolitik" und zur Heroisierung des Bismarckbildes [vgl. E. FEHRENBACH, Die Reichsgründung in der deutschen Geschichtsschreibung, in 118: Reichsgründung, 259–290].

Die Revolution von 1848 wurde aus dem nationalkonservativen Geschichtsbild mehr oder weniger verdrängt. Veit VALENTIN, der 1917 durch alldeutsche Intrigen seine Lehrbefugnis an der Freiburger Universität verlor, versuchte in seiner großen und bis heute unübertroffenen Revolutionsdarstellung von 1930/31 [104] vergeblich, die liberaldemokratischen Traditionen des 19. Jahrhunderts in Erinnerung zu rufen. Erst als im Jubiläumsjahr 1948 R. STADELMANNS „Soziale und politische Geschichte der Revolution von 1848" [103] erschien, würdigte dieses Buch VALENTINS Werk (eine Neuauflage erfolgte allerdings erst 1970!), insbesondere jene zentralen Kapitel, die sich detailliert mit den Bauernaufständen und der demokratischen Volksbewegung befassen. Doch auch für STADELMANN blieb „die Märzrevolution durch das, was sie an Hoffnung geweckt, und durch das, was sie an Verwirklichung verweigert hat, gleichermaßen die Vorstufe (!) für 1871" [ebd., 226]. *Erste Würdigungen der 1848er Revolution*

Die in den 1950er und 60er Jahren besonders beliebte typologische Betrachtungsweise [TH. SCHIEDER, Der Typus in der Geschichtsschreibung, in 61: Staat, 172–187] förderte den Vergleich zwischen „Deutschland und Westeuropa" [Titel eines Essaybandes von STADELMANN, 1948] und stellte die deutsche Nationalstaatsgründung in einen erweiterten Interpretationsrahmen. Das Fehlen einer erfolgreichen Revolution in Deutschland bedeutete nun, daß 1848 der Anschluß an die westeuropäische Entwicklung verpaßt [103: STADELMANN, Geschichte, 220] und 1871 eine „verspätete Nation" [H. PLESSNER, 1959] zu staatlicher Einheit gefunden hatte. Die Sonderwegsdiskussion nach 1945 begann mit der Umkehrung der bis dahin positiv akzentuierten „Ideologie des deutschen Weges" [B. FAULENBACH, 1980]. *„Deutschland und Westeuropa"*

Darüber hinaus bemühte sich vor allem TH. SCHIEDER um eine systematisch-typologisierende Analyse der deutschen im Rahmen der europäischen Nations- und Nationalstaatsbildung [vgl. die jüngst aus aktuellem Anlaß neu herausgegebene Aufsatzsammlung 386]. Er konnte dabei an zwei ältere Deutungsmuster anknüpfen: zum einen an F. MEINECKES berühmte Unterscheidung zwischen „Kulturnation" und „Staatsnation" [Weltbürgertum und Nationalstaat, 1907, ^{9}1969]; zum anderen an H. KOHNS Dichotomie, die den subjektiv-politischen oder westlichen von einem objektiv-kulturellen oder östlichen Nationsbegriff abhebt [The idea of nationalism, N.Y. 1944, deutsch: Frankfurt 1962]. Mit SCHIEDERS Worten: Die Nation „kann als Willens- und Bekenntnisgemeinschaft der auf gleiche politische Werte verpflichteten Bürger verstanden werden wie im Frankreich der Französischen Revolution; sie kann – um das *Von der ideengeschichtlichen Untersuchung zur komparativen Prozeßanalyse* andere Extrem zu nennen – die organisierte und politisch geeinte Sprachgemeinschaft sein, wie dies die ältere deutsche Nationalbewegung meinte" [Einleitung zu: Das Deutsche Kaiserreich von 1871 als Nationalstaat, 1961, jetzt in: 386]. Allerdings, so fügt Schieder sofort hinzu, sind die beiden Grundtypen, der Sprach- und Volksnationalismus einerseits und der Staatsnationalismus andererseits, in der historischen Wirklichkeit keineswegs so scharf voneinander zu trennen wie in der generalisierenden Begriffssprache. Ins Zentrum seiner eigenen Forschung, die über die ideengeschichtlichen Interpretationen Meineckes und Kohns weit hinausführt, rückte die komparative Prozeßanalyse der Entstehung moderner Nationalstaaten in West-, Mittel- und Osteuropa, die deutlich macht, wie sich die beiden Nationalismen auch und gerade im Falle Deutschlands (und Italiens) gegenseitig durchdringen. Schieder entwickelte ein Drei-Phasen-Modell, das auf seine Weise den besonderen Typus des mitteleuropäischen Nationalstaats herausstellt: Nachdem in Westeuropa die modernen Nationalstaaten durch eine innerstaatliche Revolution entstanden waren, erfolgte in Mitteleuropa die integrative Nationalstaatsbildung durch Zusammenschluß bisher getrennter Teilstaaten; in Ost- und Südosteuropa schließlich überwog die sezessionistische Staatsgründung auf dem Wege der Abtrennung von multinationalen Großreichen [Typologie und Erscheinungsformen des Nationalstaats in Europa, in: 386; auch in 390: H. A. Winkler (Hrsg.), Nationalismus, 119–137].

Anregungen sozialwissenschaftlicher Modernisierungstheorien

In den 1970er Jahren erhielt die weitere Erforschung des Nationalstaats und der Nationalbewegungen wichtige Anregungen von den sozialwissenschaftlichen Modernisierungstheorien. Im Zuge der aufblühenden Sozialgeschichte stellte sich die Frage nach der „inneren" Nationsbildung und nach den gesellschaftlichen Funktionen des Nationalismus. Außerdem stand das Thema „nation-building" in aktuellem Zusammenhang mit dem Nationalismus der „Dritten Welt" [vgl. die Einleitung von H. A. Winkler zu dem von ihm herausgegebenen Sammelband 390: Nationalismus, 5–46]. Insbesondere wurde der Blick geschärft für die krisenhaften Spannungen zwischen „Tradition" und „Moderne", die das nationalstaatliche 19. Jahrhundert, eine Epoche zugleich des beschleunigten sozialen Wandels, prägten.

Vor allem zwei in den USA entworfene theoretische Modelle dienten auch den deutschen Sozialhistorikern zur Charakterisierung des „nation-building". (Die deutsche Übersetzung „Nationsbildung" bürgerte sich erst nach und nach ein.) Zum einen handelt es sich um das schon 1953 erschienene bahnbrechende Buch von Karl W. DEUTSCH über „Nationalism and social communication" [361; vgl. auch 362: DERS./W. J. FOLTZ (Hrsg.), Nation-Building; DERS., Nation und Welt, in 390, 49–66]. Nach DEUTSCH zählt die Ausweitung des Kommunikationsnetzes im Gefolge räumlicher und sozialer Mobilität zu den wesentlichen Ursachen der gesellschaftlichen Nationsbildung. Das Bedürfnis nach gesteigerter „Komplementarität" oder „kommunikativer Effizienz" bewirkt die Ablösung lokaler und regionaler Solidaritäten durch ein neues, integrierendes und identitätsstiftendes Solidaritätsbewußtsein, das in den modernen Nationalismus mündet.

Das andere nicht nur theoretisch reflektierte, sondern die historisch-empirische Forschung anleitende Begriffsraster stammt von Stein ROKKAN [384: Analyse, 228–252]. Seine Überlegungen zu den Modernisierungskrisen im Prozeß der Staats- und Nationsbildung erleichterten die generalisierende Analyse politisch-gesellschaftlicher Entwicklungsprobleme, deren Kumulation gerade auch die deutschen „Nationsbildner" vor schwer lösbare Aufgaben stellte. ROKKAN unterscheidet sechs „Krisen" und „Herausforderungen": 1. die *Penetration* oder die Schwierigkeit, das staatliche Gewaltmonopol durchzusetzen; 2. die *Integration* oder der Kampf um die Überwindung regionaler, konfessioneller und gesellschaftlicher Partikularinteressen; 3. die *Identität* oder die Sozialisierung der Staatsbürger in die nationale Gemeinschaft, z. B. mit Hilfe von Schulen, Medien, Riten und Symbolen; 4. die *Legitimität* oder die Notwendigkeit, der politischen Herrschaft Loyalität zu sichern oder neu zu beschaffen; 5. die *Partizipation* oder die Konflikte um erweiterte politische Mitwirkungsrechte; 6. die *Distribution* oder die Umverteilung von Gütern, Leistungen und Werten. In seiner Einführung „Modernisierungstheorie und Geschichte" schrieb H.-U. WEHLER 1975, „daß man nur zum eigenen Nachteil auf eine Beschäftigung mit diesen Theoremen verzichten kann" [S. 38].

In vieler Hinsicht paßte ROKKANS Krisenmodell zur Interpretation des problematischen und verhängnisvollen deutschen Sonderweges in die Moderne, den WEHLER in seinem vielgelesenen, zuerst 1973 erschienenen Buch „Das Deutsche Kaiserreich 1871–1918" (^{6}1988) scharfsinnig analysierte. Die Kritik kam jedoch nicht nur von jenen Kontrahenten, die WEHLER provozierend als Vertreter des Neohistorismus oder auch des Neokonservativismus bezeichnete [TH. NIPPERDEY, L. GALL u. a.], sondern auch aus den Reihen der marxistisch orientierten Historiker, so vor allem von D. BLACK-

BOURN und G. ELEY [vgl. zuletzt 49: The peculiarities of german history]. Die beiden englischen Sozialhistoriker schätzten die Erfolge und Leistungen der deutschen Bourgeoisie und ihren Anteil an der politischen Herrschaft des Kaiserreichs sehr viel höher ein als ihre deutschen Kollegen. Es entstand eine rege Diskussion um die Streitfrage. „Wie ‚bürgerlich' war das deutsche Kaiserreich?" [H.-U. WEHLER, in 277: J. KOCKA (Hrsg.), Bürger, 243–280; Kommentar von D. BLACKBOURN, ebd., 282–287].

DDR-Historie: „Revolution von oben" und „bürgerliche Umwälzung"

Außerdem entzündete sich in der DDR-Historie eine Methodendebatte, die erstmals den Begriff „Revolution von oben" problematisierte [vgl. die Aufsätze von W. SCHMIDT und E. ENGELBERG in der ZfG 1984 und 1985]. Zwar hielt man daran fest, daß 1866/71 eine „großpreußisch-militaristische" Reichsgründung stattgefunden habe, aber zugleich wurde mehr als zuvor betont, daß im Zeitalter der „bürgerlichen Umwälzung" nur die 1848er „Revolution von unten" die von Bismarck und den preußischen Junkern angeführte „Revolution von oben" ermöglicht habe. Die Überschätzung des „urpreußischen" Reichsgründers in ENGELBERGS auch in der Bundesrepublik vielgelesener Bismarck-Biographie [108] stieß in der ZfG bezeichnenderweise auf Kritik [W. SCHMIDT, 1987, 231–240].

Neuansatz Langewiesches: „Revolution von oben" und „Nationsbildung"

Der Forschungstrend lief darauf hinaus, das Verhältnis von „äußerer und innerer Reichsgründung" neu zu gewichten. In diesem Sinne hat D. LANGEWIESCHE versucht, die Begriffe „Revolution von oben" und „Nationsbildung" zu präzisieren und aufeinander zu beziehen [373: „Revolution von oben", 116–133]. „Das analytische Modell ‚Nationsbildung'", so führt er aus, erlaube es, „die vielgestaltigen wirtschaftlichen, sozialen, kulturellen und politischen Entwicklungen auf die politische Handlungsebene hin zu bündeln". Auf diese Weise werde „das gesellschaftliche Fundament der Nationswerdung und Nationalstaatsgründung deutlich". Der Begriff „Revolution von oben", bezogen auf Bismarcks individuellen Anteil und den des Krieges an der Reichsgründung, wird einerseits relativiert. Doch andererseits, so heißt es am Schluß des Aufsatzes, schärfe dieser Begriff zugleich den „Blick für die Grenzen, die den gesellschaftlichen Mitwirkungschancen, und damit auch den Parlamentarisierungs- und Demokratisierungschancen, durch die Form der deutschen Nationalstaatsgründung gezogen wurden" [ebd., 133].

Die stärkere Beachtung auch der „inneren" Nationsbildung hatte auf ihre Art eine Abschwächung der Sonderwegsthese zur Folge. Der Vormärz, die Revolution von 1848 und der politisch-gesellschaftliche Aufbruch der 1860er Jahre standen nicht mehr nur im langen Schatten der „Revolution von oben".

3.2 Die Neubewertung der „inneren" Reichsgründung

In einem Aufsatz über „Bürgertum, Staatssymbolik und Staatsbewußtsein im Deutschen Kaiserreich" vermerkte W. HARDTWIG, daß das nationale Bürgertum nach 1871 mit der Glorifizierung preußischer Militär- und Machtstaatlichkeit „seinen eigenen Anteil am Erfolg der Reichseinigung" sehr rasch aus dem Gedächtnis getilgt habe: „Es identifizierte die Errungenschaften der äußeren und inneren Reichsgründung nicht mit dem Frühkonstitutionalismus, mit der Verfassungsbewegung überhaupt, nicht mit 1848 oder mit liberalen Positionen im preußischen Verfassungskonflikt. Statt dessen erinnerte es sich, wenn es symbolisch sein Staats- und Reichsbewußtsein artikulierte, an die Kriege von 1864–1866 und 1870–71 ..." [GG 16 (1990) 269–295, Zit. 284]. Auf ähnliche Weise blieb die Geschichtsschreibung lange Zeit auf die „Revolution von oben" fixiert. Auch der Wechsel von der apologetischen zur kritischen Perspektive nach 1945 und vollends nach 1968 änderte daran zunächst nichts. Bezeichnenderweise wurde die „innere" Reichsgründung gar nicht auf das liberal-nationale Bürgertum, sondern auf die konservative Wende von 1878/79 und die sogenannte „zweite Reichsgründung" der traditionellen Machteliten bezogen [107: H. BÖHME (Hrsg.), Probleme].

Im Banne der „Einigungskriege" und der „traditionellen Machteliten"

Die Wiederentdeckung der nationsbildenden Kräfte und Tendenzen beruhte auf vielen Einzelergebnissen. Als besonders aufschlußreich stellten sich die Untersuchungen zur Organisations-, Kommunikations- und Sozialstruktur der vormärzlichen Nationalbewegung heraus, die sowohl von der Vereinsforschung [vgl. oben Kap. 2.1] wie von der nation-building-Forschung [vgl. oben Kap. 3.1] angeregt wurden. Eine gute Diskussionsgrundlage schufen die von O. DANN herausgegebenen Sammelbände über „Lesegesellschaften und bürgerliche Emanzipation" [239], „Vereinswesen und bürgerliche Gesellschaft" [240] sowie „Nationalismus und sozialer Wandel" [360].

Schrittweise Revision

Vielbeachtet wurde die 1984 als Buch erschienene Kölner Habilitationsschrift von D. DÜDING über die Sänger- und Turnvereine mit dem thesenhaften Titel „Organisierter gesellschaftlicher Nationalismus" [363]. Der von DÜDING angestellte Vergleich zwischen den verschiedenen nationalen „Teilbewegungen" vermied die übli-

„Organisierter gesellschaftlicher Nationalismus"

che Konzentration auf die Burschenschaften und den stark bildungsbürgerlich geprägten preußisch-norddeutschen Elite-Nationalismus. In den Mittelpunkt der Darstellung rückte vielmehr die von vornherein auf relativ breiter sozialer Basis organisierte vormärzliche Nationalbewegung, die wie die Sänger und Turner, die Preß- und Vaterlandsvereine [vgl. 253: C. FOERSTER], die Deutschkatholiken [vgl. 263: F. W. GRAF], die Polenkomitees [vgl. 281: E. KOLB] und die schon Anfang der zwanziger Jahre gegründeten Griechenvereine [268: CH. HAUSER] ihre Aktionsschwerpunkte weder in den Kerngebieten Preußens und schon gar nicht in Österreich, sondern in den süd-, südwest- und mitteldeutschen Verfassungsstaaten sowie in den Ländern des rheinischen Rechts besaß. Die größte Organisationsdichte läßt sich im Rhein-Main-Neckar-Raum feststellen, ein städtereiches Gebiet, in dem die überregionalen kommunikativen Kontakte zudem durch die günstige Verkehrslage und das durch neue Eisenbahn- und Dampfschiffahrtsverbindungen ausgreifende Verkehrsnetz zunehmend erleichtert wurden [vgl. zur Bedeutung dieser Großregion auch 344: M. WETTENGEL, Revolution]. „Im Südwesten", so schreibt CH. HAUSER in seiner Freiburger Dissertation von 1990 über die Griechenbewegung und die „Anfänge bürgerlicher Organisation" längst vor 1830 [268, Zit. 17], „entstand durch die Initiative und führende Teilnahme der ‚konstitutionellen Liberalen' ein öffentliches, staatenübergreifendes Organisationsnetz, das einen sozialen Einzugsbereich bis in die Unterschichten erreichte und über das Engagement für die Griechen die Möglichkeit bot, freiheitliche und nationale Ideen zu propagieren und die liberale Bewegung zu konsolidieren und zu erweitern."

Teils unter kommunikationsgeschichtlicher, teils unter mentalitätsgeschichtlicher Perspektive gewannen neben den diversen Vereinsorganisationen besonders die Nationalfeste und die „Demokratisierung" politischer Rituale [dazu schon 377: G. L. MOSSE, Nationalisierung] an Interesse. Der von DÜDING mitherausgegebene Aufsatzband über „Öffentliche Festkultur" [364] vermittelt einen nachhaltigen Eindruck von der Vielfalt des weit verbreiteten Festwesens, das sich keineswegs nur auf die „Höhepunkte", das Wartburgfest und das Hambacher Fest, reduzieren läßt [zu den frühen Anfängen der nationalen Festkultur vgl. bes. D. Düding, Das deutsche Nationalfest von 1814: Matrix der deutschen Nationalfeste im 19. Jahrhundert, ebd., 67–88].

Gewiß sind neben den Integrationserfolgen immer auch die Integrationsdefizite zu verzeichnen, die teilweise auch nach 1871 im

3. Nationsbildung und „Revolution von oben"

„unvollendeten Nationalstaat" (TH. SCHIEDER) fortbestanden: regionale Disparitäten, territorialstaatliche Partikularismen, lokalistische Bindungen, konfessionell bedingte Absonderungen, die Segmentierung sozialer „Milieus". Die deutsche Bourgeoisie, meinte schon 1845 Karl Marx, existiere nur „provinziell, städtisch, lokal, privatim" [MEW, Bd. 3, 1960, 10]. Sozialhistoriker zählen das traditionsverhaftete (klein)städtische Wirtschaftsbürgertum deshalb oft zu den Verlierern des Modernisierungsprozesses – im Gegensatz zum Bildungsbürgertum und zur „neuen Bourgeoisie", die allerdings vorerst außerhalb Sachsens und Rheinpreußens noch selten anzutreffen war [vgl. 66: H.-U. WEHLER, Gesellschaftsgeschichte; 277: J. KOCKA (Hrsg.), Bürger]. Besonders anschaulich hat der amerikanische Historiker Mack WALKER am Beispiel der winzigen fränkischen „home town" Weißenburg, einer ehemaligen Reichsstadt, die kleine Welt lokaler Bezüge und altständischer Beharrungskraft gegen die „movers and doers" geschildert [341]. Doch inzwischen mehren sich die Stimmen, die vor einer allzu einseitigen Interpretation warnen [vgl. bes. 260: L. GALL (Hrsg.), Stadt und Bürgertum, mit Literaturangaben zu den einschlägigen Stadtgeschichten]. Der Realität auch der kleineren Städte entsprach eher jene Mischung von „Tradition" und „Moderne", die insgesamt das „Übergangszeitalter" kennzeichnet [vgl. die Fallstudie über Wetzlar 266: H.-W. HAHN, Bürgertum].

Lokalismus des Stadtbürgertums?

Das eigentliche Integrationsproblem bestand wohl vor allem darin, daß Österreich keinen Brückenkopf mehr im ehemaligen Alten Reich besaß und Preußen nur über die Rheinlande mit dem süd- und mitteldeutschen Kernraum der Nationsbildung verklammert war [vgl. zum rheinischen Recht 73: K.-G. FABER, Rheinlande; 249: E. FEHRENBACH, Liberalismus, 272–294; zu den Integrationsproblemen nach 1815 100: R. SCHÜTZ, Preußen und die Rheinlande]. Es ist sicher kein Zufall, daß die Liberalismusforschung besonders von Kennern der badischen, pfälzischen, württembergischen, hessischen und rheinischen Geschichte vorangetrieben worden ist, so von L. GALL [19; 257; 258; 259; 262], D. LANGEWIESCHE [284; 285; 286], H. BRANDT [8; 141; 142; 232], H. SEIER [44; 45; 198], K.-G. FABER [73; 150; vgl. den Aufsatzband 319: W. SCHIEDER (Hrsg.), Liberalismus]. Bezeichnenderweise wurde der erste Versuch einer Gesamtdarstellung der deutschen Geschichte des 19. Jahrhunderts seit Treitschke, Franz SCHNABELS „Deutsche Geschichte im 19. Jahrhundert" [63], in bewußtem Gegensatz zum „Herold des kleindeutschen Reiches" [Vorwort zur 1. Aufl. 1929] aus süddeutsch-liberaler Sicht geschrieben.

Liberalismusforschung zum rheinisch-süddeutschen Kerngebiet der Nationsbildung

Auffallenderweise hat der österreichische Nationalitätenstaat besonders die amerikanische Nationalismusforschung fasziniert. Die klassische Studie über das Nationalitätenproblem in der Habsburgermonarchie wurde von dem amerikanischen Historiker R. A. KANN geschrieben [371; vgl. auch 389: G. STOURZH, Gleichberechtigung]. P. J. KATZENSTEIN, ein Schüler von K. W. DEUTSCH, belegte in seiner quantifizierenden Analyse der Indikatoren „gesellschaftlicher Kommunikation" (Verkehrsdichte, Posttarife, Nachrichten über Nachbarregionen in der Presse, Daten des kulturellen und wirtschaftlichen Austauschs) die Isolierung und „Selbst-Abkapselung" Österreichs im Prozeß der (klein)deutschen Nationsbildung [372: Disjoined partners].

Zum Nationalitätenproblem der Habsburgermonarchie

Einer der Indikatoren nationaler Integration, nämlich die wirtschaftliche Einheit, wurde immer schon am Beispiel des Zollvereins diskutiert. Zwar sind die politischen und ökonomischen Legenden, die den von Preußen geführten Zollverein als den wichtigsten Wegbereiter von Industrialisierung und nationaler Einheit feierten, von der neueren Literatur gründlich widerlegt worden. Gerade auch im Hinblick auf die EWG, die zu mancherlei Aktualisierungen der Zollvereinsgeschichte Anlaß gab, warnten die Wirtschaftshistoriker vor der Annahme, daß die wirtschaftliche automatisch auch die politische Einheit erzwinge [vgl. bes. W. ZORN, Wirtschafts- und sozialgeschichtliche Zusammenhänge der deutschen Reichsgründungszeit, in 107: H. BÖHME (Hrsg.), Probleme, 296–316]. Ebensowenig konnten sich monokausale und funktionale Interpretationen halten, die den Freihandelsliberalismus der Zollvereinshegemonialmacht innenpolitisch nur als Instrument manipulativer Integration und außenpolitisch als alles entscheidende Waffe im preußisch-österreichischen Zweikampf schon vor Königgrätz zu erklären versuchten [so vor allem 106: H. BÖHME, Deutschlands Weg zur Großmacht]. Zuletzt hat H.-W. HAHN in seinen Zollvereinsstudien [367; 368] detailliert dargelegt, welche vielfältigen, oft einander widersprechenden Motive am Ursprung der Zollvereinsgründung standen und „wie langwierig und problemgeladen der Weg zur deutschen Wirtschaftseinheit in Wirklichkeit war" [368: Geschichte, 5]. Andererseits jedoch betont HAHN auch, daß der Zollverein schon in den vierziger Jahren nicht mehr nur das Werk Preußens und der mittelstaatlichen Regierungen gewesen sei, sondern auch für weite Teile des Bürgertums den „Kristallisationskern neuer Zielsetzungen" bildete, „die in den Ausbauplänen von Heppenheim einen ersten Höhepunkt erreichten und nach dem Scheitern der Revolution von 1848/49 mehr-

Zur Wechselbeziehung von politischer und wirtschaftlicher Einheit

fach wieder aufgegriffen wurden" [367: Integration, 310f.]. Für das Revolutionsjahr hat H. BEST in seinem Buch über „Interessenpolitik und nationale Integration" [355] dargelegt, auf welche Weise die Wirtschaftsbürger durch die ersten großen Interessenorganisationen die Netzwerke politischer Öffentlichkeit ausbauten [vgl. generell zum Verhältnis von politischer und wirtschaftlicher Integration den Tagungsband 354: H. BERDING (Hrsg.), Integration].

Eine 1990 erschienene Untersuchung desselben Autors „Die Männer von Bildung und Besitz" [129] befaßt sich mit der Integrations- und Kompromißfähigkeit der Paulskirchenabgeordneten. Mit Hilfe quantitativer Daten [vgl. zum Analyseverfahren den instruktiven Anhang 478–550] wird die hohe soziale und räumliche Mobilität einer Kerngruppe von „Nationsbildnern" ermittelt und die Existenz einer „integrierten Elite" vor 1848 nachgewiesen, die durch die Positionsverflechtungen von Wahlämtern und Vereinsmitgliedschaften, durch publizistische Aktivitäten und gemeinsame politische Erfahrungen (der Umbruch von 1830, politische Verfolgungen) geprägt war. Insofern, so resümiert BEST, waren „die elitenstrukturellen ‚Bedingungen der Möglichkeit' für einen parlamentarischen Nationalstaat durchaus vorhanden" [ebd., 236]. Allerdings kamen die meisten Abgeordneten dieser parlamentarischen Führungsgruppe, die sich überwiegend nicht mehr aus Beamten, sondern aus Freiberuflern, Angehörigen der Kulturberufe und Wirtschaftsbürgern zusammensetzte, aus dem konstitutionellen Deutschland der Mittel- und Kleinstaaten oder aus Rheinpreußen; und trotz des beachtlichen Erfolgs, mit dem sie im Frühjahr 1848 „die territoriale Basis für eine Politik staatlicher Integration auf parlamentarischem Wege allmählich auszuweiten" wußten, gerieten sie beim Zusammentritt der Frankfurter Nationalversammlung in die Minderheit. Darin lag nach BEST „das Dilemma des nationalen deutschen Parlamentarismus" [ebd., Zit. 251f.]. In der Paulskirche wurde die Linke wie die Rechte durch den kleindeutsch/großdeutschen Konflikt gespalten, und alle Kompromisse, die gleichwohl zustande kamen, führten, so BEST, „nicht zum Aufbau einer stabilen Konfliktfront in der Nationalversammlung" [ebd., 346].

„Nationsbildner" und „integrierte Elite"

Auf der Suche nach einer Alternative zur kleindeutsch-preußischen Nationalstaatsidee, aber auch im Zusammenhang mit der aktuellen Debatte über die „nationale Identität" und „Die Rolle der Nation in der deutschen Geschichte und Gegenwart" [358: O. BÜSCH/J. J. SHEEHAN (Hrsg.)] wurde Mitte bis Ende der 1980er Jahre erneut die nationale und europäische Bedeutung des Deut-

Alternativen zur kleindeutsch-preußischen Nationalstaatsgründung?

schen Bundes unter dem Protektorat des Habsburgerreiches zur Diskussion gestellt [vgl. 376: H. LUTZ/H. RUMPLER (Hrsg.), Österreich; 385: H. RUMPLER (Hrsg.), Deutscher Bund; 366: W. D. GRUNER, Die deutsche Frage]. Nicht zuletzt unter außenpolitischen Gesichtspunkten wurde die staatenbündisch-föderative Ordnung in der deutschsprachigen „Mitte Europas" positiv gewürdigt – eine historische Rückbesinnung zugleich im Hinblick auf die Dreistaatlichkeit der Nachkriegsordnung von 1945/49: Bundesrepublik, DDR, Österreich [vgl. z. B. F. FELLNER, Das Problem der österreichischen Nation nach 1945, in: 376, 193–220; 357: E. BRUCKMÜLLER, Nation Österreich]. Unter machtgeographischer Perspektive erläuterte M. STÜRMER die „schicksalhafte" Mittellage Deutschlands in Europa als ein Grundproblem der deutschen wie der europäischen Geschichte [120: Reichsgründung; vgl. bes. die Darstellung von 1983 in der Reihe „Die Deutschen und ihre Nation" unter dem Titel: Das ruhelose Reich. Deutschland 1866–1918]. Auch H. SCHULZES Überblicksdarstellung von 1985 „Der Weg zum Nationalstaat" berücksichtigt diesen Aspekt [387]. Der „historischen Trias", den vergeblichen Anläufen zur Gründung eines „Dritten Deutschland" der Mittelstaaten, widmete P. BURG eine ausführliche, auf breiter Quellenbasis erarbeitete Monographie [359].

Die schärfsten Kritiker der „Aufwertung" des reaktionären Deutschen Bundes kamen aus der DDR. Doch fanden sie auch bei bundesrepublikanischen Historikern Gehör. Nicht von ungefähr wurden die beiden Gegenreferate, die H. BLEIBER und H. MÜLLER 1987 auf einer von FELLNER und RUMPLER veranstalteten Konferenz in Salzburg vortrugen, in der Historischen Zeitschrift veröffentlicht [356; 378]. Die deutsche Nationalstaatsbildung, so beteuerte BLEIBER, könne nicht ausschließlich negativ interpretiert und als Fehlentwicklung beurteilt werden, auch wenn die Revolution von 1848 weiterhin als der „Höhepunkt" „in der Zeit der bürgerlichen Umwälzung" zu gelten habe: „Was das 1871 entstandene Deutsche Reich betrifft, so war es, wenn auch unvollkommen und mit zahlreichen gravierenden Mängeln behaftet, dennoch eine zumindest partielle Erfüllung eines Grundanliegens der bürgerlichen Bewegung" [356: Der Deutsche Bund, 46].

Neubeurteilung der Revolution von 1848

Der Stellenwert der „deutschen Frage" im Kontext der gesellschaftlichen Nationsbildung blieb umstritten. Gleichwohl konnte niemand die Ergebnisse der Vormärzforschung beiseite schieben. Sie führten bei der Mehrzahl der Historiker zu einer neuen Sichtweise, mit der die Revolution von 1848 nicht mehr nur als ein Ge-

genstück oder lediglich als Vorgeschichte von 1871, sondern als ein „selbständiges Thema" [102: W. SIEMANN, Revolution, 9] betrachtet wurde. Wegweisend war die Parlamentarismus-, Vereins- und Parteienforschung, die in ihrem Bereich zugleich die Erfolge und nicht allein das „Scheitern" der Revolution verzeichnen konnte [vgl. oben Kap. 1.1 u. 2.1]. Ob man die von den Liberalen erstrebte parlamentarische Legalisierung der Revolution mit D. LANGEWIESCHE als „Reformkurs" [88: Europa, 92] oder gar, wie es M. HETTLING am Beispiel Württembergs vorgeschlagen hat, als „Reform ohne Revolution" [164] bezeichnen soll, hängt von der Definition des Revolutionsbegriffs ab. Vor allem aber hat der Blickwechsel, der verstärkt das außerparlamentarische Geschehen einbezog, dazu beigetragen, allzu einseitige, auf die Paulskirche fixierte Interpretationen zu überwinden, die, so R. RÜRUP in seiner Epochendarstellung von 1984, „das Scheitern der Revolution im nachhinein als unvermeidlich erscheinen" lassen [60, Zit. 195]. Im kritischen Rückblick auf die politisch-historische Verarbeitung der Revolution stellt RÜRUP fest: „Daß die Revolution auch Erfolge hatte, daß keineswegs alle ihre Errungenschaften rückgängig gemacht wurden, daß nur durch sie auch Preußen zu einem Verfassungsstaat wurde, daß auch die Verfassungsarbeiten der Paulskirche nicht verloren waren, daß mit der Revolution positive Traditionen begründet wurden, daß schließlich nicht nur theoretisiert, sondern auch gehandelt, gekämpft und gelitten wurde – all das geriet weitgehend in Vergessenheit, und es hat lange gedauert, bis sie in ihrem vollen Umfang wiederentdeckt wurde" [ebd., 197]. Auch TH. NIPPERDEY, der in seiner „Deutschen Geschichte" [56] daran festhält, daß die wichtigste Ursache für das „tragische", weil unausweichliche Scheitern der liberalen Position der „Mitte" außer in der „Vielzahl der Probleme und ihrer Unlösbarkeiten" vor allem in der großdeutsch-kleindeutschen Problematik begründet lag, kommt schließlich doch zu dem Schluß: „Das Ergebnis der Revolution ist nicht nur das Scheitern. Die Revolution hat über alle Eliten hinweg eine nationale Öffentlichkeit geschaffen, eine nationaldemokratische Nation" [ebd., 669]. Besonders eindrucksvoll hebt H.-U. WEHLER vor dem dunklen Hintergrund der breit dargestellten „Kumulierung von gravierenden Modernisierungskrisen" neben der Negativbilanz der Niederlagen auch die zukunftsträchtigen Ergebnisse einer Revolution hervor, die nicht primär an ihrer eigenen Schwäche, sondern hauptsächlich an der Stärke der Gegenrevolution gescheitert sei. Die beiden ersten 1987 erschienenen Bände der „Deutschen Gesellschaftsgeschichte" WEHLERS [66] sind auf das Revolutionskapitel (im Kontext der industriell/politischen „Doppelrevolution" von 1845/48) zugeschrieben, das mit den Worten schließt: „Besiegt worden ist die Revolution ohne Frage, ihre Maximalziele hat sie nicht erreicht. Trotzdem hat sie mittelbar imponierende Erfolge erzielt, welche Politik und Gesellschaft nach 1850 umgestaltet, ja manchmal von Grund auf verändert haben. Und die Maßstäbe, die sie für die Staats- und Gesellschaftsordnung, für die Freiheits- und Gleichheitsrechte gesetzt hat, behielten die Leuchtkraft eines Ideals, das trotz aller Rückschläge nach 1849 für viele Menschen verbindlich blieb – und deshalb als politische Grundtatsache auf längere Sicht nicht umgangen werden konnte" [ebd., Bd.2, 779].

Am besten wird wohl der Leser in der knappen, aber thematisch umfassenden Revolutionsdarstellung W. SIEMANNS von 1985 [102] über die vielfältigen neuen Perspektiven unterrichtet, mit denen heute das gesamtrevolutionäre Geschehen auf den verschiedenen Handlungsebenen (an der Basis der Volksbewegung, in der Presse-, Vereins- und Straßenöffentlichkeit, in der Nationalversammlung wie in den Landtagen, in Märzministerien und Magistraten, im fürstlich-aristokratisch-gegenrevolutionären Lager) ins Blickfeld gerückt wird. Diese Handlungsebenen „auseinanderzuhalten und in ihrer wechselseitigen Beeinflussung zu beobachten", heißt es über den Interpretationsansatz, „öffnet überhaupt erst den Zugang zu der komplexen Dynamik dieser deutschen Revolution" [ebd., 59]. Einfache Identifikationen zur Traditionsbildung, mit denen eine Zeitlang der deutsch-deutsche Streit um das demokratische Erbe von 1848 ausgetragen wurde, lehnt SIEMANN dezidiert ab. Es geht ihm darum, die fortdauernden Impulse der Revolution zur Modernisierung der deutschen Gesellschaft deutlich zu machen, aber auch die tiefgreifenden, widersprüchlichen und teilweise unvereinbaren gesellschaftlichen Konflikte, die gleichsam die Kehrseite dieses Wandlungsprozesses bilden [vgl. die Einleitung 7–15; unter ähnlicher Perspektive ist der Aufsatzband 89: D. LANGEWIESCHE (Hrsg.), Revolution, konzipiert].

Entpolitisierung des nachrevolutionären Bürgertums?

Im Anschluß an die Revolutionsdarstellung schrieb W. SIEMANN eine Epochengeschichte der Jahre 1849–1871, die sich von der üblichen Deutung einer „Durchzugszeit" „zwischen" Revolution und Reichsgründung distanziert. Der Titel „Gesellschaft im Aufbruch" [119] will vielmehr den Anfang einer neuen Zeit, einen konsequenten Neubeginn kennzeichnen, der unter den Bedingungen

3. Nationsbildung und „Revolution von oben"

ökonomischer und sozialer Veränderungen im Zuge der Industriellen Revolution möglich wurde und für den zugleich 1848 die Basis bildete. Zurückgewiesen wird von SIEMANN wie überhaupt von der neueren Literatur die ältere These von der Entpolitisierung des nachrevolutionären Bürgertums, das sich auf den Wirtschaftsaufschwung konzentriert habe und zu opportunistischen Kompromissen mit den politisch reaktionären, aber wirtschaftspolitisch liberalen Regierungen bereit gewesen sei [vgl. z. B. 113: TH. S. HAMEROW, Foundations; 351: F. ZUNKEL, Unternehmer]. SIEMANN führt zahlreiche Belege an, die bekräftigen, „mit welcher Selbstgewißheit die ‚Ideen von 1848' in den sechziger Jahren wieder berufen wurden" [ebd., 221].

Auch der Ausgang des preußischen Verfassungskonflikts wird heute nicht mehr mit Negativbeurteilungen versehen wie: Kapitulation, Ohnmacht, Opportunismus, Versagen etc. [vgl. hierzu oben Kap. 1.2]. Es steht vielmehr außer Frage, daß die so überaus erfolgreiche wirtschaftliche Entwicklung zugleich das politische Vertrauen des liberalen und nationalen Bürgertums auf seine eigene Zukunft gefestigt hat. D. LANGEWIESCHE, der den unerschütterlichen Fortschrittsoptimismus in vielen seiner Arbeiten herausgestellt hat [vgl. bes. 91: ‚Fortschritt', 446–458], zitiert beispielsweise für die Konfliktzeit Karl Twesten, den späteren Mitbegründer der Nationalliberalen Partei: „Die gesellschaftliche Ordnung aber schafft die Ordnung des Staates. Die gesellschaftlich vorwiegenden Klassen müssen unmittelbar auch die politisch herrschenden werden" [285: Liberalismus, 100].

Es hat andere Gründe, wenn trotzdem in einigen Darstellungen die Verfallskurve des Liberalismus bereits 1848 beginnt. Vor allem L. GALL sieht das Zerbrechen der integrierenden Zielvision einer klassenlosen Bürgergesellschaft als die entscheidende Wende an: Der gesamtgesellschaftliche Emanzipationsanspruch „degenerierte" im Verlauf der unvorhergesehenen Wirtschaftsentwicklung „zur bloßen Klassenideologie, der Liberalismus zur Klassenpartei" [262: Liberalismus, 176]. „Statt als Vorhut der Gesellschaft der Zukunft", heißt es in der Biographie der Bassermanns, „etabliert sich das besitzende und gebildete Bürgertum nun, seit den fünfziger Jahren des 19. Jahrhunderts, immer bewußter als soziale Klasse" [258: Bürgertum, 337]. Das dadurch enorm gesteigerte Selbstbewußtsein der neuen Bürgerklasse wird jedoch auch von GALLS Darstellung voll bestätigt: „Wem die Zukunft gehörte, schien klar" [ebd., 379].

Leider gibt es im Vergleich zur Vormärz- und Revolutionsfor-

_{Galls Interpretation der Zäsur von 1848}

schung nur wenige Fallstudien, die exemplarisch die Auswirkungen des Umorientierungsprozesses auf die Organisationen und das Sozialprofil der sich neu formierenden Nationalbewegung untersuchen. Teilweise werden diese Lücken von der Parteienforschung [vgl. oben Kap. 2.2] und von verbandsgeschichtlichen Studien [vgl. z. B. zum Volkswirtschaftlichen Kongreß 271: V. HENTSCHEL, Freihändler] ausgefüllt. Aber Parteien und Interessenvertretungen besaßen in den 1860er Jahren noch keineswegs ein Organisationsmonopol. Bis vor kurzem fehlte sogar eine moderne Monographie über den Nationalverein, und es bleibt recht bezeichnend für die Forschungslage, daß schließlich ein Kenner Lassalles und der Arbeiterbewegung das vernachlässigte Thema aufgriff, weil ihn das Verhältnis zwischen Bürger- und Arbeiterbewegung bzw. die Trennung des ADAV von der „Mutterorganisation" interessierte. 1987 erschien S. NA'AMANS Darstellung über den „Deutschen Nationalverein" mit dem zugespitzt thesenhaften Untertitel: „Die politische Konstituierung des deutschen Bürgertums 1859-1867" [379]. Es geht NA'AMAN darum, die gängige Vorstellung vom „Propagandaverein für die führende Rolle Preußens" bei der Reichseinigung zu widerlegen. Im Anschluß an die zeitgenössische Polemik, die den Nationalverein als eine „gesellschaftliche Großmacht" anerkannte, spricht NA'AMAN von der „Nationalpartei des deutschen Bürgertums" in der politischen Tradition von 1848 [Zit. ebd., 12, 17]. Dem programmatischen Rückgriff auf die Reichsverfassung von 1849 wird daher eine große Bedeutung beigemessen, ebenso der „Volkspolitik", die bei allen Vorbehalten gegenüber den „Massen" und trotz der Aufspaltung in (noch „unfertige"!) Parteien endgültig erst nach Sedan preisgegeben worden sei. NA'AMANS Blick richtet sich allerdings primär auf die Nationalvereinszentrale und ihre Auseinandersetzungen mit dem „linken Flügel", während die sehr regen Aktivitäten der Ortsvereine, so vor allem im Süden mit den Hochburgen Mannheim und Heidelberg, nur am Rande beachtet werden.

Die Möglichkeiten und Grenzen der „Revolution von oben" stellen insofern ein Thema dar, das nach wie vor eher unter außen- und militärgeschichtlichen Aspekten [vgl. zuletzt 115: E. KOLB, Weg; 116: DERS. (Hrsg.), Europa] und vor allem von Bismarcks Politik her behandelt wird. L. GALLS Bismarckbiographie, die 1980 erschien und mittlerweile in achter Auflage vorliegt [111], geht von der Frage nach den Handlungsspielräumen des „weißen Revolutionärs" aus. Der Einsatz „revolutionärer Mittel" kennzeichnet jedoch nicht mehr den bonapartistischen Manipulator und Techniker der

Macht, wie Bismarck in den 1970er Jahren von den Sozialhistorikern im Kreis um H.-U. WEHLER gesehen wurde. Das mit „Revolution von oben" überschriebene Kapitel [ebd., 373–455] schildert vielmehr die „Gunst der Umstände", die Bismarck schöpferisch zu nutzen wußte, bevor er zum „Zauberlehrling" wurde: Über die unbestreitbare Geschicklichkeit, so formuliert es Gall, „mit der Bismarck nach mehreren Anläufen vor allem die Kräfte des nationalen Liberalismus vor seinen Wagen zu spannen vermochte, darf man nicht übersehen, daß die Richtung, in der sie zogen, niemals in sein Belieben gestellt war und daß die Mittel, die er einsetzte, ihn zugleich abhängig machten" [ebd., 725].

Eine solche Interpretation führt ihrerseits zu dem Schluß, daß nach 1867/71 im Vergleich zur Konfliktzeit ein Kurswechsel Bismarcks stattfand, mit dem eine neue „liberale Ära" eingeleitet wurde. Sie endete 1876/78; doch hinterließ sie ihre Spuren auch in der weiteren Entwicklung des Kaiserreichs, die keineswegs eingleisig verlief.

4. Die Konstitutionalismus- und Nationalismusforschung 1992–2006
Nachtrag zur 2. Auflage

Seit der Erstauflage dieses EdG-Bandes erhielten sowohl die Konstitutionalismus- als auch und vor allem die Nationalismusforschung viele neue Impulse – teils aus aktuellem Anlass, teils im Zuge des cultural turn.

Das Gegenwartsinteresse an europäischen Traditionen und Ähnlichkeiten beförderte im Rahmen der „europäischen Verfassungsgeschichte" eine Neubeschäftigung mit der konstitutionellen Monarchie, die nicht mehr – wie in den inzwischen beigelegten Sonderwegsdebatten – als eine spezifisch deutsche Staatsform interpretiert wird. In einem breit angelegten Ländervergleich auf der Folie französischer Ursprünge und Vorbilder hat M. KIRSCH den „monarchischen Konstitutionalismus" vielmehr als nationalstaatsübergreifenden „europäischen Verfassungstyp" ausgelegt: „Der Verfassungsstaat Kontinentaleuropas war nicht durch eine parlamentarische oder präsidiale, sondern durch eine monarchische Struktur geprägt." Sein wichtigstes Kennzeichen war die politisch bedeutsame Rolle der Könige bzw. der bonapartistischen Ersatz-Monarchen, eine von Land zu Land unterschiedlich starke bis übermächtige Po-

Konstitutionelle Monarchie im europäischen Kontext

sition gegenüber dem Parlament, die auch noch in Belgien ab 1831 und in Piemont-Italien ab 1848 zu beobachten ist und wodurch nicht zuletzt in Frankreich eine dauerhafte Stabilisierung der parlamentarischen Regierungsform bis zum Ende der 1870er Jahre verhindert wurde [409: Monarch und Parlament, 24; vgl. hierzu die zustimmende ausführliche Rezension von H.-C. KRAUS, in: Der Staat 43 (2004) 595–600]. Mit der Einordnung der deutschen Verfassungsverhältnisse in die europäischen Zusammenhänge, wie sie auch in epochenübergreifenden Darstellungen üblich geworden ist [418: W. REINHARD, Geschichte der Staatsgewalt; 398: H. FENSKE, Der moderne Verfassungsstaat], ging eine stärkere Beachtung transnationaler Rezeptionsvorgänge und „interkultureller Transfers" einher [410: M. KIRSCH/P. SCHIERA (Hrsg.), Denken und Umsetzung des Konstitutionalismus; 414: R. MUHS/J. PAULMANN/W. STEINMETZ (Hrsg.), Aneignung und Abwehr]. Der Perspektivenwandel führte sogar zu einer Neubewertung der frühen napoleonischen Verfassungen in den Satellitenstaaten Frankreichs, so auch der Konstitution von 1807 im rheinbündischen Königreich Westfalen, die nicht mehr pauschal mit dem Etikett „Scheinkonstitutionalismus" versehen wird [409: M. KIRSCH, Monarch und Parlament, 270 ff.; 406: M. HECKER, Napoleonischer Konstitutionalismus].

Regionale Besonderheiten und transnationale Einflüsse

Die Abkehr von nationalgeschichtlichen Fixierungen schärfte aber auch den vergleichenden Blick auf regionale Differenzierungen und Besonderheiten des Konstitutionalismus in den deutschen Einzelstaaten. So tritt Bayern in neueren Darstellungen als ein gesonderter frühkonstitutioneller Typus hervor, auch weil hier der Politisierungseffekt der eng mit den Kommunalwahlen verknüpften Landtagswahlen viel geringer als in Baden und Württemberg ausfiel [411: J. LEEB, Wahlrecht und Wahlen; 402: D. GÖTSCHMANN, Bayerischer Parlamentarismus im Vormärz.; vgl. auch die beiden landesgeschichtlichen Handbücher 65: Handbuch der Bayerischen Geschichte; 420: Handbuch der baden-württembergischen Geschichte]. Nach wie vor stößt auch die kurhessische Verfassung von 1831 auf besonderes Interesse. Auf breiter Quellengrundlage analysierte E. GROTHE die Bruchlinien des konstitutionellen Systems und seine monarchisch-bürokratische Akzentuierung in der Ministerzeit Hassenpflugs [403: Verfassungsgebung und Verfassungskonflikt; 404: DERS./H. SEIER (Hrsg.), Akten und Briefe]. Angeregt durch den internationalen Vergleich vertritt H. DIPPEL gleichwohl die These, „daß in der zweiten Welle der Verfassungsgebungen in Deutschland zwischen 1830 und 1833 aufgrund der Auseinandersetzung mit beste-

4. Die Konstitutionalismus- und Nationalismusforschung 1992–2006   121

henden, insbesondere außerdeutschen Verfassungen die Ideen des modernen Konstitutionalismus nach Deutschland eindringen konnten". Anders als die älteren süddeutschen Verfassungen von 1818/20 habe die kurhessische Konstitution ansatzweise liberale Grundprinzipien wie Suprematie der Verfassung, Machtbegrenzung und Gewaltenteilung sowie parlamentarische Repräsentation rezipiert [395: H. DIPPEL, Die kurhessische Verfassung von 1831, 644]. Als Beleg für den nicht mehr nur auf Deutschland eingegrenzten vormärzlichen Verfassungsdiskurs lässt sich etwa das Pionierwerk von Karl Heinrich Ludwig Pölitz „Die Constitutionen der europäischen Staaten" anführen, eine 1832/33 in erweiterter Neuauflage erschienene Sammlung von Verfassungstexten, die den weiten „geistigen Horizont" der konstitutionellen Bewegung absteckte [H. DIPPEL, ebd., 623; 392: R. BLÄNKNER, Verfassungsgeschichte als aufgeklärte Kulturhistorie].

Mit Beiträgen zur „Verfassungskultur" wurde die Verfassungsgeschichte konzeptionell erweitert [394: P. BRANDT/A. SCHLEGELMILCH/R. WENDT (Hrsg.), Symbolische Macht und inszenierte Staatlichkeit]. Die Politische Kulturforschung thematisiert die Legitimations- und Integrationskraft von Verfassungen im Zusammenhang mit Symbolen, Ritualen und politischen Festen [408: M. HETTLING/P. NOLTE (Hrsg.), Bürgerliche Feste]. Unter mentalitätsgeschichtlichem Aspekt untersuchte M. WIENFORT die Wahrnehmung der Monarchie seit der Frühen Neuzeit und die liberalen Erwartungen, die während des Vormärz in den Forderungen nach einem „Bürgerkönig" zum Ausdruck kamen [426: Monarchie in der bürgerlichen Gesellschaft]. Mit den Methoden der historischen Semantik wurden Monarchiebegriffe und „Deutungsmuster" wie Liberalismus analysiert [397: H. DREITZEL, Monarchiebegriffe in der Fürstengesellschaft; 412: J. LEONHARD, Liberalismus].

Verfassungskultur

Die „weicheren" kulturhistorischen Interpretationsansätze erleichterten es, die alte Streitfrage nach Kontinuitäten oder Diskontinuitäten im Übergang von den altständischen zu den frühkonstitutionellen Verfassungen zu entschärfen. Einerseits führte kein direkter Weg von den Landständen des 18. Jahrhunderts zu den modernen Repräsentativverfassungen [am Beispiel Bayerns zuletzt hierzu: 421: J. SEITZ, Die landständische Verordnung; 425: E. WEIS, Montgelas]. Daran konnte auch die naturrechtliche Umdeutung altständischkorporativer Vertretungsrechte nichts ändern [424: B. STOLLBERG-RILINGER, Vormünder des Volkes?]. Andererseits relativiert das Weiterwirken ständischer wie kommunaler Bindungen und Traditionen,

Altständische und kommunale Traditionen

die trotz aller Diskontinuitätserfahrungen die Umbruchszeit überdauerten, eine allzu scharfe Trennung. Für Preußen und die Entstehung des preußischen Konstitutionalismus hat W. NEUGEBAUER den Einfluss des Ständewesens betont [415: Politischer Wandel im Osten; vgl. auch: 401: R. GEHRKE (Hrsg.), Aufbrüche in die Moderne]. Ähnliches gilt für den frühneuzeitlichen Kommunalismus und seinen Beitrag zum Parlamentarismus, dessen Entfaltung durch eine bereits partizipationsgewohnte Bevölkerung begünstigt wurde. P. BLICKLE erweiterte in diesem Sinne sein Kommunalismus-Konzept, das nicht mehr nur den ländlich-bäuerlichen Bereich, sondern stärker als zuvor auch die Bürgerstädte im europäischen Vergleich berücksichtigt [393: Kommunalismus]. Die stadtbezogene Bürgertums- und Liberalismusforschung zum 19. Jahrhundert unterstützt ihrerseits eine Sichtweise, die neben den staatlich-bürokratischen Reformimpulsen auch und vor allem die gemeindebürgerlichen Partizipationsbewegungen und ihre innovationsfähigen Selbstverwaltungstraditionen ins Blickfeld rückt [399: L. GALL (Hrsg.), Stadt und Bürgertum; 400: DERS. (Hrsg.), Bürgertum und bürgerlich-liberale Bewegung; 419: H.-W. SCHMUHL, Bürgertum und Stadt]. Nach P. NOLTE verschmolz im Vormärz der Kommunalismus mit dem städtischen „Erfahrungsrepublikanismus", der am Ursprung der „Gemeinderevolution" von 1848 stand [416: Gemeindebürgertum und Liberalismus in Baden]. R. PRÖVE verwies am Beispiel der Bürgerwehren auf den städtisch-republikanischen Ordnungsanspruch in Opposition zum staatlichen Machtapparat [417: Stadtgemeindlicher Republikanismus und die „Macht des Volkes"]. Spätestens im Verlauf der Revolution von 1848/49 hat sich dann allerdings eine ganz andere, auf die Staatsform bezogene Vorstellung von Republik durchgesetzt, die bei der großen Mehrheit des liberalen Bürgertums auf Furcht und Abwehr stieß.

Die Literatur über die Revolution von 1848, die mit zahlreichen Neuerscheinungen anlässlich des Jubiläumsjahres 1998 eine Hochkonjunktur erlebte [vgl. den Forschungsbericht von D. HEIN, in: NPL 44 (1999) 276–310], belegt auf ihre Weise die im letzten Jahrzehnt dominierenden Forschungstrends. Dies gilt zum einen für die europäische Perspektive. Sie passt besonders gut zu diesem Thema, denn, so heißt es in der Einleitung zu dem einschlägigen Sammelband: „1848 wurden mehr Staaten auf dem europäischen Kontinent von der Revolution erfasst als je zuvor und jemals danach" [396: D. DOWE/H.-G. HAUPT/D. LANGEWIESCHE (Hrsg.), Europa 1848]. Der Vergleich mit anderen europäischen Ländern lässt dann allerdings eher die „Eigenheiten der deutschen Revolution" hervortreten [D. LANGEWIESCHE, Revolution in Deutschland. Verfassungsstaat – Nationalstaat – Gesellschaftsreform, in: ebd., 167–195, Zit. 170]. Zwar ist überall ein ähnliches Verlaufsmuster von Revolution, Revolutionsabwehr und Gegenrevolution festzustellen, aber darüber hinaus bleibt es unklar, was das eigentlich „Europäische" der je spezifischen Nationalrevolutionen ausmacht. J. SPERBER deutet die revolutionären Ereignisse von 1848 im Rückblick auf die Französische Revolution von 1789, mit der zugleich die Geschichte eines neuen Europa begann [422: Revolutionary Europe; 423: DERS., The European Revolutions].

Zum anderen schlug sich die Vorliebe für die Lokal- und Regionalgeschichte in einer Vielzahl von Untersuchungen nieder, die unter dem Einfluss der Alltags- und Kulturgeschichte ein breites Spektrum von Themen und Problemfeldern jenseits der „klassischen" Verfassungsgeschichte aufdeckten [vgl. den Forschungsbericht von R. HACHTMANN, in: NPL 47 (2002) 224–246]. Mit dem Blick auf kleine und überschaubare Räume fiel es leichter, die Verschiedenheit der Handlungsträger und Handlungsebenen, das vielschichtig bunte Vereinswesen und die florierende Presselandschaft, die Widersprüchlichkeiten der Mentalitäten, Verhaltens- und Sprachformen sowie die Zielkonflikte auch innerhalb der Revolutionsbewegung herauszuarbeiten [vgl. etwa die voluminöse Darstellung von 405: R. HACHTMANN, Berlin 1848]. Aus postmoderner Sicht löste sich die 1848er Revolution in mehrere vieldeutige Revolutionen auf [T. MERGEL/C. JANSEN, Von „der Revolution" zu „den Revolutionen", in: 413: 7–13]. Von den verbindenden, die Differenzen überwölbenden Leitvorstellungen wie Nation, Nationalstaat und nationaler Verfassungsstaat ist in den multiperspektivischen Interpretationen nur noch wenig die Rede. Eine Ausnahme bildet die knappe, aber einprägsame Überblicksdarstellung von D. HEIN [407: Die Revolution von 1848/49].

Die Fragestellungen und Kontroversen der Nationalismusforschung ähneln in mancher Hinsicht den Wandlungen der Verfassungsgeschichte. Sie wurden unerwartet aktuell durch die Renaissance des Nationalstaats nach dem Zerfall des Sowjetimperiums und nach der Wiedervereinigung der beiden deutschen Teilstaaten. Im Anschluss an angelsächsische Interpretationstopoi wie „imagined community" (B. Anderson) und „invention of tradition" (E. J. Hobsbawm) wurde die Nation allerdings nicht als Voraussetzung, sondern als Produkt des Nationalbewusstseins, als „erdachte" und „erfun-

<small>Neuinterpretation der Nation</small>

dene" Ordnung ausgelegt. Damit rückten die „konstruierten" Ursprungs- und Geschichtsmythen, die identitätsstiftenden Erinnerungskulturen und Erinnerungsorte, die emotionalen Bindungen und xenophobischen Abgrenzungen ins Zentrum der Untersuchungen. Einen guten Einblick in die damit verbundene Themenvielfalt vermittelt der von E. FRANÇOIS/H. SIEGRIST/J. VOGEL herausgegebene Sammelband [434: Nation und Emotion; vgl. den Forschungsbericht von D. LANGEWIESCHE, in: NPL 40 (1995) 190–236].

Geschichtsmythen und Feindbilder Einige der bisher gängigen Lehrmeinungen gerieten durch die neuen Forschungsergebnisse ins Wanken. So wurde die Interpretation der antinapoleonischen „Freiheitskriege" ins Reich der Imaginationen und Geschichtsmythen verwiesen [430: H. CARL, Der Mythos des Befreiungskrieges; 452: U. PLANERT, Wessen Krieg? Die Tübinger Habilitationsschrift von U. PLANERT zu diesem Thema soll 2007 erscheinen]. Wie es M. JEISMANN am Beispiel des Franzosenhasses dargelegt hat, war im Krieg von 1813 weniger das Streben nach politischer Freiheit und nationaler Selbstbestimmung ausschlaggebend als die Konstruktion von Feindbildern, die dem nationalen Eigenbewusstsein dienten [442: Das Vaterland der Feinde]. Auch J. ECHTERNKAMP beschreibt auf der Basis publizistischer Quellen den von Anfang an kriegerisch-aggressiven Nationalismus, der nicht erst in der napoleonischen Ära entstanden sei [432: Der Aufstieg des deutschen Nationalismus]. Vergeblich versuchte O. DANN das positiv zu beurteilende patriotische Bekenntnis zur Nation vom kriegerischen Nationalismus zu trennen [431: Nation und Nationalismus in Deutschland]. Auch im Hinblick auf den Vormärzliberalismus verlor die alte These von der Entwicklung eines „linken" friedfertigen Frühnationalismus zum „rechten" machtstaatsbezogenen Nationalismus nach der Reichsgründung an Überzeugungskraft [449: M. MEYER, Freiheit und Macht; 443: M. KITTEL, Abschied vom „Völkerfrühling"?]. Die kultur- und symbolgeschichtliche Forschung bestätigte die Nähe von Nation und Krieg, wie sie z. B. im Schlachtenmythos, im Gefallenenkult und Kriegerdenkmal zum Ausdruck kam [444: R. KOSELLECK/M. JEISMANN (Hrsg.), Der politische Totenkult; 459: C. TACKE, Denkmal im sozialen Raum]. Unter geschlechtergeschichtlichem Aspekt schilderte K. HAGEMANN, wie die kriegerischen Männlichkeitsideale 1812/13 auf die Nationsvorstellungen einwirkten und einen „virilen" Nationalismus prägten [436: „Mannlicher Muth und Teutsche Ehre"].

Beginn der modernen Nation um 1800? Die Neuinterpretationen richteten sich teilweise gegen die herkömmliche Auffassung von der Zeitenwende um 1800, die das nationalstaatliche 19. Jahrhundert von der „Frühen Neuzeit" trennt. Die Zäsuren von 1789 und 1806, die Französische Revolution und das Ende des Alten Reiches, wurden in ihrer Bedeutung für den Beginn der modernen Nation relativiert. Dafür spricht, dass nationale Feindbilder, Ursprungsmythen und Identitätssymbole nicht erst in der napoleonischen Ära „erfunden" wurden. Mit der Interpretation etwa der Germania oder der Hermannsschlacht konnten die Bildungsbürger des 19. Jahrhunderts auf eine „Urgeschichte" zurückgreifen, mit der schon die Humanisten um und nach 1500 die „teutsche Nation" ausgestattet hatten [438: W. HARDTWIG, Nationalismus und Bürgerkultur]. Und schon damals bewiesen die Türkenkriege als „teutsche Kriege" die Integrations- und Mobilisierungskraft von Feindbildern [455: G. SCHMIDT, Teutsche Kriege]. G. SCHMIDT hat darüber hinaus sogar die umstrittene These vertreten, dass sich bereits in der Frühen Neuzeit in Anpassung an die frühmoderne Staatsbildung der Territorien ein „komplementärer Reichs-Staat" herausgebildet habe, mit dem sich nationale Vorstellungen verbinden konnten [454: Geschichte des Alten Reiches; vgl. hierzu die Gegendarstellung von 458: B. STOLLBERG-RILINGER, Das Heilige Römische Reich Deutscher Nation; zur Kontroverse vgl. H. SCHILLING, in: HZ 272 (2001) 377–395 und die Replik von G. SCHMIDT, in: HZ 273 (2001) 371–399]. W. BURGDORF versuchte mit dem Rückgriff auf die Ideengeschichte nachzuweisen, dass schon vor 1806 der „Reichsnationalismus" mit Verfassungs- und Reformvorstellungen verknüpft war [429: Reichskonstitution und Nation].

Mittlerweile schlägt das Pendel wieder zurück. Dezidiert hat jüngst M. HROCH darauf bestanden, dass sich das Bewusstsein der Zugehörigkeit zu einer Nation nicht unabhängig von historischen, politischen, sozialen und kulturellen Bedingungen ausbilden kann [439: Das Europa der Nationen]. „Die Erfindung der Nation", so hat es D. LANGEWIESCHE ausgedrückt, „muß auf Konstruktionselemente zugreifen, die vorgefunden werden" [446: Was heißt ‚Erfindung der Nation'?, 602]. Manche Überpointierungen wurden wieder zurückgenommen. So haben sich Feindbilder zwar zu Kriegszeiten verdichtet, aber sie schwächten sich auch wieder ab, wenn die Bedrohung nachließ [461: M. WREDE, Der Kaiser, das Reich, die Deutsche Nation]. Dies gilt auch für den Franzosenhass, wie er 1813, 1840 und 1870/71 erfolgreich in Preußen propagiert wurde, während er in Süddeutschland von Anfang an und noch in der Rheinkrise von 1840 viel schwächer wirksam war [448: K. LUYS, Die Anfänge der deutschen Nationalbewegung]. Das hohe Gewaltpotenzial des Nationalismus lässt sich nicht leugnen; aber zum „Doppelgesicht der Nation" gehört beides: „Gewaltbereitschaft und Partizipationsverheißung" – darauf hat D. LANGEWIESCHE immer wieder hingewiesen [vgl. seine Aufsatzsammlung: 445: Nation, Nationalismus, Nationalstaat]. Der von D. LANGEWIESCHE gemeinsam mit G. SCHMIDT herausgegebene Sammelband „Föderative Nation. Deutschlandkonzepte von der Reformation bis zum ersten Weltkrieg" [447] verfolgt in einigen Beiträgen die Traditionslinien, auch die „Teilhabeverheißungen", bis tief in die Geschichte des Alten Reiches zurück. Festgehalten wird jedoch zugleich, dass der Glaube an die Nation erst im Gefolge der Französischen Revolution zur mächtigsten massenwirksamen Legitimationsideologie aufsteigen konnte: „Die Nation als Letztwert, der alle Forderungen rechtfertigt, die man an die politische Obrigkeit stellt, für den man in den Krieg zieht und zu sterben bereit und verpflichtet ist – diese Vorstellung, die in der Ära der Französischen Revolution erstmals ihre Massensuggestion erprobte, setzte sich erst im Laufe des 19. Jahrhunderts als gesellschaftliche Mehrheitsposition durch" [D. LANGEWIESCHE, ebd., 12; ähnlich argumentiert 457: H. Schulze, Staat und Nation]. Zur Tradition des Alten Reiches gehört nicht zuletzt das Erbe des Föderalismus, wie es nach 1806 vom „Rheinbundpatriotismus" weitervermittelt wurde [456: G. SCHUCK, Rheinbundpatriotismus und politische Öffentlichkeit]. Die Besinnung auf die traditionsreichen Anfänge der Föderativnation richtet sich gegen eine zentralistische Nationalstaatsperspektive, die allerdings nicht von allen Historikern so strikt abgelehnt wird [vgl. etwa 460: H. A. WINKLER, Der lange Weg nach Westen].

Gerade auch für die Zeit der relativ offenen Entwicklung zwischen Revolution und Reichsgründung wurde eine Vielfalt nationaler Optionen und Vorstellungen aufgedeckt, die nicht nur das Erbe des alten Reiches, sondern auch den Nationalismus der Länder und sogar den Deutschen Bund einbezogen. Schon im Reaktionsjahrzehnt nach 1848 wuchs in manchen Regierungskreisen die Einsicht, dass Repressionsmaßnahmen zur Abwehr von Revolutionsgefahren nicht mehr ausreichten. In Bayern setzten die Wittelsbacher ihre Hoffnung auf ein offensives Programm zur „Hebung des bayerischen Nationalgefühls", das von der Außenpolitik bis zur Kulturpolitik reichte [437: M. HANISCH, Für Fürst und Vaterland]. Die Partikularidentität stand dabei nicht von vornherein im Widerspruch zur gesamtdeutschen Nationsbildung. Es entwickelte sich, wie es A. GREEN am Beispiel der drei Königreiche Hannover, Sachsen und Württemberg gezeigt hat, eine Gleichzeitigkeit verschiedener „Vaterländer"

4. Die Konstitutionalismus- und Nationalismusforschung 1992–2006   127

deutscher Nation [435: Fatherlands; vgl. auch zur Nations- und Staatsangehörigkeit 433: A. FAHRMEIR, Citizens and Aliens]. Im Rahmen des Deutschen Bundes bemühten sich die Regierungen der Mittel- und Kleinstaaten um eine „nationale" Reformpolitik, insbesondere um eine bundesweite Rechtsvereinheitlichung [450: J. MÜLLER, Deutscher Bund und deutsche Nation]. Die eingehende Erforschung des Deutschen Bundes auf der Basis einer vielbändigen Quellenedition [453: Quellen zur Geschichte des Deutschen Bundes] förderte das reformerische und nationalpolitische Potenzial zutage, das eine einseitige Interpretation des Bundes als Instrument der Restaurations- und Reaktionspolitik bisher übersehen hat [vgl. auch den in der EdG erschienenen Band von 451: J. Müller, Der Deutsche Bund 1815–1866].

In der Literatur blieb es freilich umstritten, welche Handlungsalternativen zur Reichsgründung von 1870/71 realisierbar und welche – zumal nach 1848 – von vornherein zum Scheitern verurteilt waren. Für die Nationalbewegung waren Lösungen, die wie das Delegiertenprojekt der mittelstaatlichen und österreichischen Bundesreformpläne weit hinter den verfassungs- und nationalpolitischen Entscheidungen der Paulskirche zurückblieben, nicht mehr akzeptabel.

Neuere Untersuchungen über das Vereins- und Parteiwesen haben bestätigt, wie rasch die nationale und liberale Bewegung nach der Niederlage von 1848/49 trotz Verfolgung und Emigration wiedererstarkte. Die „Paulskirchenlinke", so hat es C. JANSEN auf breiter Quellenbasis nachgewiesen, blieb bis in die 1860er Jahre, bis ihre „eigenständigen" Vorstellungen an Bismarcks Strategie zerschellten, eine im öffentlichen Leben engagierte und einflussreiche Gruppierung [440: Einheit, Macht und Freiheit; 441: DERS. (Bearb.), Nach der Revolution]. In JANSENS Untersuchungen bestimmt nicht mehr die „Reichsgründungszeit", sondern die „nachrevolutionäre Epoche" die Perspektive der Interpretation. Am meisten hat A. BIEFANGS quellengesättigte Monographie über die wichtigsten nationalen Organisationen der 1860er Jahre – Kongress deutscher Volkswirte, Deutscher Nationalverein, Deutscher Handelstag und Deutscher Abgeordnetentag – dazu beigetragen, die Existenz einer handlungsfähigen und pragmatisch orientierten politischen „Funktionselite" zu belegen, „die eine durchgreifende Veränderung des politischen Systems des Deutschen Bundes anstrebte, nämlich die Umwandlung des Staatenbundes in einen nationalen Bundesstaat mit kompetenzstarker Zentralgewalt und Nationalrepräsentation" [427:

Wiedererstarken der nationalen und liberalen Bewegung nach 1848

Politisches Bürgertum in Deutschland, 298; 428: DERS. (Bearb.), Der Deutsche Nationalverein]. Zugleich warnt BIEFANG davor, die prägende Kraft gesellschaftspolitischer Leitbilder und verfassungspolitischer Ideale zu überschätzen. In seiner wie in JANSENS Darstellung wird die Flexibilität der liberalen und demokratischen Führungsgruppe in der Wahl der Mittel hervorgehoben, die einen Krieg und die Militarisierung der Einigungsbewegung als ein „Volk in Waffen" in Kauf nahm.

Die Konstitutionalismus- und die Nationalismusforschung gehen zur Zeit eher voneinander getrennte Wege. Aber vielleicht bilden die Wechselbeziehungen zwischen „Verfassungsstaat und Nationsbildung" gerade deshalb ein Thema, das noch nicht überholt ist.

III. Quellen und Literatur

Die verwendeten Abkürzungen im Quellen- und Literaturteil entsprechen denen der „Historischen Zeitschrift".

A. Quellen

1. F. BALSER (Hrsg.in), Sozial-Demokratie 1848/49–1863. Die erste deutsche Arbeiterorganisation „Allgemeine deutsche Arbeiterverbrüderung" nach der Revolution. Quellenband. Stuttgart 1962.
2. W. BAUMGART (Hrsg.), Quellenkunde zur deutschen Geschichte der Neuzeit bis zur Gegenwart. Bd. 4: Restauration, Liberalismus und nationale Bewegung 1815–1870. Akten, Urkunden und persönliche Quellen. Bearb. v. W. SIEMANN. Darmstadt 1982.
3. O. VON BISMARCK, Die gesammelten Werke. Hrsg. v. H. v. PETERSDORFF, F. THIMME, W. FRAUENDIENST, W. ANDREAS, W. SCHÜSSLER, G. RITTER, R. STADELMANN, W. WINDELBAND. 15 Bde. Berlin 1924–35.
4. O. VON BISMARCK, Die politischen Reden des Fürsten Bismarck. Hrsg. v. H. KOHL. 14 Bde. Stuttgart 1892–1905.
5. E. BLEICH (Hrsg.), Der Erste Vereinigte Landtag in Berlin 1847. 4 Bde. Berlin 1847, Ndr. 1977.
6. H. BÖHME (Hrsg.), Die Reichsgründung. München 1967.
7. H. BOLDT (Hrsg.), unter Mitarb. v. F. W. MAUSBERG, Reich und Länder. Texte zur deutschen Verfassungsgeschichte im 19. und 20. Jahrhundert. München 1987.
8. H. BRANDT (Hrsg.), Restauration und Frühliberalismus 1814–1840. Darmstadt 1979 (=Quellen zum politischen Denken der Deutschen im 19. und 20. Jahrhundert Bd. 3).
9. H. DIPPEL (Hrsg.), Die Anfänge des Konstitutionalismus in Deutschland. Texte deutscher Verfassungsentwürfe am Ende des 18. Jahrhunderts. Frankfurt a. M. 1991.
10. H. DIWALD (Hrsg.), Von der Revolution zum Norddeutschen

Bund. Politik und Ideengut der preußischen Hochkonservativen 1848–1866. Aus dem Nachlaß von Ernst Ludwig von Gerlach. 2 Bde. Göttingen 1970.
11. D. Dowe (Hrsg.), Berichte über die Verhandlungen der Vereinstage Deutscher Arbeitervereine. 1863 bis 1869. Berlin 1980 (Reprint).
12. D. Dowe (Hrsg.), Protokolle und Materialien des Allgemeinen Deutschen Arbeitervereins (inkl. Splittergruppen). Berlin 1980 (Reprint).
13. D. Dowe/T. Offermann (Hrsg.), Deutsche Handwerker- und Arbeiterkongresse 1848–1852. Protokolle und Materialien. Berlin 1983.
14. J. G. Droysen, Aktenstücke und Aufzeichnungen zur Geschichte der Frankfurter Nationalversammlung aus dem Nachlaß von Johann Gustav Droysen. Hrsg. v. R. Hübner. Stuttgart 1924, Ndr. 1967.
15. K.-G. Faber, Die nationalpolitische Publizistik Deutschlands von 1866 bis 1871. Eine kritische Bibliographie. 2 Bde. Düsseldorf 1963.
16. H. Fenske (Hrsg.), Vormärz und Revolution 1840–1849. Darmstadt 1976 (=Quellen zum politischen Denken der Deutschen im 19. und 20. Jahrhundert Bd. 4).
17. H. Fenske (Hrsg.), Der Weg zur Reichsgründung 1850–1870. Darmstadt 1977 (=Quellen zum politischen Denken der Deutschen im 19. und 20. Jahrhundert Bd. 5).
18. H. Fischer/G. Silvestri (Hrsg.), Texte zur österreichischen Verfassungsgeschichte 1713–1966. Wien 1970.
19. L. Gall/R. Koch (Hrsg.), Der europäische Liberalismus im 19. Jahrhundert. Texte zu seiner Entwicklung. 4 Bde. Frankfurt a. M. 1981.
20. R. Görisch/Th. M. Mayer (Hrsg.), Untersuchungsberichte zur republikanischen Bewegung in Hessen 1831–1834. Frankfurt a. M. 1982.
21. W. Grab (Hrsg.), Die Revolution von 1848/49. Eine Dokumentation. München 1980.
22. J. Hansen (Hrsg.), Rheinische Briefe und Akten zur Geschichte der politischen Bewegung 1830–1850. Bd. 1–2,2 (Bd. 2,2 bearb. v. H. Boberach). Essen 1919 (Ndr. 1967), Bonn 1942, 1976.
23. E. Heinen (Hrsg.), Staatliche Macht und Katholizismus in Deutschland. Bd. 1: Dokumente des politischen Katholizismus von seinen Anfängen bis 1867. Paderborn 1969.

24. A. Herzig (Bearb.), Carl Wilhelm Tölckes Presseberichte zur Entwicklung der deutschen Sozialdemokratie 1848–1893. Quellen zur Geschichte der deutschen Arbeiterbewegung. München 1976.
25. J. Heyderhoff/P. Wentzcke (Hrsg.), Deutscher Liberalismus im Zeitalter Bismarcks. Eine politische Briefsammlung. Bd. 1: Die Sturmjahre der preußisch-deutschen Einigung 1859–1870. Politische Briefe aus dem Nachlaß liberaler Parteiführer. Bearb. v. J. Heyderhoff. Bonn 1925, Ndr. 1967.
26. J. Hohlfeld (Hrsg.), Dokumente der Deutschen Politik und Geschichte von 1848 bis zur Gegenwart. Ein Quellenwerk für die politische Bildung und staatsbürgerliche Erziehung. Bd. 1: Die Reichsgründung und das Zeitalter Bismarcks 1848–1890. Berlin 1951.
27. E. R. Huber (Hrsg.), Dokumente zur deutschen Verfassungsgeschichte. Bd. 1: Deutsche Verfassungsdokumente 1803–1850. Stuttgart ³1978. Bd. 2: Deutsche Verfassungsdokumente 1851–1918. Stuttgart ³1986.
28. F. Lautenschlager (Hrsg.), Volksstaat und Einherrschaft. Dokumente aus der badischen Revolution 1848/49. Konstanz 1920.
29. B. Mann (Hrsg.), Heilbronner Berichte aus der deutschen Nationalversammlung 1848/49. Louis Hentges – Ferdinand Nägele – Adolph Schoder. Heilbronn 1974.
30. W. Mommsen (Hrsg.), Deutsche Parteiprogramme. München ²1964.
31. R. Morsey (Hrsg.), Katholizismus, Verfassungsstaat und Demokratie. Vom Vormärz bis 1933. Paderborn 1988.
32. S. Na'aman, Die Konstituierung der deutschen Arbeiterbewegung 1862/63. Darstellung und Dokumentation. Assen 1975.
33. S. Na'aman (Hrsg.), Von der Arbeiterbewegung zur Arbeiterpartei. Der fünfte Vereinstag der Deutschen Arbeitervereine zu Nürnberg im Jahre 1868. Eine Dokumentation. Berlin 1976.
34. Nassauische Parlamentsdebatten. Bd. 1: Restauration und Vormärz 1818–1847. Bearb. v. V. Eichler. Wiesbaden 1985.
35. K. Obermann (Hrsg.), Flugblätter der Revolution. Eine Flugblattsammlung zur Geschichte der Revolution von 1848/49 in Deutschland. Berlin (Ost) 1970.
36. K. H. L. Pölitz, Die europäischen Verfassungen seit dem Jahre 1789 bis auf die neueste Zeit. Bd. 1: Die gesamten Verfassungen des teutschen Staatenbundes. Leipzig 1832.

37. W. REAL (Hrsg.), Das Großherzogtum Baden zwischen Revolution und Restauration 1849–1851. Die Deutsche Frage und die Ereignisse in Baden im Spiegel der Briefe und Aktenstücke aus dem Nachlaß des preußischen Diplomaten Karl Friedrich von Savigny. Stuttgart 1983.
38. M. RIETRA (Hrsg.), Jung Österreich. Dokumente und Materialien zur liberalen österreichischen Opposition 1835–1848. Amsterdam 1980.
39. L. A. V. ROCHAU, Grundsätze der Realpolitik, angewendet auf die staatlichen Zustände Deutschlands. Hrsg. v. H.-U. WEHLER. Frankfurt a. M. 1972.
40. H. ROSENBERG, Die nationalpolitische Publizistik Deutschlands. Vom Eintritt der Neuen Ära in Preußen bis zum Ausbruch des Deutschen Krieges. 1857–1866. Eine kritische Bibliographie. 2 Bde. München 1935.
41. H. SCHLECHTE (Bearb.), Die „Allgemeine Deutsche Arbeiterverbrüderung" 1848–1850. Dokumente des Zentralkomitees für die deutschen Arbeiter in Leipzig. Weimar 1979.
42. J. SCHLUMBOHM (Hrsg.), Der Verfassungskonflikt in Preußen 1862–1866. Göttingen 1970 (= Historische Texte/Neuzeit Bd. 10).
43. H. SCHOLLER (Hrsg.), Die Grundrechtsdiskussion in der Paulskirche. Eine Dokumentation. Darmstadt 1973.
44. H. SEIER (Hrsg.), Akten zur Entstehung und Bedeutung des kurhessischen Verfassungsentwurfs von 1815/16. Marburg 1985.
45. H. SEIER (Hrsg.), Akten und Dokumente zur kurhessischen Parlaments- und Verfassungsgeschichte 1848–1866. Marburg 1987.
46. P. WENTZCKE, Kritische Bibliographie der Flugschriften zur deutschen Verfassungsfrage 1848–1851. Halle 1911, Ndr. 1967.
47. P. WENTZCKE/W. KLÖTZER (Hrsg.), Deutscher Liberalismus im Vormärz. Heinrich von Gagerns Briefe und Reden 1815–1848. Göttingen 1959.
48. F. WIGARD (Hrsg.), Reden für die deutsche Nation 1848/49. Stenographischer Bericht über die Verhandlungen der Deutschen Constituierenden Nationalversammlung zu Frankfurt am Main. 9 Bde. Ndr. München 1988.

B. Literatur

1. Epochenübergreifende Darstellungen

49. D. BLACKBOURN/G. ELEY, The peculiarities of german history. Bourgeois society and politics in nineteenth-century Germany. Oxford 1984.
50. K. DÜWELL/W. KÖLLMANN (Hrsg.), Rheinland-Westfalen im Industriezeitalter. Bd. 1: Von der Entstehung der Provinzen bis zur Reichsgründung. Wuppertal 1983.
51. H. GREBING, Der „deutsche Sonderweg" in Europa 1806–1945. Eine Kritik. Stuttgart 1986.
52. W. HEINEMEYER (Hrsg.), Das Werden Hessens. Marburg 1986.
53. K. H. JARAUSCH/L. E. JONES (Hrsg.), In search of a liberal Germany. Studies in the history of german liberalism from 1789 to the present. New York 1990.
54. L. KRIEGER, The german idea of freedom. History of a political tradition. Boston 1957.
55. H. LUTZ, Zwischen Habsburg und Preußen. Deutschland 1815–1866. Berlin 1985.
56. TH. NIPPERDEY, Deutsche Geschichte 1800–1866. Bürgerwelt und starker Staat. München 1983, ^{5}1991.
57. F. PETRI/G. DROEGE (Hrsg.), Rheinische Geschichte. Bd. 2: Neuzeit. Düsseldorf 1976.
58. H.-J. PUHLE/H.-U. WEHLER (Hrsg.), Preußen im Rückblick. Göttingen 1980 (= GG Sonderh. 6).
59. A. RAUSCHER (Hrsg.), Probleme des Konfessionalismus in Deutschland seit 1800. Paderborn 1984.
60. R. RÜRUP, Deutschland im 19. Jahrhundert. 1815–1871. Göttingen 1984.
61. TH. SCHIEDER, Staat und Gesellschaft im Wandel unserer Zeit. Studien zur Geschichte des 19. und 20. Jahrhunderts. München ^{2}1970.
62. TH. SCHIEDER, Staatensystem als Vormacht der Welt 1848–1918. Frankfurt a. M. 1977 (= Propyläen Geschichte Europas Bd. 5).
63. F. SCHNABEL, Deutsche Geschichte im neunzehnten Jahrhundert. 4 Bde. Freiburg 1929–1936, ^{2}1950, Ndr. 1987.
64. J. J. SHEEHAN, German history 1770–1866. Oxford 1989 (dt. Ausgabe 1994).
65. M. SPINDLER (Hrsg.), Handbuch der bayerischen Geschichte.

Bd. 4: Von 1800 bis zur Gegenwart, neu hrsg. v. A. Schmid. München 2003.
66. H.-U. WEHLER, Deutsche Gesellschaftsgeschichte. Bd. 1: Vom Feudalismus des Alten Reiches bis zur Defensiven Modernisierung der Reformära 1700–1815. Bd. 2: Von der Reformära bis zur industriellen und politischen „Deutschen Doppelrevolution" 1815–1845/49. Bd. 3: Von der „Deutschen Doppelrevolution" bis zum Beginn des Ersten Weltkrieges 1849–1914. München 1987/1995.
67. E. WEIS, Der Durchbruch des Bürgertums 1776–1847. Frankfurt a. M. 1978 (=Propyläen Geschichte Europas Bd. 4).

2. Vormärz und Revolution

68. J. BERGMANN, Wirtschaftskrise und Revolution. Handwerker und Arbeiter 1848/49. Stuttgart 1986.
69. W. BUSSMANN, Zwischen Preußen und Deutschland. Friedrich Wilhelm IV. Eine Biographie. Berlin 1990.
70. W. CONZE (Hrsg.), Staat und Gesellschaft im deutschen Vormärz 1815–1848. Stuttgart 1962, ^{3}1978.
71. N. DEUCHERT, Vom Hambacher Fest zur badischen Revolution. Politische Presse und Anfänge deutscher Demokratie 1832–1848/49. Stuttgart 1983.
72. J. M. DIEFENDORF, Businessmen and politics in the Rhineland 1789–1834. Princeton 1980.
73. K.-G. FABER, Die Rheinlande zwischen Restauration und Revolution. Probleme der rheinischen Geschichte von 1814 bis 1848 im Spiegel der zeitgenössischen Publizistik. Wiesbaden 1966.
74. K.-G. FABER, Deutsche Geschichte im 19. Jahrhundert. Restauration und Revolution. Von 1815–1851. Wiesbaden 1979 (Handbuch der Deutschen Geschichte, hrsg. v. L. JUST. Bd. 3/1).
75. M. GAILUS, Straße und Brot. Sozialer Protest in den deutschen Staaten unter besonderer Berücksichtigung Preußens 1847–1849. Göttingen 1990.
76. A. GERLICH, (Hrsg.), Hambach 1832. Anstöße und Folgen. Wiesbaden 1984.
77. W. GRAB, Ein Mann, der Marx Ideen gab. Wilhelm Schulz, Weggefährte Georg Büchners – Demokrat der Paulskirche. Düsseldorf 1979, erw. Ausgabe Frankfurt a. M. 1987.
78. E.-H. GREFE, Gefährdung monarchischer Autorität im Zeitalter

der Restauration. Der braunschweigische Umsturz von 1830 und die zeitgenössische Publizistik. Braunschweig 1987.
79. HAMBACHER Gespräche 1962. Wiesbaden 1964.
80. W. HARDTWIG, Vormärz. Der monarchische Staat und das Bürgertum. München 1985.
81. H.-G. HUSUNG, Protest und Repression im Vormärz. Norddeutschland zwischen Restauration und Revolution. Göttingen 1983.
82. W. KASCHUBA/C. LIPP, 1848 – Provinz und Revolution. Kultureller Wandel und soziale Bewegung im Königreich Württemberg. Tübingen 1979.
83. W. KASCHUBA/C. LIPP, Wasser und Brot. Politische Kultur im Alltag der Vormärz- und Revolutionsjahre, in: GG 10 (1984) 320–351.
84. F. KEINEMANN, Das Kölner Ereignis. Sein Widerhall in der Rheinprovinz und in Westfalen. 2 Teile. Münster 1974.
85. CH. KLESSMANN, Zur Sozialgeschichte der Reichsverfassungskampagne von 1849, in: HZ 218 (1974) 283–337.
86. W. KLÖTZER/R. MOLDENHAUER/D. REBENTISCH (Hrsg.), Ideen und Strukturen der deutschen Revolution 1848. Frankfurt a.M. 1974.
87. R. KOCH, Demokratie und Staat bei Julius Fröbel 1805–1893. Liberales Denken zwischen Naturrecht und Sozialdarwinismus. Wiesbaden 1978.
88. D. LANGEWIESCHE, Europa zwischen Restauration und Revolution 1815–1848/49. München 1985, ^{4}2004 (= Oldenbourg Grundriß der Geschichte Bd. 13).
89. D. LANGEWIESCHE (Hrsg.), Die deutsche Revolution von 1848/49. Darmstadt 1983.
90. D. LANGEWIESCHE, Republik, konstitutionelle Monarchie und „soziale Frage". Grundprobleme der deutschen Revolution von 1848/49, in: HZ 230 (1980) 529–548, auch wie Nr. 89, 349–361.
91. D. LANGEWIESCHE, ‚Fortschritt', ‚Tradition' und ‚Reaktion' nach der Französischen Revolution bis zu den Revolutionen 1848, in: J. SCHMIDT (Hrsg.), Aufklärung und Gegenaufklärung in der europäischen Literatur. Darmstadt 1989, 446–458.
92. R. LILL, Die Beilegung der Kölner Wirren 1840–42. Düsseldorf 1962.
93. C. LIPP (Hrsg.in), Schimpfende Weiber und patriotische Jungfrauen. Frauen im Vormärz und in der Revolution 1848/49. Baden-Baden 1986.
94. B. MANN, Die Württemberger und die deutsche Nationalversammlung 1848/49. Düsseldorf 1975.

95. U. Otto, Die historisch-politischen Lieder und Karikaturen des Vormärz und der Revolution von 1848/1849. Köln 1982.
96. W. Real, Die Revolution in Baden 1848/49. Stuttgart 1983.
97. K. Repgen, Märzbewegung und Maiwahlen des Revolutionsjahres 1848 im Rheinland. Bonn 1955.
98. H. Rumpler, Die deutsche Politik des Freiherrn von Beust 1848–1850. Zur Problematik mittelstaatlicher Reformpolitik im Zeitalter der Paulskirche. Wien 1972.
99. S. Schmidt, Robert Blum. Vom Leipziger Liberalen zum Märtyrer der deutschen Demokratie. Weimar 1971.
100. R. Schütz, Preußen und die Rheinlande. Studien zur preußischen Integrationspolitik im Vormärz. Wiesbaden 1979.
101. H. Seier, Restauration und Neubeginn in Kurhessen nach 1813, in: ZHessG 94 (1989) 293–307.
102. W. Siemann, Die deutsche Revolution von 1848/49. Frankfurt a. M. 1985.
103. R. Stadelmann, Soziale und politische Geschichte der Revolution von 1848. München 1948, ²1970.
104. V. Valentin, Geschichte der deutschen Revolution von 1848–1849. 2 Bde. Berlin 1930/31, Ndr. 1977.

3. Reichsgründungszeit

105. O. Becker, Bismarcks Ringen um Deutschlands Gestaltung. Hrsg. u. erg. v. A. Scharff. Heidelberg 1958.
106. H. Böhme, Deutschlands Weg zur Großmacht. Studien zum Verhältnis von Wirtschaft und Staat während der Reichsgründungszeit 1848–1881. Köln 1966, ³1974.
107. H. Böhme (Hrsg.), Probleme der Reichsgründungszeit 1848–1879. Köln 1968, ²1972.
108. E. Engelberg, Bismarck. Urpreuße und Reichsgründer. Berlin 1985 (TB 1991).
109. E. Engelberg, Über die Revolution von oben. Wirklichkeit und Begriff, in: ZfG 22 (1974) 1182–1212.
110. K.-G. Faber, Realpolitik als Ideologie. Die Bedeutung des Jahres 1866 für das politische Denken in Deutschland, in: HZ 203 (1966) 1–45.
111. L. Gall, Bismarck. Der weiße Revolutionär. Berlin 1980, ⁸1990.
112. L. Gall, Europa auf dem Weg in die Moderne 1850–1890.

München 1984, ⁴2003 (= Oldenbourg Grundriß der Geschichte Bd. 14).
113. TH. S. HAMEROW, The social foundations of German unification 1858–1871. 2 Bde. Princeton 1969, 1972.
114. O. HAUSER (Hrsg.), Zur Problematik „Preußen und das Reich". Köln 1984.
115. E. KOLB, Der Weg aus dem Krieg. Bismarcks Politik im Krieg und die Friedensanbahnung 1870/71. München 1989.
116. E. KOLB (Hrsg.), Europa vor dem Krieg von 1870. Mächtekonstellation – Konfliktfelder – Kriegsausbruch. München 1987.
117. O. PFLANZE, Bismarck. Der Reichsgründer. München 1997.
118. TH. SCHIEDER/E. DEUERLEIN (Hrsg.), Reichsgründung 1870/71. Tatsachen, Kontroversen, Interpretationen. Stuttgart 1970.
119. W. SIEMANN, Gesellschaft im Aufbruch. Deutschland 1849–1871. Frankfurt a. M. 1990.
120. M. STÜRMER, Die Reichsgründung. Deutscher Nationalstaat und europäisches Gleichgewicht im Zeitalter Bismarcks. München 1984.
121. A. WANDRUSZKA/H. RUMPLER/P. URBANITSCH (Hrsg.), Die Habsburgermonarchie 1848–1918. 8 Bde. Wien 1973–2006.

4. Recht, Staat, Verfassung

122. E. N. ANDERSON, The social and political conflict in Prussia 1858–1864. Lincoln 1954, Ndr. 1968.
123. E. ARNDT, Vom markgräflichen Patrimonialstaat zum großherzoglichen Verfassungsstaat Baden. Ein Beitrag zur Verfassungsgeschichte Badens zu Beginn des 19. Jahrhunderts mit Berücksichtigung der Verhältnisse in Bayern und Württemberg, in: ZGO 101 (1953) 157–264, 436–531.
124. S.-M. BAUER, Die verfassungsgebende Versammlung in der badischen Revolution von 1849. Darstellung und Dokumentation. Düsseldorf 1991.
125. H.-P. BECHT, Die Abgeordnetenschaft der badischen zweiten Kammer von 1819 bis 1840. Beiträge zu Abgeordnetenbild, Abgeordnetentypus und Wahlverhalten im deutschen Vormärz, in: ZGO 128 (1980) 345–401.
126. H.-P. BECHT, Die Repräsentation von Handel, Gewerbe und Industrie in der badischen Zweiten Kammer 1819–1848, in:

Rhein-Neckar-Raum an der Schwelle des Industrie-Zeitalters. Hrsg. Institut für Landeskunde und Regionalforschung. Mannheim 1984, 255–277.
127. H. BERDING/H.-P. ULLMANN (Hrsg.), Deutschland zwischen Revolution und Restauration. Königstein 1981.
128. H. BEST, Die Abgeordneten der Frankfurter Nationalversammlung 1848/49. Datenhandbuch. Köln 1984.
129. H. BEST, Die Männer von Bildung und Besitz. Struktur und Handeln parlamentarischer Führungsgruppen in Deutschland und Frankreich 1848/49. Düsseldorf 1990.
130. G. BIRTSCH (Hrsg.), Grund- und Freiheitsrechte im Wandel von Gesellschaft und Geschichte. Beiträge zur Geschichte der Grund- und Freiheitsrechte vom Ausgang des Mittelalters bis zur Revolution von 1848. Göttingen 1981.
131. G. BIRTSCH (Hrsg.), Grund- und Freiheitsrechte von der ständischen zur spätbürgerlichen Gesellschaft. Göttingen 1987.
132. D. BLASIUS, Der Kampf um die Geschworenengerichte im Vormärz, in: Sozialgeschichte heute. Festschrift ROSENBERG. Göttingen 1974, 148–161.
133. H. BOBERACH, Wahlrechtsfragen im Vormärz. Die Wahlrechtsanschauung im Rheinland 1815–1849 und die Entstehung des Dreiklassenwahlrechts. Düsseldorf 1959.
134. E.-W. BÖCKENFÖRDE (Hrsg.), Probleme des Konstitutionalismus im 19. Jahrhundert. Berlin 1975 (= Der Staat Beih. 1).
135. E.-W. BÖCKENFÖRDE (Hrsg.), Moderne deutsche Verfassungsgeschichte (1815–1918). Königstein ²1981.
136. E.-W. BÖCKENFÖRDE, Der Verfassungstyp der deutschen konstitutionellen Monarchie im 19. Jahrhundert. Wie Nr. 135, 146–170.
137. H. BOLDT, Deutsche Staatslehre im Vormärz. Düsseldorf 1975.
138. H. BOLDT, Deutscher Konstitutionalismus und Bismarckreich, in: M. STÜRMER (Hrsg.), Das kaiserliche Deutschland. Politik und Gesellschaft 1870–1918. Düsseldorf 1970, 119–142.
139. K. BOSL (Hrsg.), Der moderne Parlamentarismus und seine Grundlagen in der ständischen Repräsentation. Berlin 1977.
140. M. BOTZENHART, Deutscher Parlamentarismus in der Revolutionszeit 1848–1850. Düsseldorf 1977.
141. H. BRANDT, Landständische Repräsentation im deutschen Vormärz. Politisches Denken im Einflußfeld des monarchischen Prinzips. Neuwied 1968.

142. H. Brandt, Parlamentarismus in Württemberg 1819–1870. Anatomie eines deutschen Landtags. Düsseldorf 1987.
143. H. Brandt, Ernst Rudolf Hubers „Deutsche Verfassungsgeschichte", in: VSWG 74 (1987) 229–241.
144. H.-H. Brandt, Der österreichische Neoabsolutismus. Staatsfinanzen und Politik 1848–1860. 2 Bde. Göttingen 1978.
145. S. Büttner, Die Anfänge des Parlamentarismus in Hessen-Darmstadt und das du Thilsche System. Darmstadt 1969.
146. G. Croon, Der Rheinische Provinziallandtag bis zum Jahre 1874. Düsseldorf 1918, Ndr. 1974.
147. W. Demel, Der bayerische Staatsabsolutismus 1806/08–1817. Staats- und gesellschaftspolitische Motivationen und Hintergründe der Reformära in der ersten Phase des Königreichs Bayern. München 1983.
148. G. Dilcher, Zum Verhältnis von Verfassung und Verfassungstheorie im frühen Konstitutionalismus, in: Beiträge zur Rechtsgeschichte. Gedächtnisschrift Conrad. Paderborn 1979, 65–84.
149. P. M. Ehrle, Volksvertretung im Vormärz. Studien zur Zusammensetzung, Wahl und Funktion der deutschen Landtage im Spannungsfeld zwischen monarchischem Prinzip und ständischer Repräsentation. 2 Teile. Frankfurt a. M. 1979.
150. K.-G. Faber, Strukturprobleme des deutschen Liberalismus im 19. Jahrhundert, in: Der Staat 14 (1975) 201–227.
151. E. Fehrenbach, Bonapartismus und Konservatismus in Bismarcks Politik, in: K. Hammer/P. C. Hartmann (Hrsg.), Der Bonapartismus. München 1977 (= Francia Beih. 6), 39–55.
152. E. Fehrenbach, Verfassungs- und sozialpolitische Reformen und Reformprojekte in Deutschland unter dem Einfluß des napoleonischen Frankreich, in: HZ 228 (1979) 288–316, auch wie Nr. 127, 65–90.
153. W. Gagel, Die Wahlrechtsfrage in der Geschichte der deutschen liberalen Parteien 1848–1918. Düsseldorf 1958.
154. L. Gall, Das Problem der parlamentarischen Opposition im deutschen Frühliberalismus, in: Politische Ideologien und nationalstaatliche Ordnung. Festschrift Schieder. München 1968, 153–170.
155. L. Gall, Bismarck und der Bonapartismus, in: HZ 223 (1976) 618–637.
156. J. Gerner, Vorgeschichte und Entstehung der württembergischen Verfassung im Spiegel der Quellen 1815–1819. Stuttgart 1989.

157. D. GRIMM, Recht und Staat der bürgerlichen Gesellschaft. Frankfurt a. M. 1987.
158. D. GRIMM, Deutsche Verfassungsgeschichte 1776–1866. Vom Beginn des modernen Verfassungsstaats bis zur Auflösung des Deutschen Bundes. Frankfurt a. M. 1988.
159. W. GRUBE, Der Stuttgarter Landtag 1457–1957. Von den Landständen zum demokratischen Parlament. Stuttgart 1957.
160. G. GRÜNTHAL, Parlamentarismus in Preußen 1848/49–1857/58. Preußischer Konstitutionalismus – Parlament und Regierung in der Reaktionsära. Düsseldorf 1982.
161. H. HEFFTER, Die deutsche Selbstverwaltung im 19. Jahrhundert. Geschichte der Ideen und Institutionen. Stuttgart 1950, ²1969.
162. H. HENNING, Die deutsche Beamtenschaft im 19. Jahrhundert. Zwischen Stand und Beruf. Wiesbaden 1984.
163. A. HESS, Das Parlament, das Bismarck widerstrebte. Zur Politik und sozialen Zusammensetzung des preußischen Abgeordnetenhauses der Konfliktzeit 1862–1866. Köln 1964.
164. M. HETTLING, Reform ohne Revolution. Bürgertum, Bürokratie und kommunale Selbstverwaltung in Württemberg von 1800–1850. Göttingen 1990.
165. O. HINTZE, Das monarchische Prinzip und die konstitutionelle Verfassung, in: DERS., Staat und Verfassung. Gesammelte Abhandlungen zur allgemeinen Verfassungsgeschichte. Bd. 1. Göttingen 1941, ³1970, 359–389.
166. M. HÖRNER, Die Wahlen zur badischen zweiten Kammer im Vormärz 1819–1847. Göttingen 1987.
167. E. R. HUBER, Deutsche Verfassungsgeschichte seit 1789. Bd. 1. Stuttgart ²1967, Ndr. 1990. Bd. 2–3. ³1988. Bd. 8 Reg. 1991.
168. E. R. HUBER, Die Bismarcksche Reichsverfassung im Zusammenhang der deutschen Verfassungsgeschichte. Wie Nr. 118, 164–196.
169. K. G. A. JESERICH/H. POHL/G.-CH. V. UNRUH (Hrsg.), Deutsche Verwaltungsgeschichte. Bd. 2 u. 3. Stuttgart 1983/84.
170. F. KEINEMANN, Preußen auf dem Wege zur Revolution. Die Provinziallandtags- und Verfassungspolitik Friedrich Wilhelms IV. von der Thronbesteigung bis zum Erlaß des Patents vom 3. Februar 1847. Hamm 1975.
171. R. KOCH, Grundlagen bürgerlicher Herrschaft. Verfassungs- und sozialgeschichtliche Studien zur bürgerlichen Gesellschaft in Frankfurt am Main 1612–1866. Wiesbaden 1983.

172. R. Koch, Staat oder Gemeinde? Zu einem politischen Zielkonflikt in der bürgerlichen Bewegung des 19. Jahrhunderts, in: HZ 236 (1983) 73–96.
173. K. Kolb/J. Teiwes, Beiträge zur politischen, Sozial- und Rechtsgeschichte der Hannoverschen Ständeversammlung von 1814–1833 und 1837–1849. Hildesheim 1977.
174. R. Koselleck, Preußen zwischen Reform und Revolution. Allgemeines Landrecht, Verwaltung und soziale Bewegung von 1791 bis 1848. Stuttgart 1967, ⁴1987.
175. H. Kramer, Fraktionsbindungen in den deutschen Volksvertretungen 1819–1849. Berlin 1968.
176. J.-D. Kühne, Die Reichsverfassung der Paulskirche. Vorbild und Verwirklichung im späteren deutschen Rechtsleben. Frankfurt a. M. 1985.
177. D. Langewiesche, „Staat" und „Kommune". Zum Wandel der Staatsaufgaben in Deutschland im 19. Jahrhundert, in: HZ 248 (1989) 621–635.
178. L. E. Lee, The politics of harmony. Civil service, liberalism, and social reform in Baden 1800–1850. Newark 1980.
179. L. E. Lee, Liberal constitutionalism as administrative reform: The Baden constitution of 1818, in: CEH 8 (1975) 91–112.
180. W. Mager, Das Problem der landständischen Verfassungen auf dem Wiener Kongreß 1814/15, in: HZ 217 (1973) 296–346.
181. K. Möckl, Der moderne bayerische Staat. Eine Verfassungsgeschichte vom Aufgeklärten Absolutismus bis zum Ende der Reformepoche. München 1979.
182. F. Mögle-Hofacker, Zur Entwicklung des Parlamentarismus in Württemberg. Der ‚Parlamentarismus der Krone' unter König Wilhelm I. Stuttgart 1981.
183. W. J. Mommsen, Die Verfassung des Deutschen Reiches von 1871 als dilatorischer Herrschaftskompromiß, in: O. Pflanze (Hrsg.), Innenpolitische Probleme des Bismarck-Reiches. München 1983, 195–216.
184. P. Nolte, Staatsbildung als Gesellschaftsreform. Politische Reformen in Preußen und den süddeutschen Staaten 1800–1820. Frankfurt a. M. 1990.
185. H. Obenaus, Anfänge des Parlamentarismus in Preußen bis 1848. Düsseldorf 1984.
186. K. Obermann, Die Wahlen zur Frankfurter Nationalversammlung im Frühjahr 1848. Berlin (Ost) 1987.

187. K. E. POLLMANN, Parlamentarismus im Norddeutschen Bund 1867–1870. Düsseldorf 1985.
188. K. E. POLLMANN, Protestantismus und preußisch-deutscher Verfassungsstaat, in: Staat und Gesellschaft im politischen Wandel. Festschrift BUSSMANN. Stuttgart 1979, 280–300.
189. K. E. POLLMANN, Die Landschaftsordnung von 1832, in: W. PÖLS/DERS. (Hrsg.), Moderne Braunschweigische Geschichte. Hildesheim 1982, 6–30.
190. K. E. POLLMANN, Arbeiterwahlen im Norddeutschen Bund 1867–1870, in: GG 15 (1989) 164–195.
191. V. PRESS, Der württembergische Landtag im Zeitalter des Umbruchs 1770–1830, in: ZWLG 42 (1983) 255–281.
192. V. PRESS, Landtage im Alten Reich und im Deutschen Bund. Voraussetzungen ständischer und konstitutioneller Entwicklungen 1750–1830, in: ZWLG 39 (1980) 100–140.
193. W. v. RIMSCHA, Die Grundrechte im süddeutschen Konstitutionalismus. Zur Entstehung und Bedeutung der Grundrechtsartikel in den ersten Verfassungsurkunden von Bayern, Baden und Württemberg. Köln 1973.
194. G. A. RITTER (Hrsg.), Gesellschaft, Parlament und Regierung. Zur Geschichte des Parlamentarismus in Deutschland. Düsseldorf 1974.
195. G. A. RITTER (Hrsg.), Regierung, Bürokratie und Parlament in Preußen und Deutschland von 1848 bis zur Gegenwart. Düsseldorf 1983.
196. H. ROSENBERG, Die Pseudodemokratisierung der Rittergutsbesitzerklasse, in: DERS., Machteliten und Wirtschaftskonjunkturen. Studien zur neueren deutschen Sozial- und Wirtschaftsgeschichte. Göttingen 1978, 83–101.
197. M. SCHARFE, ... die Erwartung, daß „nun Alles frei sey" ... Politisch-rechtliche Vorstellungen und Erwartungen von Angehörigen der unteren Volksklassen Württembergs in den Jahren 1848 und 1849, in: Das Recht der kleinen Leute. Festschrift KRAMER. Berlin 1976, 179–194.
198. H. SEIER, Zur Entstehung und Bedeutung der kurhessischen Verfassung von 1831, in: W. HEINEMEYER (Hrsg.), Der Verfassungsstaat als Bürge des Rechtsfriedens. Marburg 1982, 5–71.
199. W. SIEMANN, Die Frankfurter Nationalversammlung 1848/49 zwischen demokratischem Liberalismus und konservativer Reform. Die Bedeutung der Juristendominanz in den Verfassungs-

verhandlungen des Paulskirchenparlaments. Frankfurt a. M. 1976.
200. W. SIEMANN, Kampf um Meinungsfreiheit im deutschen Konstitutionalismus, in: J. SCHWARTLÄNDER/D. WILLOWEIT (Hrsg.), Meinungsfreiheit – Grundgedanken und Geschichte in Europa und USA. Kehl 1986, 173–188.
201. W. SIEMANN, Chancen und Schranken von Wissenschaftsfreiheit im deutschen Konstitutionalismus 1815–1918, in: HJb 107 (1987) 315–348.
202. W. SPEITKAMP, Restauration als Transformation. Untersuchungen zur kurhessischen Verfassungsgeschichte 1813–1830. Darmstadt 1986.
203. E. TREICHEL, Der Primat der Bürokratie. Bürokratischer Staat und bürokratische Elite im Herzogtum Nassau 1806–1866. Stuttgart 1991.
204. H.-P. ULLMANN, Staatsschulden und Reformpolitik. Die Entstehung moderner öffentlicher Schulden in Bayern und Baden 1780–1820. 2 Teile. Göttingen 1986.
205. B. VOGEL (Hrsg.in), Preußische Reformen 1807–1820. Königstein 1980.
206. B. VOGEL, Allgemeine Gewerbefreiheit. Die Reformpolitik des preußischen Staatskanzlers Hardenberg 1810–1820. Göttingen 1983.
207. B. VOGEL, Beamtenkonservatismus. Sozial- und verfassungsgeschichtliche Voraussetzungen der Parteien in Preußen im frühen 19. Jahrhundert. Wie Nr. 334, 1–31.
208. B. VOGEL, Beamtenliberalismus in der Napoleonischen Ära. Wie Nr. 286, 45–63.
209. R. WAHL, Der preußische Verfassungskonflikt und das konstitutionelle System des Kaiserreichs. Wie Nr. 135, 208–231.
210. A. H. V. WALLTHOR, Auftakt zum Vormärz in Preußen. Die preußische Verfassungsfrage auf dem 3. Westfälischen Provinziallandtag von 1830/31. Münster 1988.
211. H.-U. WEHLER, Bonapartismus oder charismatische Herrschaft?, in: Der Aquädukt, München 1988, 455–469.
212. E. WEIS (Hrsg.), Reformen im rheinbündischen Deutschland. München 1984.
213. E. WEIS, Zur Entstehungsgeschichte der bayerischen Verfassung von 1818. Die Debatten in der Verfassungskommission von 1814/15, in: ZBLG 39 (1976) 413–444.

214. E. WEIS, Kontinuität und Diskontinuität zwischen den Ständen des 18. Jahrhunderts und den frühkonstitutionellen Parlamenten von 1818/19 in Bayern und Württemberg, in: Festschrift KRAUS. Kallmünz 1982, 337–355.
215. E. WINTER, Romantismus, Restauration und Frühliberalismus im österreichischen Vormärz. Wien 1968.
216. E. WINTER, Revolution, Neoabsolutismus und Liberalismus in der Donaumonarchie. Wien 1969.
217. B. WUNDER, Privilegierung und Disziplinierung. Die Entstehung des Berufsbeamtentums in Bayern und Württemberg 1780–1825. München 1978.
218. B. WUNDER, Geschichte der Bürokratie in Deutschland. Frankfurt a. M. 1986.
219. B. WUNDER, Die Landtagswahlen von 1815 und 1819 in Württemberg. Landständische Repräsentation und Interessenvertretung, in: Württ Frank 58 (1974) 264–293.
220. G. ZIEBURA, Anfänge des deutschen Parlamentarismus (Geschäftsverfahren und Entscheidungsprozeß in der ersten deutschen Nationalversammlung 1848/49), in: Faktoren der politischen Entscheidung. Festgabe FRAENKEL. Berlin 1963, 185–236.
221. H. ZWAHR, Vom feudalen Stadtregiment zur bürgerlichen Kommunalpolitik. Eine historisch-soziologische Studie zum Beginn der bürgerlichen Umwälzung in Sachsen 1830/31, in: JbRegG 7 (1979) 7–34.

5. Vereine, Parteien, gesellschaftlicher Wandel

222. R. ALDENHOFF, Schulze-Delitzsch. Ein Beitrag zur Geschichte des Liberalismus zwischen Revolution und Reichsgründung. Baden-Baden 1984.
223. K. BACHEM, Vorgeschichte, Geschichte und Politik der deutschen Zentrumspartei. 9 Bde. Köln 1927–32, Ndr. 1967.
224. F. BALSER, Sozial-Demokratie 1848/49–1863. Die erste deutsche Arbeiterorganisation. „Allgemeine deutsche Arbeiterverbrüderung" nach der Revolution. 2 Bde. Stuttgart 1962, ²1965.
225. H. BARMEYER, Die hannoverschen Nationalliberalen 1859–1885, in: NdsJb 53 (1981) 65–85.
226. R. M. BERDAHL, The politics of the prussian nobility. The development of a conservative ideology 1770–1848. Princeton 1988.
227. L. BERGSTRÄSSER, Geschichte der politischen Parteien in

Deutschland. Hrsg. v. W. MOMMSEN. München ¹²1970 (Erstaufl. 1921).
228. A. M. BIRKE, Bischof Ketteler und der deutsche Liberalismus. Eine Untersuchung über das Verhältnis des liberalen Katholizismus zum bürgerlichen Liberalismus in der Reichsgründungszeit. Mainz 1971.
229. K. BIRKER, Die deutschen Arbeiterbildungsvereine 1840–1870. Berlin 1973.
230. W. BOLDT, Die württembergischen Volksvereine von 1848 bis 1852. Stuttgart 1970.
231. W. BOLDT, Die Anfänge des deutschen Parteiwesens. Fraktionen, politische Vereine und Parteien in der Revolution 1848. Darstellung und Dokumentation. Paderborn 1971.
232. H. BRANDT, Ansätze einer Selbstorganisation der Gesellschaft in Deutschland im 19. Jahrhundert, in: Gesellschaftliche Strukturen als Verfassungsproblem. Berlin 1978 (= Der Staat Beih. 2) 51–67.
233. J. BREDERLOW, „Lichtfreunde" und „Freie Gemeinden". Religiöser Protest und Freiheitsbewegung im Vormärz und in der Revolution von 1848/49. München 1976.
234. K. BUCHHEIM, Ultramontanismus und Demokratie. Der Weg der deutschen Katholiken im 19. Jahrhundert. München 1963.
235. W. CONZE, Möglichkeiten und Grenzen der liberalen Arbeiterbewegung in Deutschland. Das Beispiel Schulze-Delitzschs. Heidelberg 1965.
236. W. CONZE/D. GROH, Die Arbeiterbewegung in der nationalen Bewegung. Die deutsche Sozialdemokratie vor, während und nach der Reichsgründung. Stuttgart 1966.
237. W. CONZE/U. ENGELHARDT (Hrsg.), Arbeiter im Industrialisierungsprozeß. Herkunft, Lage und Verhalten. Stuttgart 1979.
238. W. CONZE/U. ENGELHARDT (Hrsg.), Arbeiterexistenz im 19. Jahrhundert. Lebensstandard und Lebensgestaltung deutscher Arbeiter und Handwerker. Stuttgart 1981.
239. O. DANN (Hrsg.), Lesegesellschaften und bürgerliche Emanzipation. Ein europäischer Vergleich. München 1981.
240. O. DANN (Hrsg.), Vereinswesen und bürgerliche Gesellschaft in Deutschland. München 1984 (= HZ Beih. 9).
241. O. DANN, Die Anfänge politischer Vereinsbildung in Deutschland, in: Soziale Bewegung und politische Verfassung. Festschrift CONZE. Stuttgart 1976, 197–232.

242. K. Ditt, Industrialisierung, Arbeiterschaft und Arbeiterbewegung in Bielefeld 1850–1914. Dortmund 1982.
243. D. Dowe, Aktion und Organisation. Arbeiterbewegung, sozialistische und kommunistische Bewegung in der preußischen Rheinprovinz 1820–1852. Hannover 1970.
244. Ch. Eisenberg, Deutsche und englische Gewerkschaften. Entstehung und Entwicklung bis 1878 im Vergleich. Göttingen 1986.
245. Ch. Eisenberg, Arbeiter, Bürger und der „bürgerliche Verein" 1820–1870. Deutschland und England im Vergleich. Wie Nr. 278, Bd. 2, 187–219.
246. G. Eisfeld, Die Entstehung der liberalen Parteien in Deutschland 1858–1870. Studie zu den Organisationen und Programmen der Liberalen und Demokraten. Hannover 1969.
247. U. Engelhardt, „Nur vereinigt sind wir stark". Die Anfänge der deutschen Gewerkschaftsbewegung 1862/63–1869/70. 2 Teile. Stuttgart 1977.
248. U. Engelhardt (Hrsg.), Handwerker in der Industrialisierung. Lage, Kultur und Politik vom späten 18. bis ins frühe 20. Jahrhundert. Stuttgart 1984.
249. E. Fehrenbach, Rheinischer Liberalismus und gesellschaftliche Verfassung. Wie Nr. 319, 272–294.
250. H. Fenske, Wahlrecht und Parteiensystem. Ein Beitrag zur deutschen Parteiengeschichte. Frankfurt a. M. 1972.
251. H. Fischer, Der „Treubund mit Gott für König und Vaterland". Ein Beitrag zur Reaktion in Preußen, in: JbGMOD 24 (1975) 60–127.
252. H. Fischer, Konservatismus von unten. Wahlen im ländlichen Preußen 1849/52 – Organisation, Agitation, Manipulation. Wie Nr. 334, 69–127.
253. C. Foerster, Der Preß- und Vaterlandsverein von 1832/33. Sozialstruktur und Organisationsformen der bürgerlichen Bewegung in der Zeit des Hambacher Festes. Trier 1982.
254. Westfälische Forschungen, 39 (1989), mit Beiträgen zum Vereinswesen in Westfalen.
255. E. François (Hrsg.), Sociabilité et société bourgeoise en France, en Allemagne et en Suisse 1750–1850. Paris 1986.
256. D. Fricke u.a. (Hrsg.), Lexikon zur Parteiengeschichte. Die bürgerlichen und kleinbürgerlichen Parteien und Verbände in Deutschland 1789–1945. 4 Bde. Leipzig 1983–86.

257. L. GALL, Der Liberalismus als regierende Partei. Das Großherzogtum Baden zwischen Restauration und Reichsgründung. Wiesbaden 1968.
258. L. GALL, Bürgertum in Deutschland, Berlin 1989 (TB 1991).
259. L. GALL (Hrsg.), Liberalismus. Königstein ³1983.
260. L. GALL (Hrsg.), Stadt und Bürgertum im 19. Jahrhundert. München 1990 (= HZ Beih. 12).
261. L. GALL, Die partei- und sozialgeschichtliche Problematik des badischen Kulturkampfes, in: ZGO 113 (1965) 151–196.
262. L. GALL, Liberalismus und „bürgerliche Gesellschaft". Zu Charakter und Entwicklung der liberalen Bewegung in Deutschland, in: HZ 220 (1975) 324–356, auch wie Nr. 259, 162–186.
263. F. W. GRAF, Die Politisierung des religiösen Bewußtseins. Die bürgerlichen Religionsparteien im deutschen Vormärz: Das Beispiel des Deutschkatholizismus. Stuttgart 1978.
264. H. GREBING, Arbeiterbewegung. Sozialer Protest und kollektive Interessenvertretung bis 1914. München 1985.
265. M. GUGEL, Industrieller Aufstieg und bürgerliche Herrschaft. Sozioökonomische Interessen und politische Ziele des liberalen Bürgertums in Preußen zur Zeit des Verfassungskonflikts 1857–1867. Köln 1975.
266. H.-W. HAHN, Altständisches Bürgertum zwischen Beharrung und Wandel. Wetzlar 1689–1870. München 1991.
267. F. HARTMANNSGRUBER, Die Bayerische Patriotenpartei 1868–1887. München 1986.
268. CH. HAUSER, Anfänge bürgerlicher Organisation. Philhellenismus und Frühliberalismus in Südwestdeutschland. Göttingen 1990.
269. E. HEINEN, Der Kölner Pius-Verein. Ein Beitrag zu den Anfängen des politischen Katholizismus in Köln, in: Jb. d. kölnischen Geschichtsvereins 57 (1986) 147–242.
270. E. HEINEN, Katholizismus und Gesellschaft. Das kirchliche Vereinswesen zwischen Revolution und Reaktion 1848/49–1853/54. Idstein 1993.
271. V. HENTSCHEL, Die deutschen Freihändler und der volkswirtschaftliche Kongreß 1858 bis 1885. Stuttgart 1975.
272. A. HERZIG, Der Allgemeine Deutsche Arbeiter-Verein in der deutschen Sozialdemokratie. Dargestellt an der Biographie des Funktionärs Carl Wilhelm Tölcke 1817–1893. Berlin 1979.

273. H.-P. HYE, Vereinswesen und bürgerliche Gesellschaft in Österreich, in: Beitr. z. hist. Sozialkunde 18/3 (1988) 86–96.
274. E. ILLNER, Bürgerliche Organisierung in Elberfeld 1775–1850. Neustadt 1982.
275. J. KOCKA, Lohnarbeit und Klassenbildung. Arbeiter und Arbeiterbewegung in Deutschland 1800–1875. Berlin 1983.
276. J. KOCKA, Arbeitsverhältnisse und Arbeiterexistenzen. Grundlagen der Klassenbildung im 19. Jahrhundert. Bonn 1990.
277. J. KOCKA (Hrsg.), Bürger und Bürgerlichkeit im 19. Jahrhundert. Göttingen 1987.
278. J. KOCKA (Hrsg.), Bürgertum im 19. Jahrhundert. Deutschland im europäischen Vergleich. 3 Bde. München 1988.
279. J. KOCKA (Hrsg.), Bildungsbürgertum im 19. Jahrhundert. Bd. 4: Politischer Einfluß und gesellschaftliche Formation. Stuttgart 1989.
280. J. KOCKA, Traditionsbindung und Klassenbildung. Zum sozialhistorischen Ort der frühen deutschen Arbeiterbewegung, in: HZ 243 (1986) 333–376.
281. E. KOLB, Polenbild und Polenfreundschaft der deutschen Frühliberalen. Zu Motivation und Funktion außenpolitischer Parteinahme im Vormärz, in: Saec 26 (1975) 111–127.
282. P. KONDYLIS, Konservativismus. Geschichtlicher Gehalt und Untergang. Stuttgart 1986.
283. U. KREY, Vereine zwischen Bürgertum und Unterschichten in Westfalen 1840–1854, in: Jahrbuch zur Liberalismus-Forschung 1 (1989) 9–24.
284. D. LANGEWIESCHE, Liberalismus und Demokratie in Württemberg zwischen Revolution und Reichsgründung. Düsseldorf 1974.
285. D. LANGEWIESCHE, Liberalismus in Deutschland. Frankfurt a. M. 1988.
286. D. LANGEWIESCHE (Hrsg.), Liberalismus im 19. Jahrhundert. Deutschland im europäischen Vergleich. Göttingen 1988.
287. D. LANGEWIESCHE, Die Anfänge der deutschen Parteien. Partei, Fraktion und Verein in der Revolution von 1848/49, in: GG 4 (1978) 324–361.
288. F. LENGER, Zwischen Kleinbürgertum und Proletariat. Studien zur Sozialgeschichte der Düsseldorfer Handwerker 1816–1878. Göttingen 1986.
289. F. LENGER, Sozialgeschichte der deutschen Handwerker seit 1800. Frankfurt a. M. 1988.

290. C. Lipp, Verein als politisches Handlungsmuster. Das Beispiel des württembergischen Vereinswesens von 1800 bis zur Revolution 1848–1849. Wie Nr. 255, 275–296.
291. K.-E. Lönne, Politischer Katholizismus im 19. und 20. Jahrhundert. Frankfurt a. M. 1986.
292. G. Mayer, Radikalismus, Sozialismus und bürgerliche Demokratie. Hrsg. v. H.-U. Wehler, Frankfurt a. M. ²1969.
293. F. Mehring, Geschichte der deutschen Sozialdemokratie 1830–1891. 2 Bde. Stuttgart 1897, 1898, Ndr. Berlin (Ost) ²1976.
294. R. Muhs, Zwischen Staatsreform und politischem Protest. Liberalismus in Sachsen zur Zeit des Hambacher Festes. Wie Nr. 319, 194–238.
295. S. Na'aman, Demokratische und soziale Impulse in der Frühgeschichte der deutschen Arbeiterbewegung der Jahre 1862/63. Wiesbaden 1969.
269. S. Na'aman, Lassalle. Hannover 1970.
297. Th. Nipperdey, Die Organisation der deutschen Parteien vor 1918. Düsseldorf 1961.
298. Th. Nipperdey, Grundprobleme der deutschen Parteigeschichte im 19. Jahrhundert, in: Ders., Gesellschaft, Kultur, Theorie. Göttingen 1976, 89–112.
299. Th. Nipperdey, Verein als soziale Struktur in Deutschland im späten 18. und frühen 19. Jahrhundert (1972), in: Ders.: Gesellschaft, Kultur, Theorie. Göttingen 1976, 174–205.
300. P. Nolte, Gemeindeliberalismus. Zur lokalen Entstehung und sozialen Verankerung der liberalen Partei in Baden 1831–1855, in: HZ 252 (1991) 57–93.
301. H. Obenaus, Gutsbesitzerliberalismus. Zur regionalen Sonderentwicklung der liberalen Partei in Ost- und Westpreußen während des Vormärz, in: GG 14 (1988) 304–328.
302. T. Offermann, Arbeiterbewegung und liberales Bürgertum in Deutschland 1850–1863. Bonn 1979.
303. B.-C. Padtberg, Rheinischer Liberalismus in Köln während der politischen Reaktion in Preußen nach 1848/49. Köln 1985.
304. S. Paletschek, Frauen und Dissens. Frauen im Deutschkatholizismus und in den freien Gemeinden 1841–1852. Göttingen 1990.
305. Th. Parent, ‚Passiver Widerstand' im preußischen Verfassungskonflikt: Die Kölner Abgeordnetenfeste. Köln 1982.
306. J. Paschen, Demokratische Vereine und preußischer Staat. Ent-

wicklung und Unterdrückung der demokratischen Bewegung während der Revolution von 1848/49. München 1977.
307. K. H. POHL, Die Nationalliberalen – eine unbekannte Partei?, in: Jahrbuch zur Liberalismus-Forschung 3 (1991) 82–112.
308. A. RAUSCHER (Hrsg.), Der soziale und politische Katholizismus. Entwicklungslinien in Deutschland 1803–1963. 2 Bde. München 1981, 1982.
309. H. REINALTER (Hrsg.), Demokratische und soziale Protestbewegungen in Mitteleuropa 1815–1848/49. Frankfurt a. M. 1986.
310. W. RENZSCH, Handwerker und Lohnarbeiter in der frühen Arbeiterbewegung. Zur sozialen Basis von Gewerkschaften und Sozialdemokratie im Reichsgründungsjahrzehnt. Göttingen 1980.
311. G. A. RITTER, Die deutschen Parteien 1830–1914. Parteien und Gesellschaft im konstitutionellen Regierungssystem. Göttingen 1985.
312. G. A. RITTER (Hrsg.), Deutsche Parteien vor 1918. Köln 1973.
313. H. ROSENBERG, Politische Denkströmungen im deutschen Vormärz. Göttingen 1972.
314. TH. SCHIEDER, Die kleindeutsche Partei in Bayern in den Kämpfen um die nationale Einheit. 1863–1871. München 1936.
315. TH. SCHIEDER, Das Verhältnis von politischer und gesellschaftlicher Verfassung und die Krise des bürgerlichen Liberalismus. Wie Nr. 61, 58–88.
316. TH. SCHIEDER, Die geschichtlichen Grundlagen und Epochen des deutschen Parteiwesens. Wie Nr. 61, 133–171.
317. TH. SCHIEDER, Die Theorie der Partei im älteren deutschen Liberalismus. Wie Nr. 61, 110–132.
318. W. SCHIEDER, Anfänge der deutschen Arbeiterbewegung. Die Auslandsvereine im Jahrzehnt nach der Julirevolution von 1830. Stuttgart 1963.
319. W. SCHIEDER (Hrsg.), Liberalismus in der Gesellschaft des deutschen Vormärz. Göttingen 1983 (= GG Sonderh. 9).
320. W. SCHIEDER, Kirche und Revolution. Sozialgeschichtliche Aspekte der Trierer Wallfahrt von 1844, in: AfS 14 (1974) 419–454.
321. W. SCHIEDER, Das Scheitern des bürgerlichen Radikalismus und die sozialistische Parteibildung in Deutschland, in: H. MOMMSEN (Hrsg.), Sozialdemokratie zwischen Klassenbewegung und Volkspartei. Frankfurt a. M. 1974, 17–34.

322. W. Schieder, Der rheinpfälzische Liberalismus von 1832 als politische Protestbewegung, in: Vom Staat des Ancien Régime zum modernen Parteienstaat. Festschrift Th. Schieder. München 1978, 169–195.
323. S. Schmidt, Der Hallgarten-Kreis 1839–47. Zur Genese des bürgerlichen Parteiwesens im deutschen Vormärz, in: Wiss. Zeitschrift der Friedrich-Schiller-Universität Jena 13 (1964) 221–228.
324. E. Schraepler, Handwerkerbünde und Arbeitervereine 1830–1853. Die politische Tätigkeit deutscher Sozialisten von Wilhelm Weitling bis Karl Marx. Berlin 1972.
325. R. Schult, Partei wider Willen. Kalküle und Potentiale konservativer Parteigründer in Preußen zwischen Erstem Vereinigten Landtag und Nationalversammlung 1847/48. Wie Nr. 334, 36–68.
326. H. Schwarz, Das Vereinswesen an der Saar bis zur Mitte des 19. Jahrhunderts – der Verein als Medium der sozialen Kommunikation. Saarbrücken 1992.
327. W. Schwentker, Konservative Vereine und Revolution in Preußen 1848/49. Die Konstituierung des Konservativismus als Partei. Düsseldorf 1988.
328. H. Sedatis, Liberalismus und Handwerk in Südwestdeutschland. Wirtschafts- und Gesellschaftskonzeptionen des Liberalismus und die Krise des Handwerks im 19. Jahrhundert. Stuttgart 1979.
329. F. C. Sell, Die Tragödie des Deutschen Liberalismus. Stuttgart 1953, ²1981.
330. J. J. Sheehan, Der deutsche Liberalismus. Von den Anfängen im 18. Jahrhundert bis zum Ersten Weltkrieg 1770–1914. München 1983 (engl. Chicago 1978).
331. M. Simon, Handwerk in Krise und Umbruch. Wirtschaftliche Forderungen und sozialpolitische Vorstellungen der Handwerksmeister im Revolutionsjahr 1848/49. Köln 1983.
332. J. Sperber, Popular catholicism in nineteenth-century Germany. Princeton 1984.
333. Ch. Stache, Bürgerlicher Liberalismus und katholischer Konservativismus in Bayern 1867–1871. Kulturkämpferische Auseinandersetzungen vor dem Hintergrund von nationaler Einigung und wirtschaftlich-sozialem Wandel. Frankfurt a. M. 1981.

334. D. STEGMANN/B.-J. WENDT/P.-CH. WITT (Hrsg.), Deutscher Konservatismus im 19. und 20. Jahrhundert. Festschrift FISCHER. Bonn 1983.
335. K. TENFELDE, Sozialgeschichte der Bergarbeiterschaft an der Ruhr im 19. Jahrhundert. Bonn 1977, ²1981.
336. F. TRAUTZ, Das Hambacher Fest und der südwestdeutsche Frühliberalismus, in: Heidelberger Jbb 2 (1958) 36–52.
337. E. TROX, Militärischer Konservativismus. Kriegervereine und „Militärpartei" in Preußen zwischen 1815 und 1848/49. Stuttgart 1990.
338. H.-P. ULLMANN, Interessenverbände in Deutschland. Frankfurt a. M. 1988.
339. F. VALJAVEC, Die Entstehung der politischen Strömungen in Deutschland 1770–1815. München 1951, Ndr. 1978.
340. H. VOLKMANN/J. BERGMANN (Hrsg.), Sozialer Protest. Studien zu traditioneller Resistenz und kollektiver Gewalt in Deutschland vom Vormärz bis zur Reichsgründung. Opladen 1984.
341. M. WALKER, German home towns. Community, state, and general estate 1648–1871. Ithaca 1971.
342. R. WEBER, Kleinbürgerliche Demokraten in der deutschen Einheitsbewegung 1863–1866. Berlin (Ost) 1962.
343. P. WENDE, Radikalismus im Vormärz. Untersuchungen zur politischen Theorie der frühen deutschen Demokratie. Wiesbaden 1975.
344. M. WETTENGEL, Die Revolution von 1848/49 im Rhein-Main-Raum. Politische Vereine und Revolutionsalltag im Großherzogtum Hessen, Herzogtum Nassau und in der Freien Stadt Frankfurt. Wiesbaden 1989.
345. H. A. WINKLER, Preußischer Liberalismus und deutscher Nationalstaat. Studien zur Geschichte der deutschen Fortschrittspartei 1861–1866. Tübingen 1964.
346. H. A. WINKLER, Liberalismus und Antiliberalismus. Studien zur politischen Sozialgeschichte des 19. und 20. Jahrhunderts. Göttingen 1979.
347. R. WIRTZ, „Widersetzlichkeiten, Excesse, Crawalle, Tumulte und Skandale". Soziale Bewegung und gewalthafter sozialer Protest in Baden 1815–1848. Frankfurt a. M. 1981.
348. R. WIRTZ, Die Begriffsverwirrung der Bauern im Odenwald 1848. Odenwälder ‚Excesse' und die Sinsheimer ‚republikanische Schilderhebung', in: D. PULS (Hrsg.), Wahrnehmungsformen und Protestverhalten. Frankfurt a. M. 1979, 81–104.

349. S. WOLF, Konservativismus im liberalen Baden. Studien zur badischen Innen-, Kirchen- und Agrarpolitik sowie zur süddeutschen Parteiengeschichte 1860–1893. Karlsruhe 1990.
350. E. ZIMMERMANN, Für Freiheit und Recht! Der Kampf der Darmstädter Demokraten im Vormärz 1815–1848. Mit einem Quellenanhang. Darmstadt 1987.
351. F. ZUNKEL, Der rheinisch-westfälische Unternehmer 1834–1879. Ein Beitrag zur Geschichte des deutschen Bürgertums im 19. Jahrhundert. Köln 1962.
352. F. ZUNKEL, Die gesellschaftliche Bedeutung der Kommunikation in Bürgergesellschaften und Vereinswesen vom 18. bis zum Anfang des 20. Jahrhunderts, in: H. POHL (Hrsg.), Die Bedeutung der Kommunikation für Wirtschaft und Gesellschaft. Stuttgart 1989 (=VSWG Beih. 53), 255–283.

6. Nationalismus, Nationsbildung, nationale Bewegung

353. P. ALTER, Nationalismus. Frankfurt a. M. 1985.
354. H. BERDING (Hrsg.), Wirtschaftliche und politische Integration in Europa im 19. und 20. Jahrhundert. Göttingen 1984 (=GG Sonderh. 10).
355. H. BEST, Interessenpolitik und nationale Integration 1848/49. Handelspolitische Konflikte im frühindustriellen Deutschland. Göttingen 1980.
356. H. BLEIBER, Der Deutsche Bund in der Geschichtsschreibung der DDR, in: HZ 248 (1989) 33–50.
357. E. BRUCKMÜLLER, Nation Österreich. Sozialhistorische Aspekte ihrer Entwicklung. Wien 1984.
358. O. BÜSCH/J. J. SHEEHAN (Hrsg.), Die Rolle der Nation in der deutschen Geschichte und Gegenwart. Berlin 1985.
359. P. BURG, Die deutsche Trias in Idee und Wirklichkeit. Vom Alten Reich zum Deutschen Zollverein. Stuttgart 1989.
360. O. DANN (Hrsg.), Nationalismus und sozialer Wandel. Hamburg 1978.
361. K. W. DEUTSCH, Nationalism and social communication. An inquiry into the foundations of nationality. Cambridge/Mass. 1953, ²1966.
362. K. W. DEUTSCH/W. J. FOLTZ (Hrsg.), Nation-Building. New York 1963.

363. D. Düding, Organisierter gesellschaftlicher Nationalismus in Deutschland 1808–1847. Bedeutung und Funktion der Turner- und Sängervereine für die deutsche Nationalbewegung. München 1984.
364. D. Düding/P. Friedemann/P. Münch (Hrsg.), Öffentliche Festkultur. Politische Feste in Deutschland von der Aufklärung bis zum Ersten Weltkrieg. Reinbek 1988.
365. L. Gall, Liberalismus und Nationalstaat. Der deutsche Liberalismus und die Reichsgründung, in: Vom Staat des Ancien Régime zum modernen Parteienstaat. Festschrift Schieder. München 1978, 287–300.
366. W. D. Gruner, Die deutsche Frage. Ein Problem der europäischen Geschichte seit 1800. München 1985.
367. H.-W. Hahn, Wirtschaftliche Integration im 19. Jahrhundert. Die hessischen Staaten und der Deutsche Zollverein. Göttingen 1982.
368. H.-W. Hahn, Geschichte des Deutschen Zollvereins. Göttingen 1984.
369. W. Hardtwig, Studentische Mentalität – Politische Jugendbewegung – Nationalismus. Die Anfänge der deutschen Burschenschaft, in: HZ 242 (1986) 581–628.
370. K. H. Jarausch, Deutsche Studenten 1800–1970. Frankfurt a. M. 1984.
371. R. A. Kann, Das Nationalitätenproblem der Habsburgermonarchie. Geschichte und Ideengehalt der nationalen Bestrebungen vom Vormärz bis zur Auflösung des Reiches im Jahre 1918. 2 Bde. Graz 2. erw. Aufl. 1964.
372. P. J. Katzenstein, Disjoined partners. Austria and Germany since 1815. Berkeley 1976.
373. D. Langewiesche, „Revolution von oben"? Krieg und Nationalstaatsgründung in Deutschland, in: Ders. (Hrsg.), Revolution und Krieg. Paderborn 1989, 117–133.
374. A. Langner (Hrsg.), Katholizismus, nationaler Gedanke und Europa seit 1800. Paderborn 1985.
375. R. Lill, Großdeutsch und kleindeutsch im Spannungsfeld der Konfessionen. Wie Nr. 59, 29–47.
376. H. Lutz/H. Rumpler (Hrsg.), Österreich und die deutsche Frage im 19. und 20. Jahrhundert. Probleme der politisch-staatlichen und soziokulturellen Differenzierung im deutschen Mitteleuropa. München 1982.

377. G. L. MOSSE, Die Nationalisierung der Massen. Politische Symbolik und Massenbewegungen in Deutschland von den Napoleonischen Kriegen bis zum Dritten Reich. Berlin 1976.
378. H. MÜLLER, Deutscher Bund und Deutsche Nationalbewegung, in: HZ 248 (1989) 51–78.
379. S. NA'AMAN, Der Deutsche Nationalverein. Die politische Konstituierung des deutschen Bürgertums 1859–1867. Düsseldorf 1987.
380. TH. NIPPERDEY, Der Kölner Dom als Nationaldenkmal, in: HZ 233 (1981) 595–613, auch in: O. DANN (Hrsg.), Religion – Kunst – Vaterland. Der Kölner Dom im 19. Jahrhundert. Köln 1983, 109–120.
381. R. NOLTENIUS, Dichterfeiern in Deutschland. Rezeptionsgeschichte als Sozialgeschichte am Beispiel der Schiller- und Freiligrath-Feiern. München 1984.
382. G. POLSTER, Politische Studentenbewegung und bürgerliche Gesellschaft. Die Würzburger Burschenschaft im Kräftefeld von Staat, Universität und Stadt 1814–1850. Heidelberg 1989.
383. W. REAL, Der deutsche Reformverein. Großdeutsche Stimmen und Kräfte zwischen Villafranca und Königgrätz. Lübeck 1966.
384. S. ROKKAN, Die vergleichende Analyse der Staaten- und Nationenbildung: Modelle und Methoden, in: W. ZAPF (Hrsg.), Theorien des sozialen Wandels. Köln ⁴1979, 228–252.
385. H. RUMPLER (Hrsg.), Deutscher Bund und deutsche Frage 1815–1866. Europäische Ordnung, deutsche Politik und gesellschaftlicher Wandel im Zeitalter der bürgerlich-nationalen Emanzipation. München 1990.
386. TH. SCHIEDER, Nationalismus und Nationalstaat. Studien zum nationalen Problem im modernen Europa. Hrsg. v. O. DANN/ H.-U. WEHLER. Göttingen 1991.
387. H. SCHULZE, Der Weg zum Nationalstaat. Die deutsche Nationalbewegung vom 18. Jahrhundert bis zur Reichsgründung. München 1985.
388. E. SCHUNK, Vom nationalen Konstitutionalismus zum konstitutionellen Nationalismus. Der Einfluß der „Franzosenzeit" auf den pfälzischen Liberalismus zur Zeit des Hambacher Festes, in: ZBLG 51 (1988) 447–470.
389. G. STOURZH, Die Gleichberechtigung der Nationalitäten in der Verfassung und Verwaltung Österreichs 1848–1918. Wien 1985.
390. H. A. WINKLER (Hrsg.), Nationalismus. Königstein 1978.

391. G. WOLLSTEIN, Das „Großdeutschland" der Paulskirche. Nationale Ziele in der bürgerlichen Revolution 1848/49. Düsseldorf 1977.

7. Nachtrag 2007

7.1 Konstitutionalismus

392. R. Blänkner, Verfassungsgeschichte als aufgeklärte Kulturhistorie – K. H. L. Pölitz' Programm einer konstitutionellen Verfassungsgeschichte der Neuzeit, in: 394: 298–312.
393. P. BLICKLE, Kommunalismus. Skizzen einer gesellschaftlichen Organisationsform. Bd. 1: Oberdeutschland. Bd. 2: Europa. München 2000.
394. P. BRANDT/A. SCHLEGELMILCH/R. WENDT (Hrsg.), Symbolische Macht und inszenierte Staatlichkeit. ‚Verfassungskultur' als Element der Verfassungsgeschichte. Bonn 2005.
395. H. DIPPEL, Die kurhessische Verfassung von 1831 im internationalen Vergleich, in: HZ 282 (2006) 619–644.
396. D. DOWE/H.-G. HAUPT/D. LANGEWIESCHE (Hrsg.), Europa 1848. Revolution und Reform. Bonn 1998.
397. H. DREITZEL, Monarchiebegriffe in der Fürstengesellschaft. 2 Bde. Köln 1991.
398. H. FENSKE, Der moderne Verfassungsstaat. Eine vergleichende Geschichte von der Entstehung bis zum 20. Jahrhundert. Paderborn 2001.
399. L. GALL (Hrsg.), Stadt und Bürgertum im Übergang von der traditionalen zur modernen Gesellschaft. München 1993.
400. L. GALL (Hrsg.), Bürgertum und bürgerlich-liberale Bewegung in Mitteleuropa seit dem 18. Jahrhundert. München 1997.
401. R. GEHRKE (Hrsg.), Aufbrüche in die Moderne. Frühparlamentarismus zwischen altständischer Ordnung und monarchischem Konstitutionalismus 1750–1850. Schlesien – Deutschland – Mitteleuropa. Köln 2005.
402. D. GÖTSCHMANN, Bayerischer Parlamentarismus im Vormärz. Die Ständeversammlung des Königreichs Bayern 1819–1848. Düsseldorf 2002.
403. E. GROTHE, Verfassungsgebung und Verfassungskonflikt. Das Kurfürstentum Hessen in der ersten Ära Hassenpflug 1830–1837. Berlin 1996.
404. E. GROTHE /H. SEIER (Hrsg.), Akten und Briefe aus den Anfän-

gen der kurhessischen Verfassungszeit 1830–1837. Marburg 1992.
405. R. Hachtmann, Berlin 1848. Bonn 1997.
406. M. Hecker, Napoleonischer Konstitutionalismus in Deutschland. Berlin 2005.
407. D. Hein, Die Revolution von 1848/49. München 1998, ³2004.
408. M. Hettling/P. Nolte (Hrsg.), Bürgerliche Feste. Symbolische Formen politischen Handelns im 19. Jahrhundert. Göttingen 1993.
409. M. Kirsch, Monarch und Parlament. Der monarchische Konstitutionalismus als europäischer Verfassungstyp – Frankreich im Vergleich. Göttingen 1999.
410. M. Kirsch/P. Schiera (Hrsg.), Denken und Umsetzung des Konstitutionalismus in Deutschland und anderen europäischen Ländern in der ersten Hälfte des 19. Jahrhunderts. Berlin 1999.
411. J. Leeb, Wahlrecht und Wahlen zur Zweiten Kammer der bayerischen Ständeversammlung im Vormärz (1818–1845). Göttingen 1996.
412. J. Leonhard, Liberalismus. Zur historischen Semantik eines europäischen Deutungsmusters. München 2001.
413. T. Mergel/C. Jansen (Hrsg.), Die Revolutionen von 1848/49. Erfahrung, Verarbeitung, Deutung. Göttingen 1998.
414. R. Muhs/J. Paulmann/W. Steinmetz (Hrsg.), Aneignung und Abwehr. Interkultureller Transfer zwischen Deutschland und Großbritannien im 19. Jahrhundert. Bodenheim 1998.
415. W. Neugebauer, Politischer Wandel im Osten. Ost- und Westpreußen von den alten Ständen zum Konstitutionalismus. Stuttgart 1992.
416. P. Nolte, Gemeindebürgertum und Liberalismus in Baden 1800–1850. Tradition – Radikalismus – Republik. Göttingen 1994.
417. R. Pröve, Stadtgemeindlicher Republikanismus und die „Macht des Volkes". Civile Ordnungsformationen und kommunale Leitbilder politischer Partizipation in den deutschen Staaten vom Ende des 18. bis zur Mitte des 19. Jahrhunderts. Göttingen 2000.
418. W. Reinhard, Geschichte der Staatsgewalt. Eine vergleichende Verfassungsgeschichte Europas von den Anfängen bis zur Gegenwart. München 1999.
419. H.-W. Schmuhl, Bürgertum und Stadt, in: P. Lundgreen (Hrsg.), Sozial- und Kulturgeschichte des Bürgertums. Eine

Bilanz des Bielefelder Sonderforschungsbereichs (1986–1997). Göttingen 2000, 224–248.
420. H. SCHWARZMAIER (Hrsg.), Handbuch der baden-württembergischen Geschichte. Bd. 3: Vom Ende des Alten Reiches bis zum Ende der Monarchien. Stuttgart 1992.
421. J. SEITZ, Die landständische Verordnung in Bayern im Übergang von der altständischen Repräsentation zum modernen Staat. Göttingen 1999.
422. J. SPERBER, Revolutionary Europe, 1750–1850. Harlow 2000.
423. J. SPERBER, The European Revolutions, 1848–1851. Cambridge 1994.
424. B. STOLLBERG-RILINGER, Vormünder des Volkes? Konzepte landständischer Repräsentation in der Spätphase des Alten Reiches. Berlin 1999.
425. E. WEIS, Montgelas. Bd. 2: Der Architekt des modernen bayerischen Staates 1799–1838. München 2005.
426. M. WIENFORT, Monarchie in der bürgerlichen Gesellschaft. Deutschland und England von 1640 bis 1848. Göttingen 1993.

7.2 Nationalismus

427. A. BIEFANG, Politisches Bürgertum in Deutschland 1857–1868. Nationale Organisationen und Eliten. Düsseldorf 1994.
428. A. BIEFANG (Bearb.), Der Deutsche Nationalverein 1859–1867. Vorstands- und Ausschußprotokolle. Düsseldorf 1995.
429. W. BURGDORF, Reichskonstitution und Nation. Verfassungsreformkonzeptionen für das Heilige Römische Reich Deutscher Nation im politischen Schrifttum von 1648 bis 1806. Mainz 1998.
430. H. CARL, Der Mythos des Befreiungskrieges: Die „martialische Nation" im Zeitalter der Revolutions- und Befreiungskriege 1792–1815, in: 447: 63–82.
431. O. DANN, Nation und Nationalismus in Deutschland 1770–1990. München 1993.
432. J. ECHTERNKAMP, Der Aufstieg des deutschen Nationalismus (1770–1840). Frankfurt a. M. 1998.
433. A. FAHRMEIR, Citizens and Aliens: Foreigners and the Law in Britain and the German States, 1789–1870. Oxford 2000.
434. E. FRANÇOIS/H. SIEGRIST/J. VOGEL (Hrsg.), Nation und Emotion. Deutschland und Frankreich im Vergleich, 19. und 20. Jahrhundert. Göttingen 1995.

435. A. GREEN, Fatherlands. State-Building and Nationhood in Nineteenth-Century Germany. Cambridge/Mass. 2001.
436. K. HAGEMANN, „Mannlicher Muth und Teutsche Ehre". Nation, Militär und Geschlecht zur Zeit der antinapoleonischen Kriege Preußens. Paderborn 2002.
437. M. HANISCH, Für Fürst und Vaterland. Legitimitätsstiftung in Bayern zwischen Revolution 1848 und deutscher Einheit. München 1991.
438. W. HARDTWIG, Nationalismus und Bürgerkultur in Deutschland 1500–1914. Göttingen 1994.
439. M. HROCH, Das Europa der Nationen. Die modernen Nationsbildungen im europäischen Vergleich. Göttingen 2005.
440. C. JANSEN, Einheit, Macht und Freiheit. Die Paulskirchenlinke und die deutsche Politik in der nachrevolutionären Epoche 1849–1867. Düsseldorf 2000.
441. C. JANSEN (Bearb.), Nach der Revolution 1848/49. Verfolgung, Realpolitik, Nationsbildung. Politische Briefe deutscher Liberaler und Demokraten 1849–1861. Düsseldorf 2004.
442. M. JEISMANN, Das Vaterland der Feinde. Studien zum nationalen Feindbegriff und Selbstverständnis in Deutschland und Frankreich 1792–1918. Stuttgart 1992.
443. M. KITTEL, Abschied vom „Völkerfrühling"? National- und außenpolitische Vorstellungen im konstitutionellen Liberalismus 1848/49, in: HZ 275 (2002) 333–383.
444. R. KOSELLECK/M. JEISMANN (Hrsg.), Der politische Totenkult. Kriegerdenkmäler in der Moderne. München 1994.
445. D. LANGEWIESCHE, Nation, Nationalismus, Nationalstaat in Deutschland und Europa. München 2000.
446. D. LANGEWIESCHE, Was heißt ‚Erfindung der Nation'? Nationalgeschichte als Artefakt – oder Geschichtsdeutung als Machtkampf, in: HZ 277 (2003) 593–617.
447. D. LANGEWIESCHE/G. SCHMIDT (Hrsg.), Föderative Nation. Deutschlandkonzepte von der Reformation bis zum ersten Weltkrieg. München 2001.
448. K. LUYS, Die Anfänge der deutschen Nationalbewegung von 1815–1819. Münster 1992.
449. M. MEYER, Freiheit und Macht. Studien zum Nationalismus süddeutscher, insbesondere badischer Liberaler 1830–1848. Frankfurt a. M. 1994.
450. J. MÜLLER, Deutscher Bund und deutsche Nation 1848–1866. Göttingen 2005.

451. J. MÜLLER, Der Deutsche Bund 1815–1866. München 2006.
452. U. PLANERT, Wessen Krieg? Welche Erfahrung? Oder: Wie national war der „Nationalkrieg" gegen Napoleon?, in: D. BEYRAU (Hrsg.), Der Krieg in nationalen und religiösen Erfahrungen. Tübingen 2001, 111–139.
453. Quellen zur Geschichte des Deutschen Bundes. Für die Historische Kommission bei der Bayerischen Akademie der Wissenschaften hrsg. v. L. GALL, bearb. v. E. TREICHEL/R. ZERBACK/J. MÜLLER, bisher 4 Bde. München 1996–2003.
454. G. SCHMIDT, Geschichte des Alten Reiches. Staat und Nation in der Frühen Neuzeit 1495–1806. München 1999.
455. G. SCHMIDT, Teutsche Kriege: Nationale Deutungsmuster und integrative Wertvorstellungen im frühneuzeitlichen Reich, in: 447: 33–61.
456. G. SCHUCK, Rheinbundpatriotismus und politische Öffentlichkeit zwischen Aufklärung und Frühliberalismus. Kontinuitätsdenken und Diskontinuitätserfahrungen in den Staatsrechts- und Verfassungsdebatten der Rheinbundpublizistik. Stuttgart 1994.
457. H. SCHULZE, Staat und Nation in der europäischen Geschichte. München 1994.
458. B. STOLLBERG-RILINGER, Das Heilige Römische Reich Deutscher Nation. Vom Ende des Mittelalters bis 1806. München 2006.
459. C. TACKE, Denkmal im sozialen Raum. Nationale Symbole in Deutschland und Frankreich im 19. Jahrhundert. Göttingen 1995.
460. H. A. WINKLER, Der lange Weg nach Westen. Bd. 1: Deutsche Geschichte vom Ende des Alten Reiches bis zum Untergang der Weimarer Republik. München 2000.
461. M. WREDE, Der Kaiser, das Reich, die Deutsche Nation – und ihre „Feinde". Natiogenese, Reichsidee und der „Durchbruch des Politischen" im Jahrhundert nach dem Westfälischen Frieden, in: HZ 280 (2005) 83–116.

Register

1. Personenregister

Abel, K. A. (von) 33
ALDENHOFF, R. 100
Andrian(-Werburg), V. Frhr. von 34
Arndt, E. M. 25

BACHEM, K. 85
BALSER, F. 98
Bassermann, F. D. 32, 35, 38, 41, 95, 117
Baumgarten, H. 48
Bebel, A. 67, 98
Beckerath, H. von 27, 28, 39
Bekk, J. B. 32, 36
Bennigsen, R. von 64, 65, 69, 85
BERDING, H. 76, 113
BERGMANN, J. 94
BERGSTRÄSSER, L. 85, 86
Beseler, G. 53
BEST, H. 113
Bethmann-Hollweg, M. A. von 61
Beust, F. F. Frhr. von 61
Biedermann, K. F. 47
BIRKE, A. M. 97
Bismarck, O. Graf (1865), Fürst (1871) von 57, 60, 64, 67–69, 72, 82–84, 100, 108, 118, 119
BLACKBOURN, D. 107, 108
BLEIBER, H. 114
Blittersdorff, F. K. L. Frhr. von 32
Blum, R. 28, 33, 36–38, 44–46, 94
BÖCKENFÖRDE, E.-W. 71, 72, 74, 79, 82
BÖHME, H. 109, 112
BOLDT, H. 72, 79
BOLDT, W. 90, 95
Bonaparte, Jérôme, König von Westfalen 2
Bonaparte, Napoleon s. Napoleon

Born, S. 46
BOSL, K. 76
BOTZENHART, M. 48, 51, 73, 80, 81, 90, 93, 94
BRANDENBURG, E. 57, 85
Brandenburg, F. W. Graf von 57
BRANDT, H. 11, 34, 74, 75, 79, 81, 90, 111
BRANDT, H.-H. 78, 82
BREDERLOW, J. 94
BRUCKMÜLLER, E. 114
Brüggemann, K. H. 22
BRUNNER, O. 74
BUCHHEIM, K. 97
Büchner, G. 28
BURG, P. 114
BÜSCH, O. 113

Camphausen, L. 27, 28, 44
Chemnitz, M. F. 29
Closen, K. Frhr. von 14
Constant, B. 14
CONZE, W. 79, 80, 86, 87, 98, 99

Dahlmann, F. Ch. 15, 28
DANN, O. 89, 109
DEMEL, W. 76
DEUCHERT, N. 94
DEUTSCH, K. W. 107, 112
DITT, K. 87
DOWE, D. 98
DÜDING, D. 89, 109, 110

EISENBERG, CH. 87, 99, 100
EISFELD, G. 103
ELEY, G. 108
ENGELBERG, E. 104, 108
ENGELHARDT, U. 87, 89, 99

FABER, K.-G. 78, 111
FAULENBACH, B. 105
FEHRENBACH, E. 72, 76, 104, 111
FELLNER, F. 114
FENSKE, H. 88
Fichte, J. G. 8, 17
Fickler, J. 94
FOERSTER, C. 22, 89, 90, 110
FOLTZ, W. J. 107
Freiligrath, F. 25
Friedrich Wilhelm IV., König von Preußen 24, 25, 27, 28, 43, 55, 58, 59
Fröbel, J. 37, 60, 94

Gagern, H. von 23, 33, 38, 41, 44, 52–55
GAILUS, M. 80, 96
GALL, L. 36, 61, 72, 78, 79, 80, 81, 83, 84, 92, 93, 95, 97, 102, 107, 111, 117–119
Gentz, F. 4
Gerlach, E. L. von 49, 57
Gerlach, L. von 57
Gervinus, G. G. 28, 35
Görres, J. 8, 17, 27
Gottschalk, A. 43
GRAB, W. 94
GRAF, F. W. 94, 110
GREBING, H. 83, 101
Grimm, J. 28
Grimm, W. 28
GROH, D. 100
GRÜNTHAL, G. 82
GRUNER, W. D. 114
GUGEL, M. 83

HAHN, H.-W. 111, 112
HAMEROW, TH. S. 117
Hansemann, D. 27, 28, 35, 37–39, 41, 44
Hardenberg, K. A. Graf (Fürst) von 2, 77
HARDTWIG, W. 89, 90, 109
HARTMANNSGRUBER, F. 96, 97
Hassenpflug, L. 16
HAUPT, H.-G. 91
HAUSER, CH. 89, 91, 110
Hecker, F. 36–38, 41, 42, 45, 46
Hegel, G. F. W. 88

HEINEN, E. 89
HENTSCHEL, V. 118
Herder, J. G. 17
Hergenhahn, A. 38
Herzig, A. 99
HETTLING, M. 115
HINTZE, O. 72, 82
Hoffmann von Fallersleben, A. H. 29
HUBER, E. R. 45, 71, 74–76, 82, 92
Humboldt, W. von 2
HUSUNG, H.-G. 94

ILLNER, E. 89
Itzstein, A. von 28, 32, 38, 40, 42, 44

Jacoby, J. 25, 29, 36
Jahn, F. L. 8, 25
Johann, Erzherzog von Österreich 52
Jordan, S. 13, 15, 16, 19, 20

KANN, R. A. 112
Kant, I. 7
KASCHUBA, W. 51, 80
KATZENSTEIN, P. J. 112
Ketteler, W. E. Frhr. von 97
KOCH, R. 94
KOCKA, J. 77, 80, 87, 108, 111
KOHN, H. 105, 106
KOLB, E. 110, 118
KOSELLECK, R. 2, 77
Kotzebue, A. von 19
KRIEGER, L. 79

Lamey, A. 61
LANGEWIESCHE, D. 48, 69, 78, 81, 83, 90, 92, 95, 102, 103, 108, 111, 115–117
Lassalle, F. 66, 67, 85, 98, 99, 101, 118
LEDERER, E. 86
LEE, L. E. 78
Leiningen, K. Fürst 52
LENGER, F. 87, 101
Leopold, Großherzog von Baden 12
Liebknecht, W. 67, 98
Lindenau, B. A. von 13
LIPP, C. 31, 80, 89, 92
List, F. 30

LÖNNE, K.-E. 97
Louis Philippe, König von Frankreich 9, 12, 40
Ludwig I., König von Bayern 14
LUTZ, H. 74, 82, 114

Manteuffel, O. Frhr. von 57, 59
MARCKS, E. 85
Marx, K. 26, 87, 111
Mathy, K. 38
MAYER, G. 85, 98
MEHRING, F. 85
MEINECKE, F. 85, 86, 105, 106
Merk, J. 20
Metternich, K. W. L. Graf (Fürst) von 2, 4, 18, 19, 35, 43, 58, 77
Mevissen, G. 27
MICHELS, R. 86
Miquel, J. 68
MÖGLE-HOFACKER, F. 81
Mohl, R. von 34, 79
Montez, L. (Gräfin Landsfeld) 33
MOSSE, G. L. 110
MÜLLER, H. 114
Münster, E. Graf zu 12
Murhard, F. 93

NA'AMAN, S. 98, 100, 101, 102, 118
Napoleon I. 1, 2, 17
Napoleon III. 59
NIPPERDEY, TH. 31, 63, 84, 88, 89, 92, 100, 107, 115
NOLTE, P. 77, 92

OBENAUS, H. 77, 91
OBERMANN, K. 80
OFFERMANN, T. 89, 99
ONCKEN, H. 85

PADTBERG, B.-C. 83
PALETSCHEK, S. 94
Pfizer, P. A. 11, 23, 24, 33
PLESSNER, H. 105
POHL, K. H. 103
POLLMANN, K. E. 84, 102
PRESS, V. 76
Prutz, R. 26

Radowitz, J. M. von 56, 57
RANKE, L. von 85, 104

Rauschenplatt, E. J. H. von 22
REINALTER, H. 94
Reitzenstein, S. K. J. Frhr. von 12
RENZSCH, W. 87
RITTER, G. A. 73, 74, 90, 100, 103
Rochau, L. A. von 58, 64, 65
Römer, F. 11, 12, 33, 34, 38
Roggenbach, F. Frhr. von 61
ROKKAN, S. 107
Ronge, J. 27
Roon, A. von 62
ROSENBERG, H. 82, 86
ROTHFELS, H. 85, 86
Rotteck, K. von 10–12, 15–17, 20, 21, 23, 24, 31, 35, 93
RÜRUP, R. 69, 115
Ruge, A. 26
RUMPLER, H. 114

Sand, K. L. 19
SCHARFE, M. 80
Schenk, E. (von) 12, 14
SCHIEDER, TH. 86, 88, 93, 105, 106, 111
SCHIEDER, W. 87, 90, 91, 98, 100, 111
Schiller, F. 11
Schlayer, J. 12, 13, 81
Schleiermacher, F. D. 8
Schmerling, A. Ritter von 34, 52, 60
SCHMIDT, G. 103
SCHMIDT, S. 94
SCHMIDT, W. 108
SCHMITT, C. 71
SCHNABEL, F. 111
Schoppmann, J. J. 21
Schott, A. 11, 12, 33
Schüler, F. 14
SCHÜTZ, R. 111
Schulz, W. F. 21, 94
SCHULZE, H. 114
Schulze-Delitzsch, H. 66, 100
SCHWARZ, H. 89
Schwarzenberg, F. Fürst 53, 54, 56, 57
SCHWENTKER, W. 49, 89, 96
SEDATIS, H. 91
SEIER, H. 15, 78, 111
SELL, F. C. 83
SELLIN, V. 87
SHEEHAN, J. J. 79, 113

Siebenpfeiffer, Ph. J. 14, 17, 19, 22, 23
SIEMANN, W. 51, 59, 80, 81, 84, 94, 115, 117
Simon, H. 54
Soiron, A. von 42
SPEITKAMP, W. 78
SPERBER, J. 96
STACHE, CH. 96, 97
STADELMANN, R. 105
Stahl, F. J. 82
STEGMANN, D. 96
Stein, H. F. K. Frhr. vom u. zum 5, 18, 77, 104
STOURZH, G. 112
Streit, F. 65, 66
Struve, G. von 36–38, 41, 42, 44–46, 94
STÜRMER, M. 114
Sybel, H. von 27, 28, 37, 48, 104

TENFELDE, K. 87, 90, 99
THAMER, H.-U. 91
Thiers, A. 16
Du Thil, K. W. H. Frhr. du Bos 28
Treitschke, H. von 67, 74, 85, 104, 111
TROX, E. 96
Twesten, K. 63, 68, 117

Uhland, L. 11, 17, 33
ULLMANN, H.-P. 72, 76, 77

VALENTIN, V. 42, 80, 105
VALJAVEC, F. 88
Varnbüler, K. Frhr. von 81
VOGEL, B. 77, 78
VOLKMANN, H. 94

WAHL, R. 72
Waldeck, B. F. 58
WALKER, M. 111
WEBER, M. 86
WEHLER, H.-U. 72, 77, 83, 107, 108, 111, 115, 116, 119
Weidig, F. L. 28
WEIS, E. 76, 79
Welcker, K. Th. 11, 16, 17, 19–21, 28, 29, 31–33, 35, 38, 40–42, 93
WENDE, P. 94
WETTENGEL, M. 89, 110
Wilhelm I., König von Preußen 59
WINKLER, H. A. 83, 102, 106
WINTER, E. 78
Winter, L. 12
Wirth, J. G. A. 14, 19, 20, 22
WIRTZ, R. 80
WUNDER, B. 79

Zachariä, K. S. 79
ZIMMERMANN, E. 94
Zitz, F. 42
ZORN, W. 112
ZUNKEL, F. 117

2. Sachregister

Abgeordnetenfeste 7, 10, 25, 32
Adel, Aristokratie, s. a. Junker 4, 5, 15, 18, 25, 29, 52, 58, 61, 84
Altrechtler 3, 5, 11
Arbeiter, Arbeiterbewegung 31, 39, 46, 47, 50, 51, 55, 66, 67, 85, 87–89, 91, 93, 98–101, 118

Baden 2, 3, 5–7, 10–13, 20, 32, 36–40, 45, 46, 50, 55, 61, 67, 75, 76, 78, 81, 93, 94, 96, 102

Bayern 2, 3, 5, 6, 12, 14, 33, 50, 55, 56, 60, 61, 67, 76, 79, 96
Beamte, Beamtentum, Bürokratie 1–7, 11, 15, 24, 28, 34, 42, 47, 55, 58, 73, 77–79, 113
Bonapartismus, bonapartistische Diktatur 72, 83, 84
Braunschweig 9, 12
Budget, Budgetrecht 4, 13, 15, 23, 37, 60, 62, 63, 67, 68, 73
Bundesreform, Bundespolitik, s. a. Deutscher Bund; Frankfurter

Bundestag 12, 16, 19, 20, 21, 23, 58, 60–62, 76
Bürgertum 5, 8, 15, 29, 31, 32, 47, 55, 59, 64, 79, 80, 83, 89, 91, 92, 95, 96, 99, 100, 102, 109, 111, 112, 116–118
- Besitzbürgertum 27, 84
- Bildungsbürgertum 8, 84, 111
- Bourgeoisie 38, 108, 111
- Finanzbürgertum 60
- Handelsbürgertum 5
- Honoratiorenbürgertum 100
- Wirtschaftsbürgertum 11, 60, 83, 111
Bürgerliche Gesellschaft 7, 17, 31, 89, 91, 92, 109
Burschenschaft(en), Burschenschaftler 8, 18, 19, 22, 110

Demokraten, Demokratie 21, 22, 27, 33–37, 40–42, 44–48, 51–54, 56, 57, 60, 64–66, 83, 86, 92–95, 97, 98, 100, 103
- Gemeindedemokratie 26
- proletarische Demokratie 67, 98
- Sozial-Demokratie 37
- Straßendemokratie 51, 80
Deutscher Bund, s. a. Bundesreform; Frankfurter Bundestag 2, 9, 13, 20, 35, 38, 56–58, 68, 113, 114
Deutscher Nationalverein, 64–66, 100–102, 118
Deutscher Sonderweg, s. Sonderweg
Drittes Deutschland 4, 34, 35, 39, 43, 61, 114

Elite(n) 1, 25, 31, 83, 109, 110, 113, 115
England, englisches Vorbild 12, 15, 100, 101

Frankfurter Bundestag, s. a. Bundesreform; Deutscher Bund 4, 12, 15, 21, 42, 44, 57, 58
Frankfurter Nationalversammlung 30, 44–46, 51, 52, 54, 55, 113, 116
Frankreich 1, 2, 5, 6, 12, 14, 17, 18, 22, 24, 38, 39, 53, 76, 91, 97, 101, 105

Frauen, Frauenbewegung 31, 51, 94
Freiheitskriege, Befreiungskriege 8, 17, 18, 25, 62, 76, 96

Grundrechte, Menschenrechte, Freiheitsrechte 1, 4, 15, 16, 19, 37, 38, 50, 52, 53, 61, 65, 116

Habsburger Monarchie, Habsburgerreich, s. a. Österreich 18, 43, 53, 58, 60, 82, 112, 114
Hambach, Hambacher Fest 10, 14, 17, 21–23, 89, 94, 110
Handwerk, Handwerker 7–9, 11, 29, 31, 50, 87, 89, 91, 98
Hannover 9, 10, 12, 15, 28, 33, 45, 56, 68
Hessen, Kurhessen 2, 4, 5, 7, 9, 10, 13, 15, 16, 28, 33, 38, 42, 45, 46, 57, 68, 78, 89

Italien, Italienische Einigung 9, 64

Junker, s. a. Adel 49, 50, 58, 60, 83, 96, 108

Katholiken, Katholizismus 26, 27, 34, 45, 49, 50, 66, 89, 92, 94, 96, 97, 102, 110
Kirche(n), Konfession(en) 26, 27, 38, 52, 97
Konservative, Konservativismus 37, 45, 47, 49, 57, 63, 66, 89, 92, 96, 97, 107
Konstitution, Konstitutionalismus, Konstitutionalisierung 1–3, 8, 9, 12, 16, 23, 32, 33, 43, 56, 58, 62, 63, 71, 72, 75, 76, 81, 82, 109
- autoritärer Konstitutionalismus 63, 84
- französischer Konstitutionalismus 14
- gouvernementaler Konstitutionalismus 59, 78
- inneradministrative Konstitutionalisierung 2, 77
- liberaler Konstitutionalismus 9, 37, 63, 78
- Scheinkonstitutionalismus 47, 83

Liberale, Liberalismus 5, 10, 12–14, 16, 19, 23, 25–28, 31–42, 45–48, 52–54, 56–59, 61–64, 67–69, 77–79, 81–84, 88–104, 110, 111, 115, 117, 119
- Adelsliberalismus, Gutsbesitzerliberalismus 36, 61
- Beamtenliberalismus, bürokratischer Liberalismus 33, 77, 78
- französischer Liberalismus 12
- Freihandelsliberalismus, Wirtschaftsliberalismus 37, 96, 112
- Geheimratsliberalismus 5, 78
- Gemeindeliberalismus 92
- Kammerliberalismus 10, 32, 59
- Kompromißliberalismus 15
- normativ-vernunftrechtlicher Liberalismus 12
- österreichischer Frühliberalismus 78
- Sozialliberalismus 99

Modernisierung, Modernisierungstheorien 9, 51, 76–78, 95, 106, 107, 111, 115, 116
Monarchie 20, 27, 33
- konstitutionelle Monarchie 1, 37, 44, 47, 49, 54, 71, 73, 75, 79, 95
- parlamentarische Monarchie 9, 16, 37, 54, 71
- demokratische Monarchie 37
Monarchisches Prinzip 4, 16, 32, 58, 63, 71, 79

Nationalbewegung, nationale Bewegung 8, 29, 35, 64, 102, 103, 106, 109, 110, 118
Nation, Nationsbildung, Nationalität(en) 1, 3, 8, 17–24, 29, 35, 38, 39, 41, 59, 60, 70, 85, 104–108, 111–115
Nationalismus 19, 22, 29, 89, 105–107, 109, 112
- Elite-Nationalismus 110
- Sprachnationalismus 8, 106
- Staatsnationalismus 17, 106
- Volkstumsnationalismus, ethnischer Nationalismus 8, 106
Nationalstaat, Nationalstaatsgründung 17, 19, 35, 39, 40, 42, 45, 52, 53, 56, 62, 69, 83, 95, 99, 102, 103, 105, 106, 108, 111, 113, 114
Nationalverein, s. Deutscher Nationalverein
Neue Ära 58–64, 81, 82, 97, 102
Norddeutscher Bund 68, 69, 84, 102

Öffentliche Meinung, Öffentlichkeit 5, 8, 20, 28, 30, 50, 51, 57, 60, 64, 73, 80, 113, 115, 116
Österreich, s. a. Habsburger Monarchie 2, 9, 13, 34, 35, 43–45, 53–60, 66, 67, 69, 78, 82, 110–112, 114

Parlamentarismus, Parlamentarisierung 13, 25, 32, 41, 51, 56, 71, 73–76, 79–84, 86, 90, 91, 93, 102, 108, 113, 115
- Revolutionsparlamentarismus 80, 81, 90
- Vereinbarungsparlamentarismus 84, 102
- Beamtenparlamentarismus 5
- Honoratiorenparlamentarismus 80
Partei(en), Parteibildung 11, 13, 26–28, 35–39, 45–52, 54, 56, 57, 59–61, 63–68, 73, 75, 77, 78, 80–82, 85–94, 96–103, 115, 117, 118
Pfalz, Rheinpfalz 10, 14, 19, 20, 55
Presse, Publizistik 8–14, 19–21, 23, 27–29, 32–36, 38, 40, 45, 46, 48–50, 59, 60, 65, 94, 112, 116
Preußen 2, 6, 8, 9, 13, 15, 18, 19, 23–27, 34, 36, 43–46, 49, 55–60, 62, 64, 66–69, 71, 73, 74, 76–78, 82, 88, 91, 96, 97, 99, 101, 102, 110–112, 115, 118
Protest(e), s. Unruhen

Radikale, Radikalismus 18, 21, 26, 27, 35, 36, 46, 92, 94, 98, 100
Reichsgründung 56, 69, 70, 95, 100, 104, 108, 109, 114, 116
Reichsverfassung
- von 1849 54–56, 64, 65, 118
- von 1871 69, 71
Repräsentation, Repräsentativverfassung 1, 2, 10, 17, 20, 21, 23, 25, 27, 79

- ständische Repräsentation 76, 77
- konstitutionell-parlamentarische Repräsentation 76, 77
- Nationalrepräsentation 21

Republik, Republikaner 1, 18, 37, 38, 40–42, 44, 46, 47, 52, 95

Restauration, Restaurationspolitik 2, 18, 56, 78

Revolution 2, 10, 21, 36, 40, 42, 48, 55, 57, 67, 80, 104–106, 115
- Französische Revolution 1, 17, 76, 105
- Julirevolution von 1830 9, 10, 19, 20
- Revolution von 1848/49 9, 24, 35, 36, 39, 40, 43, 44, 48, 55, 56, 65–67, 80–82, 88, 90, 95, 98, 104, 105, 108, 112, 114–116
- Industrielle Revolution 24, 59, 90, 103, 117
- industriell-politische Doppelrevolution 116
- Finanzrevolution, finanzielle Revolution 5, 77
- Sozialrevolution, soziale Revolution 55, 83
- territoriale Revolution 2

Revolution von oben 2, 56, 67, 70, 76, 104, 108, 109, 118, 119

Rheinbund 2, 3, 5, 9, 12, 18, 76, 77

Rheinland, Rheinprovinz, Rheinpreußen 25, 27, 30, 35, 37, 44, 50, 96, 98, 111, 113

Sachsen 9, 10, 12, 28, 30, 33, 34, 36, 37, 42, 45, 46, 55, 56, 60, 111

Schleswig-Holstein 24, 29, 30, 57, 68

Sonderweg, Sonderwegsdiskussion, Sonderwegsthese 72, 74, 83, 100, 101, 104, 105, 107, 108

Sozialdemokraten, Sozialdemokratie 85, 100, 101

Sozialisten, Sozialismus 28, 45, 66, 91, 92, 98

Stände, Landstände, Provinziallandtage 4, 11, 13, 20, 23, 25–27, 34, 43, 76

Trias, Triaspolitik 4, 20, 23, 61, 114

Union, Unionspolitik 53, 56–61

Unruhen, Protest(e) 9, 10, 15, 27, 28, 36, 43, 45, 51, 55, 80, 94–96, 99

Unterschichten 10, 31, 95, 110

Verbände, Berufsvereine, Interessenvertretung(en) 7, 26, 27, 30, 35, 50, 66, 86, 99, 100, 101, 102, 113, 118

Verein(e), Vereinswesen 10, 11, 13, 14, 21–25, 27, 29–34, 37, 38, 40, 42, 46–51, 55, 59, 60, 65, 66, 75, 81, 85, 88–92, 94–100, 102, 103, 109, 110, 115, 116, 118

Verfassungskämpfe 13, 28, 32, 63

Verfassungskonflikt in Preußen 60, 62–64, 68, 71, 72, 82, 83, 109, 117

Volkssouveränität 1, 12, 37

Vormärz 9, 16, 19, 64, 70, 73, 75, 79, 80–82, 86, 90, 92–94, 98, 108, 114, 117

Wahl(en), Wahlrecht 4, 6, 7, 10–14, 32–34, 37, 38, 41, 42, 44–49, 53, 54, 56, 58, 59, 62–69, 72, 73, 75, 80, 81, 84, 90, 95, 100, 102, 103, 113

Wartburgfest 8, 18, 110

Wiener Kongreß 3, 18, 76

Württemberg 2, 4, 5–7, 11, 13, 30, 33, 34, 38, 42, 45–47, 50, 55, 56, 67, 74, 75, 81, 89, 95, 102, 115

Zollverein, Zollunion 23, 24, 30, 35, 37, 39, 58, 66, 69, 112

Enzyklopädie deutscher Geschichte
Themen und Autoren

Mittelalter

Agrarwirtschaft, Agrarverfassung und ländliche Gesellschaft im Mittelalter (Werner Rösener) 1992. EdG 13
Adel, Rittertum und Ministerialität im Mittelalter (Werner Hechberger) 2004. EdG 72
Die Stadt im Mittelalter (Frank Hirschmann)
Die Armen im Mittelalter (Otto Gerhard Oexle)
Frauen- und Geschlechtergeschichte des Mittelalters (Hedwig Röckelein)
Die Juden im mittelalterlichen Reich (Michael Toch) 2. Aufl. 2003. EdG 44

Gesellschaft

Wirtschaftlicher Wandel und Wirtschaftspolitik im Mittelalter (Michael Rothmann)

Wirtschaft

Wissen als soziales System im Frühen und Hochmittelalter (Johannes Fried)
Die geistige Kultur im späteren Mittelalter (Johannes Helmrath)
Die ritterlich-höfische Kultur des Mittelalters (Werner Paravicini) 2. Aufl. 1999. EdG 32

Kultur, Alltag, Mentalitäten

Die mittelalterliche Kirche (Michael Borgolte) 2. Aufl. 2004. EdG 17
Mönchtum und religiöse Bewegungen im Mittelalter (Gert Melville)
Grundformen der Frömmigkeit im Mittelalter (Arnold Angenendt) 2. Aufl. 2004. EdG 68

Religion und Kirche

Die Germanen (Walter Pohl) 2. Aufl. 2004. EdG 57
Die Slawen in der deutschen Geschichte des Mittelalters (Thomas Wünsch)
Das römische Erbe und das Merowingerreich (Reinhold Kaiser) 3., überarb. u. erw. Aufl. 2004. EdG 26
Das Karolingerreich (Klaus Zechiel-Eckes)
**Die Entstehung des Deutschen Reiches (Joachim Ehlers) 2. Aufl. 1998. EdG 31
Königtum und Königsherrschaft im 10. und 11. Jahrhundert (Egon Boshof) 2. Aufl. 1997. EdG 27
Der Investiturstreit (Wilfried Hartmann) 2. Aufl. 2005. EdG 21
König und Fürsten, Kaiser und Papst nach dem Wormser Konkordat (Bernhard Schimmelpfennig) 1996. EdG 37
Deutschland und seine Nachbarn 1200–1500 (Dieter Berg) 1996. EdG 40**
Die kirchliche Krise des Spätmittelalters (Heribert Müller)
**König, Reich und Reichsreform im Spätmittelalter (Karl-Friedrich Krieger) 2., durchges. Aufl. 2005. EdG 14
Fürstliche Herrschaft und Territorien im späten Mittelalter (Ernst Schubert) 2. Aufl. 2006. EdG 35**

Politik, Staat, Verfassung

Frühe Neuzeit

Bevölkerungsgeschichte und historische Demographie 1500–1800 (Christian Pfister) 2. Aufl. 2007. EdG 28
Umweltgeschichte der Frühen Neuzeit (Reinhold Reith)

Gesellschaft

Bauern zwischen Bauernkrieg und Dreißigjährigem Krieg (André Holenstein) 1996. EdG 38
Bauern 1648–1806 (Werner Troßbach) 1992. EdG 19
Adel in der Frühen Neuzeit (Rudolf Endres) 1993. EdG 18
Der Fürstenhof in der Frühen Neuzeit (Rainer A. Müller) 2. Aufl. 2004. EdG 33
Die Stadt in der Frühen Neuzeit (Heinz Schilling) 2. Aufl. 2004. EdG 24
Armut, Unterschichten, Randgruppen in der Frühen Neuzeit
  (Wolfgang von Hippel) 1995. EdG 34
Unruhen in der ständischen Gesellschaft 1300–1800 (Peter Blickle) 1988. EdG 1
Frauen- und Geschlechtergeschichte 1500–1800 (Heide Wunder)
Die deutschen Juden vom 16. bis zum Ende des 18. Jahrhunderts
  (J. Friedrich Battenberg) 2001. EdG 60

Wirtschaft
Die deutsche Wirtschaft im 16. Jahrhundert (Franz Mathis) 1992. EdG 11
Die Entwicklung der Wirtschaft im Zeitalter des Merkantilismus 1620–1800
  (Rainer Gömmel) 1998. EdG 46
Landwirtschaft in der Frühen Neuzeit (Walter Achilles) 1991. EdG 10
Gewerbe in der Frühen Neuzeit (Wilfried Reininghaus) 1990. EdG 3
Kommunikation, Handel, Geld und Banken in der Frühen Neuzeit (Michael
  North) 2000. EdG 59

Kultur, Alltag, Mentalitäten
Renaissance und Humanismus (Ulrich Muhlack)
Medien in der Frühen Neuzeit (Andreas Würgler)
Bildung und Wissenschaft vom 15. bis zum 17. Jahrhundert (Notker Hammerstein) 2003. EdG 64
Bildung und Wissenschaft in der Frühen Neuzeit 1650–1800
  (Anton Schindling) 2. Aufl. 1999. EdG 30
Die Aufklärung (Winfried Müller) 2002. EdG 61
Lebenswelt und Kultur des Bürgertums in der Frühen Neuzeit (Bernd Roeck)
  1991. EdG 9
Lebenswelt und Kultur der unterständischen Schichten in der Frühen Neuzeit
  (Robert von Friedeburg) 2002. EdG 62

Religion und Kirche
Die Reformation. Voraussetzungen und Durchsetzung (Olaf Mörke) 2005.
  EdG 74
Konfessionalisierung im 16. Jahrhundert (Heinrich Richard Schmidt)
  1992. EdG 12
Kirche, Staat und Gesellschaft im 17. und 18. Jahrhundert (Michael Maurer)
  1999. EdG 51
Religiöse Bewegungen in der Frühen Neuzeit (Hans-Jürgen Goertz)
  1993. EdG 20

Politik, Staat, Verfassung
Das Reich in der Frühen Neuzeit (Helmut Neuhaus) 2. Aufl. 2003. EdG 42
Landesherrschaft, Territorien und Staat in der Frühen Neuzeit (Joachim Bahlcke)
Die Landständische Verfassung (Kersten Krüger) 2003. EdG 67
Vom aufgeklärten Reformstaat zum bürokratischen Staatsabsolutismus
  (Walter Demel) 1993. EdG 23
Militärgeschichte des späten Mittelalters und der Frühen Neuzeit
  (Bernhard R. Kroener)

Staatensystem, internationale Beziehungen
Das Reich im Kampf um die Hegemonie in Europa 1521–1648 (Alfred Kohler)
  1990. EdG 6
Altes Reich und europäische Staatenwelt 1648–1806 (Heinz Duchhardt)
  1990. EdG 4

19. und 20. Jahrhundert

Bevölkerungsgeschichte und Historische Demographie 1800–2000 (Josef Ehmer) 2004. EdG 71 — Gesellschaft
Migrationen im 19. und 20. Jahrhundert (Jochen Oltmer)
Umweltgeschichte des 19. und 20. Jahrhunderts (Frank Uekötter)
Adel im 19. und 20. Jahrhundert (Heinz Reif) 1999. EdG 55
Geschichte der Familie im 19. und 20. Jahrhundert (Andreas Gestrich) 1998. EdG 50
Urbanisierung im 19. und 20. Jahrhundert (Klaus Tenfelde)
Von der ständischen zur bürgerlichen Gesellschaft (Lothar Gall) 1993. EdG 25
Die Angestellten seit dem 19. Jahrhundert (Günter Schulz) 2000. EdG 54
Die Arbeiterschaft im 19. und 20. Jahrhundert (Gerhard Schildt) 1996. EdG 36
Frauen- und Geschlechtergeschichte im 19. und 20. Jahrhundert (Karen Hagemann)
Die Juden in Deutschland 1780–1918 (Shulamit Volkov) 2. Aufl. 2000. EdG 16
Die deutschen Juden 1914–1945 (Moshe Zimmermann) 1997. EdG 43

Die Industrielle Revolution in Deutschland (Hans-Werner Hahn) 2., durchges. Aufl. 2005. EdG 49 — Wirtschaft
Die deutsche Wirtschaft im 20. Jahrhundert (Wilfried Feldenkirchen) 1998. EdG 47
Agrarwirtschaft und ländliche Gesellschaft im 19. Jahrhundert (Stefan Brakensiek)
Agrarwirtschaft und ländliche Gesellschaft im 20. Jahrhundert (Ulrich Kluge) 2005. EdG 73
Gewerbe und Industrie im 19. und 20. Jahrhundert (Toni Pierenkemper) 2., um einen Nachtrag erw. Aufl. 2007. EdG 29
Handel und Verkehr im 19. Jahrhundert (Karl Heinrich Kaufhold)
Handel und Verkehr im 20. Jahrhundert (Christopher Kopper) 2002. EdG 63
Banken und Versicherungen im 19. und 20. Jahrhundert (Eckhard Wandel) 1998. EdG 45
Technik und Wirtschaft im 19. und 20. Jahrhundert (Christian Kleinschmidt) 2007. EdG 79
Unternehmensgeschichte im 19. und 20. Jahrhundert (Werner Plumpe)
Staat und Wirtschaft im 19. Jahrhundert (Rudolf Boch) 2004. EdG 70
Staat und Wirtschaft im 20. Jahrhundert (Gerold Ambrosius) 1990. EdG 7

Kultur, Bildung und Wissenschaft im 19. Jahrhundert (Hans-Christof Kraus) — Kultur, Alltag und Mentalitäten
Kultur, Bildung und Wissenschaft im 20. Jahrhundert (Frank-Lothar Kroll) 2003. EdG 65
Lebenswelt und Kultur des Bürgertums im 19. und 20. Jahrhundert (Andreas Schulz) 2005. EdG 75
Lebenswelt und Kultur der unterbürgerlichen Schichten im 19. und 20. Jahrhundert (Wolfgang Kaschuba) 1990. EdG 5

Kirche, Politik und Gesellschaft im 19. Jahrhundert (Gerhard Besier) 1998. EdG 48 — Religion und Kirche

	Kirche, Politik und Gesellschaft im 20. Jahrhundert (Gerhard Besier) 2000. EdG 56
Politik, Staat, Verfassung	Der Deutsche Bund 1815–1866 (Jürgen Müller) 2006. EdG 78 Verfassungsstaat und Nationsbildung 1815–1871 (Elisabeth Fehrenbach) 2., um einen Nachtrag erw. Aufl. 2007. EdG 22 Politik im deutschen Kaiserreich (Hans-Peter Ullmann) 2., durchges. Aufl. 2005. EdG 52 Die Weimarer Republik. Politik und Gesellschaft (Andreas Wirsching) 2000. EdG 58 Nationalsozialistische Herrschaft (Ulrich von Hehl) 2. Aufl. 2001. EdG 39 Die Bundesrepublik Deutschland. Verfassung, Parlament und Parteien (Adolf M. Birke) 1996. EdG 41 **Militär, Staat und Gesellschaft im 19. Jahrhundert (Ralf Pröve) 2006. EdG 77** Militär, Staat und Gesellschaft im 20. Jahrhundert (Bernhard R. Kroener) **Die Sozialgeschichte der Bundesrepublik Deutschland bis 1989/90 (Axel Schildt) 2007. EdG 80** Die Sozialgeschichte der DDR (Arnd Bauerkämper) 2005. EdG 76 Die Innenpolitik der DDR (Günther Heydemann) 2003. EdG 66
Staatensystem, internationale Beziehungen	Die deutsche Frage und das europäische Staatensystem 1815–1871 (Anselm Doering-Manteuffel) 2. Aufl. 2001. EdG 15 Deutsche Außenpolitik 1871–1918 (Klaus Hildebrand) 2. Aufl. 1994. EdG 2 Die Außenpolitik der Weimarer Republik (Gottfried Niedhart) 2., aktualisierte Aufl. 2006. EdG 53 Die Außenpolitik des Dritten Reiches (Marie-Luise Recker) 1990. EdG 8 Die Außenpolitik der BRD (Ulrich Lappenküper) **Die Außenpolitik der DDR (Joachim Scholtyseck) 2003. EDG 69**

Hervorgehobene Titel sind bereits erschienen.

Stand: (Februar 2007)

www.ingramcontent.com/pod-product-compliance
Lightning Source LLC
Chambersburg PA
CBHW020837020526
44114CB00040B/1256